JA広島市の

元気な野菜づくり

広島市農業協同組合 編著

家の光協会

発刊にあたって

私たち広島市農業協同組合は、農業と生活設計におけるアドバイスとサポートを通じて、地域の暮らしに確かさと彩りをつくることを使命として活動しています。農業生産者と一体となり農業の振興に取り組むとともに、生産者と消費者の皆さんの架け橋となって、「農」の持つ素晴らしい、大切な機能への理解を広め、その恵みを共有しようと努めてきました。

そうした者にとって、新たな「食料・農業・農村基本法」の制定はもとより、昨今、市民の「農」に係る関心が静かに、だが、確かな手応えで高まってきていることは、大きな喜びです。

熟年層の高齢化対応の一環として〝農力〟開発をと始めた「農業塾」は、予想を上回る希望者の受講をいただき継続していますし、次代を担う子供たちに、農業体験を通じて知・情・意・身体のバランスのとれた、多元的な自然観と共生意識の醸成をと設けた「アグリ・スクール」もたいへん好評を博しています。

こうした方々の表情の輝きを見るとき、「農」は単に作物を生産するプロセスではなく、育てる喜びや、楽しみの中からかけがえのないふれあいやコミュニケーションの輪を花開かせることを再認識するのです。

本書は、広島市農業協同組合の営農指導員たちが、この「農」の喜びがいっそう広がる願いを込めて、日頃から経験を通じて培った技能を発揮し、著し編んだものです。初めて野菜づくりに取り組まれる方や家庭菜園はもちろん、生産者用としても十分お応えできる内容になったものと自負しています。

ミネラル豊富でおいしいものを作って、食しましょう。そして、いつも、いつまでも元気でいきいきとした人生を——。本書が皆様に広く愛用され、豊かで潤いのある、健康な生活づくりのお役に立てれば、これに勝る喜びはありません。

2000年１月

広島市農業協同組合
代表理事組合長　原田睦民

もくじ

原稿作成にあたり、『図解やさしい野菜づくり』『イラストやさしい家庭菜園』(ともに板木利隆・著、伊藤静夫・絵　家の光協会刊）を参考にさせていただきました。

本書に記載している農薬等は、登録農薬の変更により使用できない場合があります。農薬を使用する場合は、必ず農薬のラベルや説明書で対象植物、病害虫名、使用方法などを確認のうえ適正にご使用ください。

装丁　(株)不二創芸
カバーイラスト　深谷亜巍
図版　(有)ばらデザイン

利用にあたって

多くの種類が栽培されている

多くの野菜が栽培されている

日本では現在、200種類以上の野菜が栽培されています。栽培可能な野菜は、世界各国から集まってきているようです。山菜を含めれば300前後にもなります。

本書では、広島地方で多くの農家が栽培している野菜、市場に出荷されている主な野菜を選んで掲載しました。また、要望の多かったハーブ類ときのこを加えて、65種類を掲載しました。

生産技術は多種多様

野菜の生産技術は数学のように答えが１つではなく、いろいろな栽培方法があります。

肥料のやり方を例にとってみても、追肥重点で、野菜の要求に合わせて切れ目なく追肥していく方法と、基肥重点でときには全量基肥で栽培する方法もあります。

施肥量も露地栽培では、雨の多い年と少ない年では、雨の多い年には30％多くする必要があります。

栽培の難易度

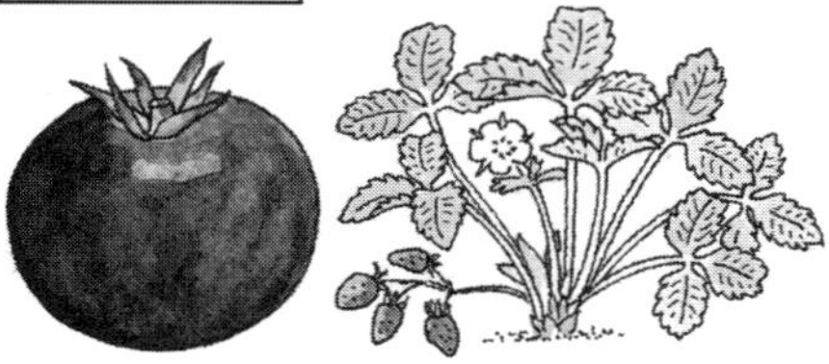

果菜類が栽培できれば技術は完成

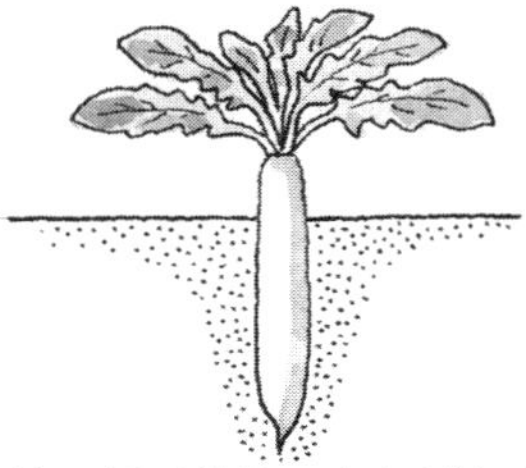

地下部が想像できれば名人

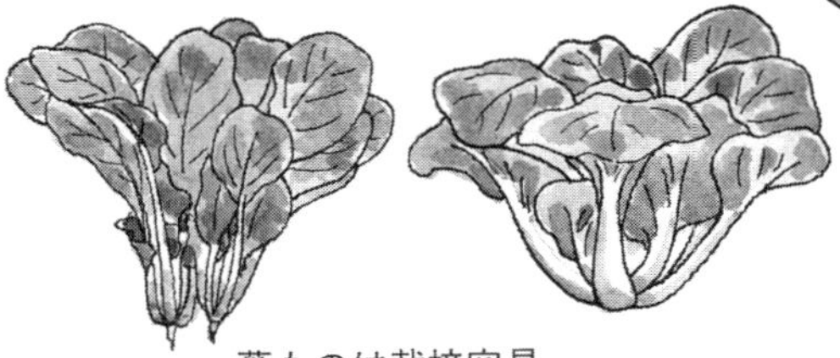

葉ものは栽培容易

害虫防除

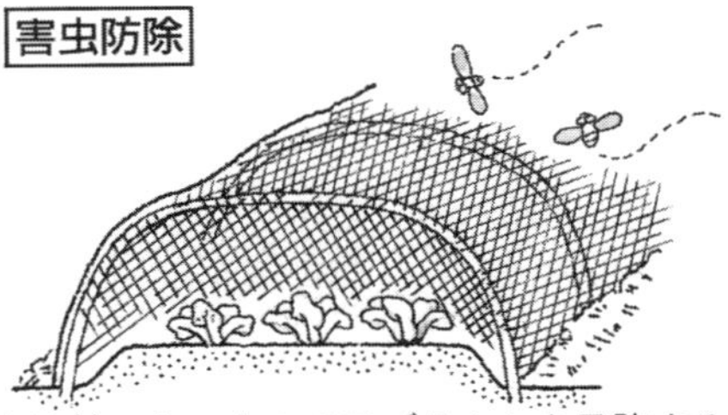

寒冷紗のトンネルでアブラムシを予防する

利　用

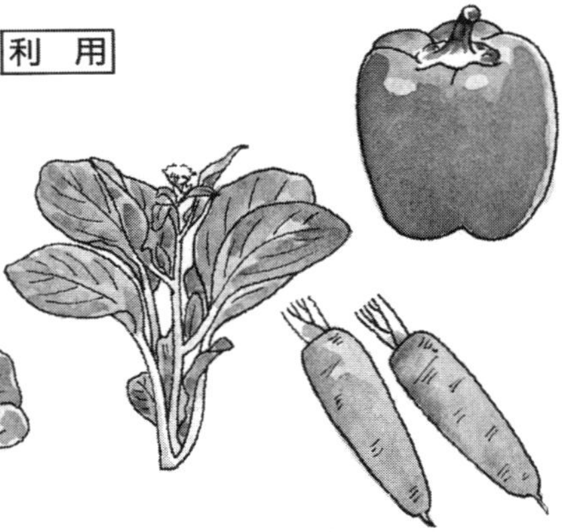

野菜は一日350g以上食べる。そのうち緑黄色野菜は120g以上

葉物野菜が栽培容易

　トマト、いちご、すいかなどの完熟する果菜類が栽培技術としてはいちばん難しく、これが上手に栽培できるようになれば、技術的に完成です。栽培が容易なのは、こまつななどの葉物でしょう。

　根菜類は生育中に根が見えません。地上部を見て地下部がわかるようになれば、技術は完成の域といえます。良品は土壌条件で決まります。

病害虫防除

　本書では農薬についての説明は多くありません。年々新農薬が出てくるのと、病害や害虫に対して同じ農薬を散布していると効かなくなるものもあるからです（耐性菌、耐性虫）。このような場合はＪＡの営農指導員にご相談ください。

野菜は一日350ｇ食べる

　野菜は食べるためにつくります。毎日350ｇ以上、うち120ｇ以上は

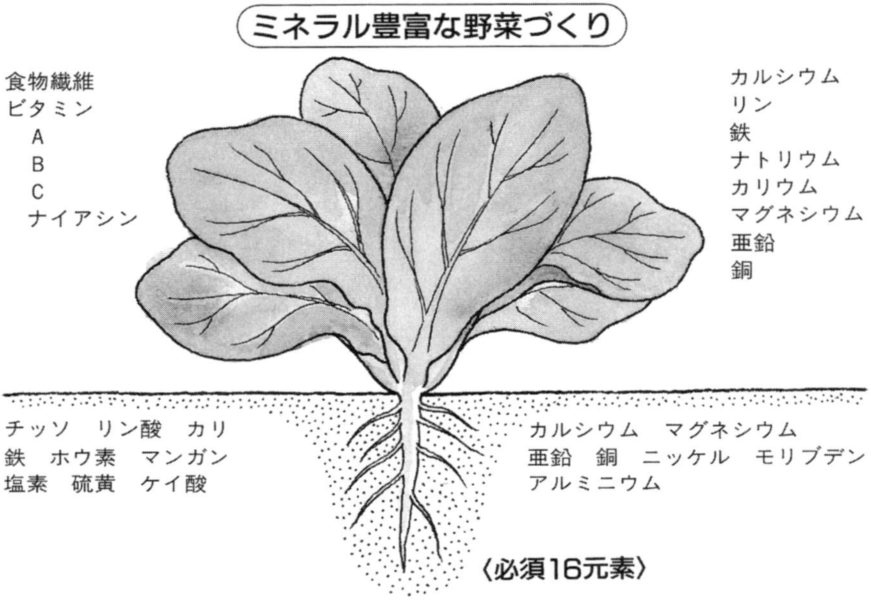

緑黄色野菜を食べたいものです。

日本型食生活

私たちが、日ごろ食べている食品には肉や魚、ご飯やパンなどいろいろな食品があります。近年は、意識して多種類の食品を食べるとともに、自然食品、自然栽培、有機栽培ものなどが求められています。

野菜栽培では、有機無農薬栽培がブームとなっており、農薬については、無農薬、減農薬はたしかに説得力があるのが現状です。

日本型食生活は今や世界からバランスのとれた理想に近い食生活として注目されていますが、補うとすればミネラル（無機質）とビタミン類といわれています。これらは牛乳、海草そして野菜から摂取します。特に野菜はミネラルを補給する重要な食品です。

日本食品標準成分表のミネラルの項目はカルシウム、リン、鉄、ナトリウム、カリウム、マグネシウム、亜鉛、銅などです。これらの食品成分は、植物の生育に必要な必須元素（16元素）の一部となっています。

肥料の微量要素（ミネラル肥料）を施すことによって、野菜は元気に生育し、ミネラル豊富な野菜を生産することができます。

施肥設計の肥料の特性

◉JA広島市オリジナル肥料

（基肥化成）

エコ基肥これだけ

（有機入り）

チッソ	10%
リン酸	8
カ　リ	9
苦　土	1
ホウ素	0.07

（追肥化成）

エコ追肥これだけ

（有機入り）

チッソ	10%
リン酸	2
カ　リ	9
苦　土	1
ホウ素	0.07

（家庭菜園）

肥料これだけ

（有機入り）

チッソ	8%
リン酸	6
カ　リ	7
苦　土	1
ホウ素	0.05

（けいふん）

小河原の鶏ふん

チッソ	3.3%
リン酸	5.7
カ　リ	3.3

（ミネラル肥料・微量要素肥料）
ミネラルGにアヅミンを混合

土肥これだけスーパー

アルカリ分	50%
く溶性苦土	9
可溶性ケイ酸	13～15
酸化鉄	8～10
可溶性石灰	35
く溶性リン酸	0.8～1.0
く溶性マンガン	1.0～1.5
ホウ素・モリブデン	微量

◉カキガラ肥料

マリンカル

炭酸カルシウム	76%	ケイ酸	0.8%
チッソ	0.25%	モリブデン	5ppm
リン酸	0.2%	マンガン	266ppm
カリ	0.07%	鉄	0.007%
く溶性苦土	5%	銅	8ppm
ホウ素	0.008%	亜鉛	4ppm

サンライム

炭酸カルシウム	89%	モリブデン	2ppm
チッソ	0.28%	マンガン	300ppm
リン酸	0.23%	鉄	400ppm
カリ	0.17%	銅	16ppm
く溶性苦土	0.65%	亜鉛	85ppm
ホウ素	630ppm		

いちご

〔バラ科〕北米の野生種バージニア種と南米の野生種チリ種との交雑によりオランダで育成された。

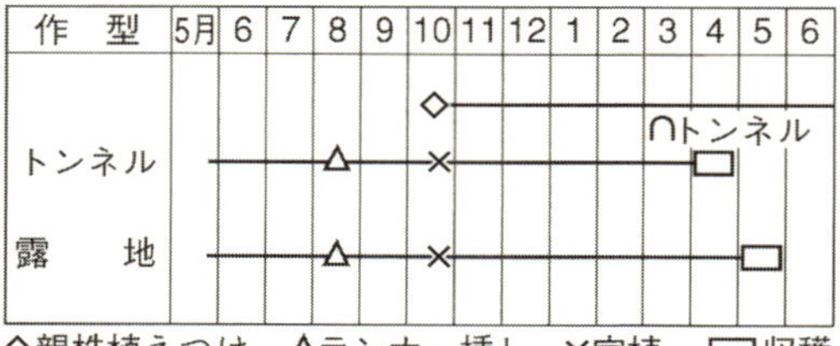

◇親株植えつけ　△ランナー挿し　×定植　▭収穫

肥　料　（1a＝100㎡当たり）

基　肥	施肥量	追　肥	施肥量
堆　肥	300kg	液　肥	500倍
苦土石灰	10		
ミネラル肥料	8		
油　粕	10		
基肥化成	10		

育　苗

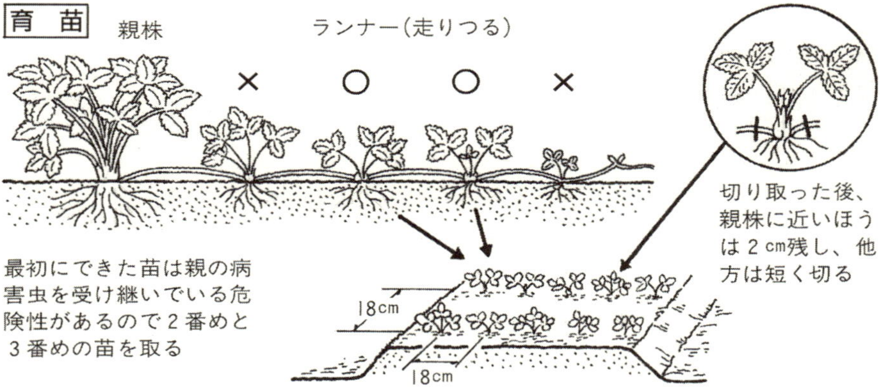

営農指導員からのアドバイス

①肥料をやりすぎない。

②深植えをしない。

③トンネルとマルチで良品生産。

特性　バラ科の宿根性草本。生育適温18～23℃で冷涼な気候を好み、５℃以下では生育しない。土壌適応性は比較的広いが、保水性と通気性のある肥沃な土壌がよい。

品種　トンネルおよび露地栽培には宝交早生が適している。

親株準備　親株の定植は、10月中旬に行う。畦《うね》幅300cm、株間50cm、必要親株数は畑１ａ当たり45本。肥料は基肥化成１ａ当たり12kg、３月から穴のあるトンネルをかけ、ランナーを早く出させる。ランナーが出たら、込み合わないように同一方向に向ける。

子苗の仮植え　８月にランナーの１番苗は除き、２～３番苗の本葉３～４枚のものを18×18cm間隔に植える。ランナーは親株に近いほうを長く残すと定植時の花のつく

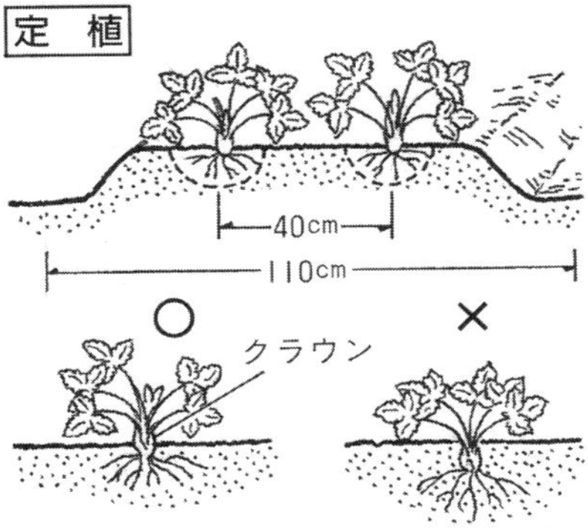

深植えは禁物。クラウンの部分が
地上部へ出ているくらいがよい

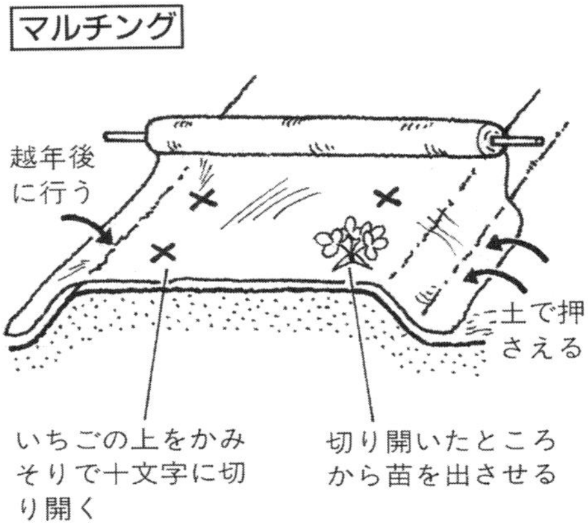

ビニールトンネルは３月上旬にかけ
始める。半月くらいは密閉し、いち
ごが伸びだしたら側方の裾を少し開
けて換気する。夜間は閉める

腐った実や奇形果は早めに取り除く

方向が見分けやすい。肥料は10㎡当たり基肥化成を１kg施す。

畑の準備　定植１か月前に堆肥を施し、10日前に苦土石灰や基肥化成を施し、畦を立てる。

定植　10月下旬に畦幅110cm、株間23cmの２条植えとする。葉のつけ根のクラウンが少しかくれる程度に植え、深植えしないように。

管理　追肥は活着後11月上中旬と２月下旬～３月上旬ころ、液肥500倍液を施用する。古くなった葉や早く咲く花は早めに除く。ポリマルチは２回めの追肥後葉をいためないようにかける。

トンネルは３月上旬からかけ、日中の温度が28℃になるようであれば、換気をする。夜温は５℃以上を保つ。春先には灰色カビ病、うどんこ病、ダニ、アブラムシに注意し、早めに防除を行う。また、奇形果などは早めに取り除く。

収穫　赤く色づいたものから順次収穫する。

いんげん

〔マメ科〕中央アメリカが原産地。つる性とわい性に分けられる。丸さや種と平さや種がある。

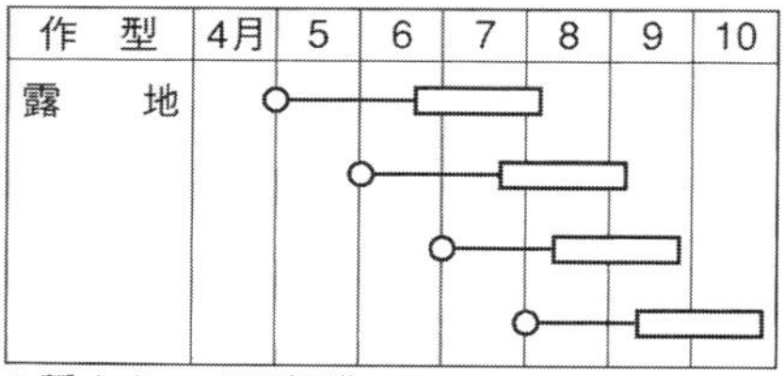

○種まき　□収穫

肥　料　（1a＝100㎡当たり）

基　肥	施肥量	追　肥	施肥量
堆　肥	200kg	追肥化成	10kg
ミネラル肥料	8	1回め本葉2枚めころ	3
苦土石灰	8	2回め開花始めころ	3
けいふん	40	3回め収穫始めころ	2
基肥化成	10	4回め収穫中ころ	2

畑の準備

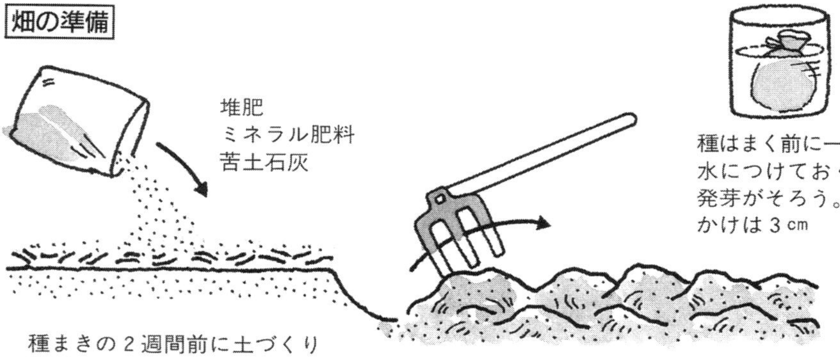

種はまく前に一晩、水につけておくと発芽がそろう。土かけは３cm

種まきの２週間前に土づくり肥料を施し、土とよく混ぜる

営農指導員からのアドバイス

①連作をしない。

②石灰を施し、土壌を中性にする。

③風の強いところは避ける。

特性　発芽適温は23～25℃。生育適温は15～25℃で、温暖な気候を好む。30℃以上の高温では花が落ち、さやがうまくつかなくなる。また、10℃以下の低温でも生育不良となり、軽い霜でも枯れる。湿害に弱いため、排水のよい砂壌土が適している。酸性土壌では生育が悪く、pH6.0～7.0が適度である。連作を嫌い、２年以上休む必要がある。

畑の準備　種まき２週間前に堆肥、苦土石灰、ミネラル肥料、けいふん、基肥化成を施し、深く耕しておく。

畦づくり・種まき　つる性品種は畦幅90cm、株間40cmの１条まきとし１か所に３粒ずつまく。わい性品種は畦幅60cm、株間35cmの１条まきとし、同じく３粒ずつまく。

追　肥

1回めは開花始めに株のまわりに追肥化成をまく

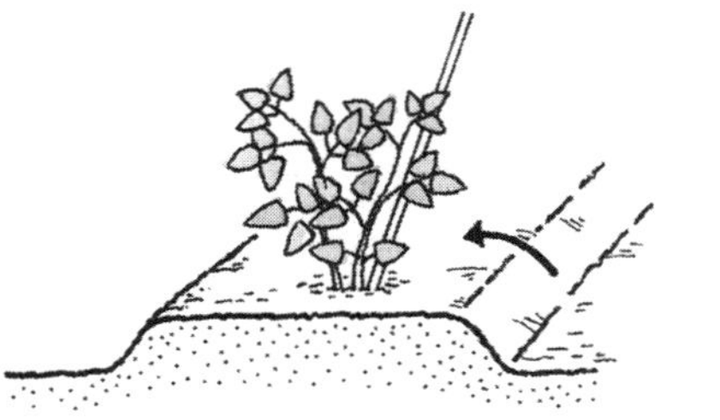

2回めは生育を見ながら追肥化成をばらまく

支柱立て

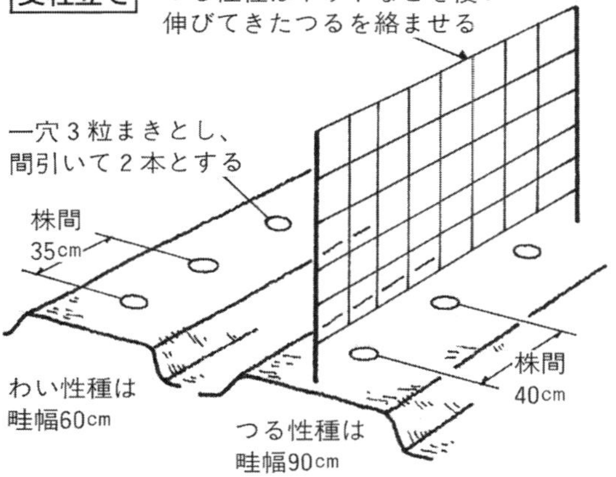
つる性種はネットなどを使い伸びてきたつるを絡ませる
一穴3粒まきとし、間引いて2本とする
株間
35cm
わい性種は
畦幅60cm
つる性種は
畦幅90cm
株間
40cm

収　穫

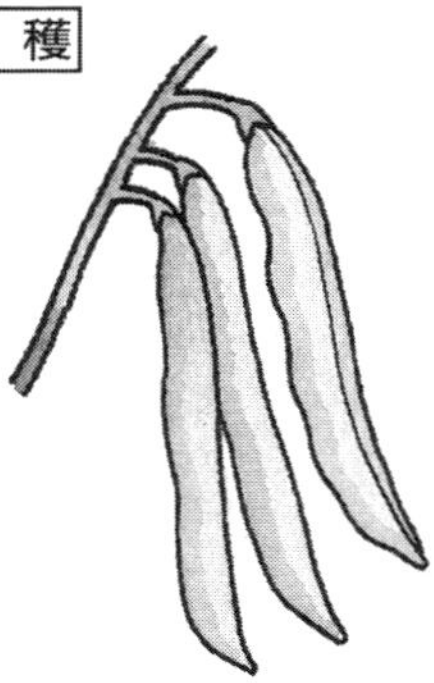

花が咲きだして12日前後で収穫できる。実が硬くなる前に収穫する

排水の悪い畑では高畦にする。

間引き　本葉3～4枚までに、1か所2本に間引き、土を寄せる。

支柱立て　つる性品種は、つるが伸び始める前に支柱を立て、伸びてきたつるをネットなどに巻きつかせる。

敷きわら　夏の乾燥期は、敷きわらなどをして乾燥を防ぐ。

追肥　開花始めに、追肥化成を施す。つる性品種は収穫期間が長いため、その後も生育を見ながら2回施す。また、わい性品種は、追肥時に土寄せを行うとよい。

病害虫防除　病害では灰色カビ病、菌核病。害虫ではアブラムシ、カメムシ、インゲンテントウなどの防除を行う。

収穫　高温期には、開花後12日くらい（種まき後50～60日）で収穫できる。収穫が遅れると、さやが硬くなるので注意する。収穫期間はつる性品種で1か月以上、わい性品種で15日くらいである。

えだまめ

〔マメ科〕原産地は中国東北部で日本へは縄文時代にだいずとして伝わった。

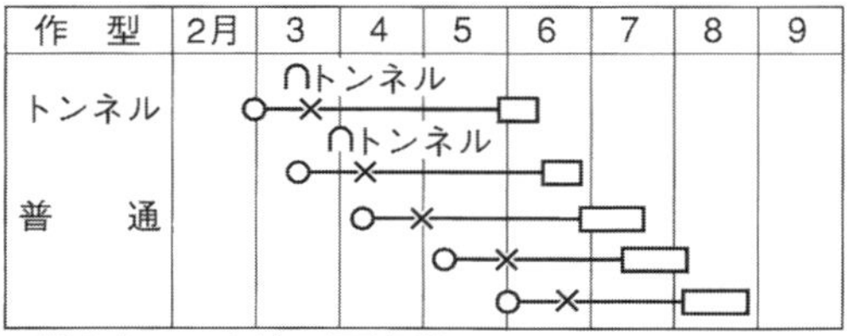

○種まき　×定植　□収穫

肥料（1a＝100㎡当たり）

基肥	施肥量	追肥	施肥量
堆肥	150kg	追肥化成	2kg
カキガラ	8	開花盛期	
ミネラル肥料	8		
けいふん	39		
基肥化成	4		

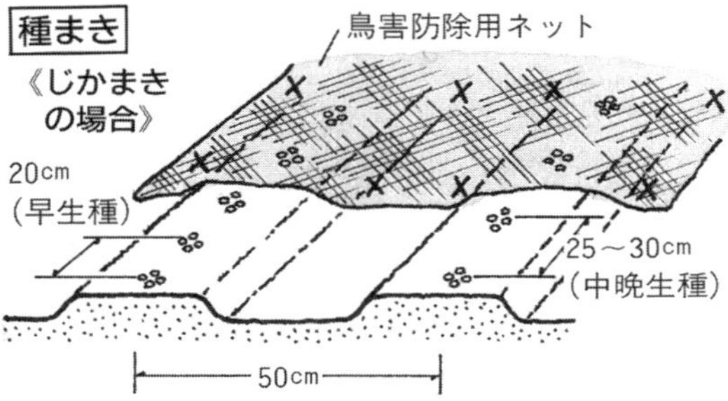

1か所3～4粒まきとし、芽が出たら2本残して他は間引く。鳥害のひどいところは、種をまいたらネットをかけて発芽後取り除く

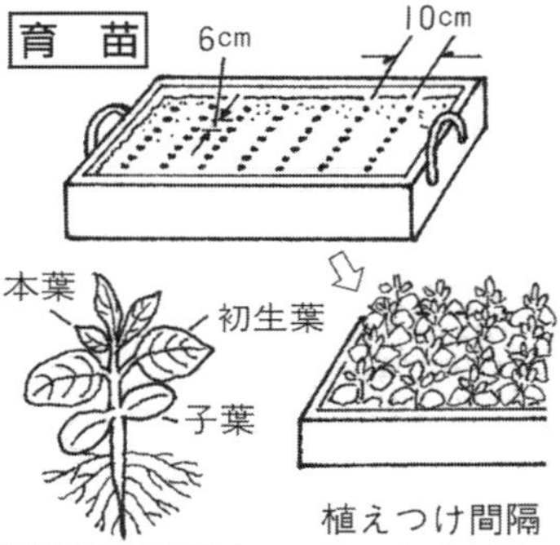

定植適期の苗は本葉が出始めたころ

植えつけ間隔は、じかまきの場合と同じ

営農指導員からのアドバイス

①日当たり、排水のよい畑を選ぶ。

②基肥を少なくする。

③開花期は乾燥させない。

特性　生育適温は25℃前後であり、13℃以下の低温で生育不良となる。出芽までは地温が20～25℃必要である。温暖多湿を好み、開花期に乾燥が続くと落花が多くなったり、空さやがふえる。酸性土壌にも耐え、保水力のあるやや粘質土壌が最適である。また高温では茎葉が貧弱に伸び、さやができない。

品種　早どり栽培には奥原早生、早生緑大莢《さや》、大振袖、白鳥、富貴、白獅子、白毛2号、緑碧。普通栽培ではみどりハニー、夕涼み、白樺2号。

畑の準備　種まき10日前に堆肥、カキガラ、ミネラル肥料、けいふん、基肥化成を施し深く耕す。

畦づくり・種まき　幅50cmの畦を立て1条まきとする。株間は20cmとし1か所へ3～4粒まく。鳥害

追肥・土寄せ

草丈が20㎝くらいになったころ、少量の追肥化成を株のまわりに施し、軽く土寄せする

摘　心

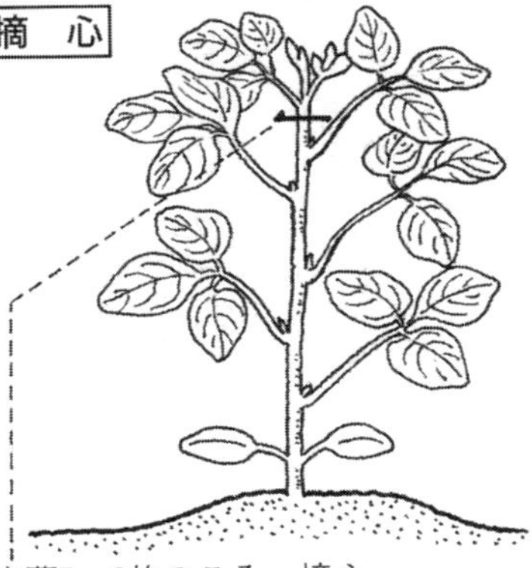

本葉5～6枚のころ、摘心してわき芽の伸びを促す

収　穫　収穫時の草姿

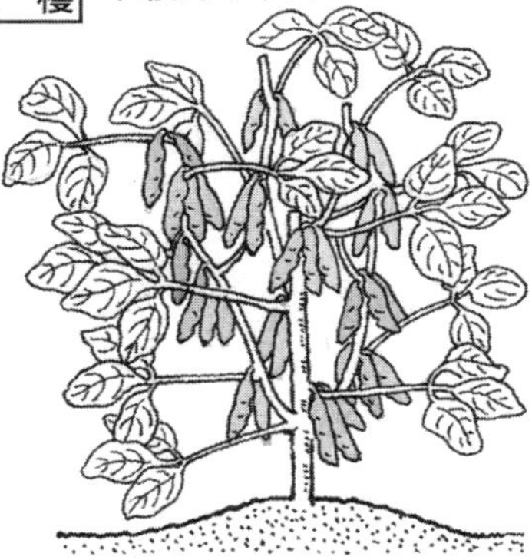

摘心して伸びたわき芽にもよくさやがつき、空ざやが少なく、実がよく入っている

収穫適期

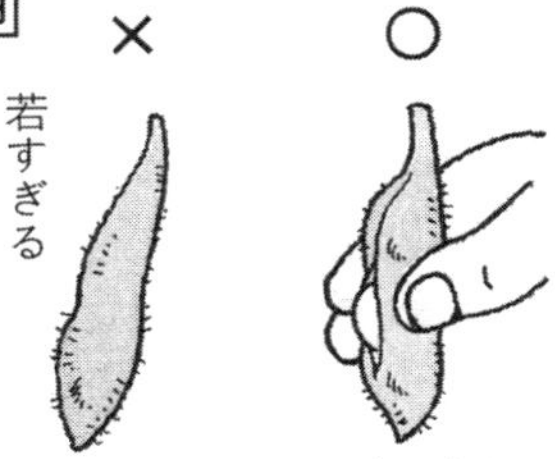

実のふくらみが目立ちさやを押さえると子実が飛び出すころが適期

のひどいところは種まき後ネットをかけるとよい。発芽後２本残して他は間引く。

育苗　箱または地床に６×10㎝のすじまきにする。床土は無肥料でよい。種まき後20～25日、初生葉が開き、本葉が出始めたころに定植する。低温期の育苗はトンネルまたはビニールハウスで行う。

管理　草丈が20㎝くらいのころとその15日後に、追肥化成を株のまわりに施し、軽く土寄せする。

また、本葉が５～６枚のときに摘心すると倒伏しにくくなり、わき芽の伸びが促される。開花期から実が肥大する時期に乾燥させたり、開花期に肥切れさせると収量が減る。水やりと追肥に注意する。

病害虫防除　アブラムシとカメムシの防除が重要である。

収穫　種まき後70～90日で収穫となる。収穫適期は短く３～５日である。さやを押さえると小実が飛び出すころが収穫適期である。

オクラ

〔アオイ科〕原産地は東北アフリカで、日本には明治８年に「アフリカヌリ」という名で導入された。

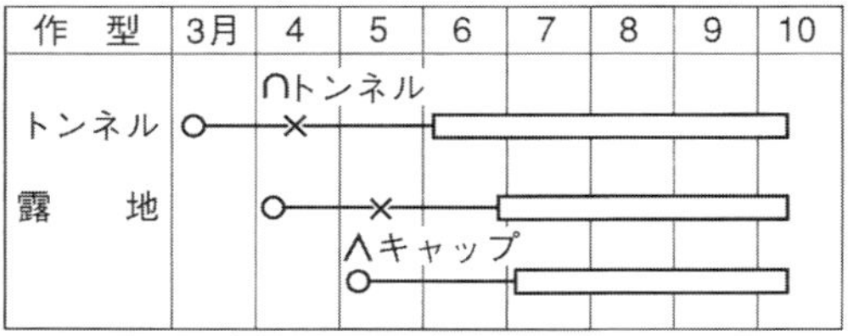

○種まき　×定植　□収穫

肥　料　（1a＝100㎡当たり）

基　肥	施肥量	追　肥	施肥量
堆　肥	300kg	追肥化成	10kg
ミネラル肥料	10	2kg×5回	
カキガラ	10		
けいふん	65		
基肥化成	8		

種の準備

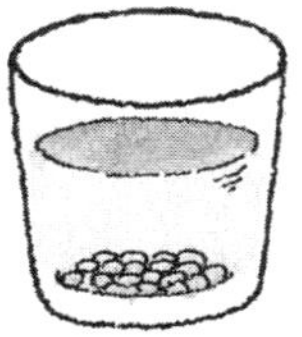

種皮が硬いので、種は一昼夜水につけてから沈んだ種をまく。浮いた種は捨てる

畑の準備

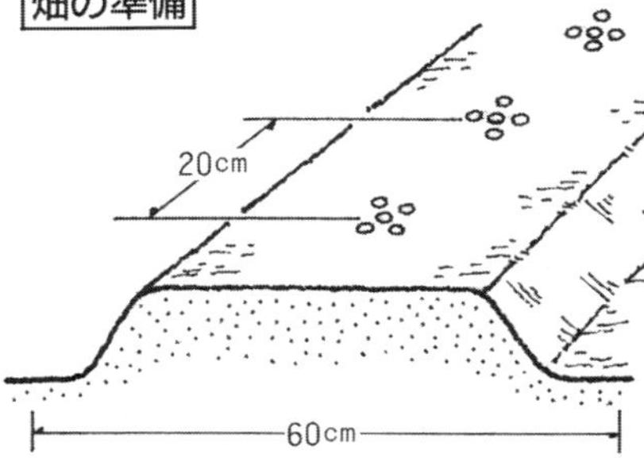

作付けの１か月前と２週間前に肥料を施し、60cmの畦を立てる

営農指導員からのアドバイス

①高温作物のため早まきしない。

②種に十分吸水させておく。

③早期の収穫をする。

特性　暑さに強く、生育適温は20～30℃で盛夏期に生育は旺盛になるが、30℃を超えると花つきが悪くなる。また昼の長さが16時間になると花がつきにくくなる。

寒さに弱く、10℃以下になると生育は停止し、霜にあうと枯れる。乾燥や多湿にも強く土壌はあまり選ばないが、排水性がよく、深く耕してあり、有機物に富む肥沃な土壌でpH6.0～6.8が適する。

畑の準備　作付けの１か月前にカキガラ、堆肥、ミネラル肥料を施して深く耕す。作付けの２週間前に基肥化成を全面に施し60cmの畦を立てる。

じかまき栽培　霜の心配がなくなってから種をまく。１か所に４～５粒ずつまき、２～３cm土をかける。種の皮が硬く水を吸うのに

間引き

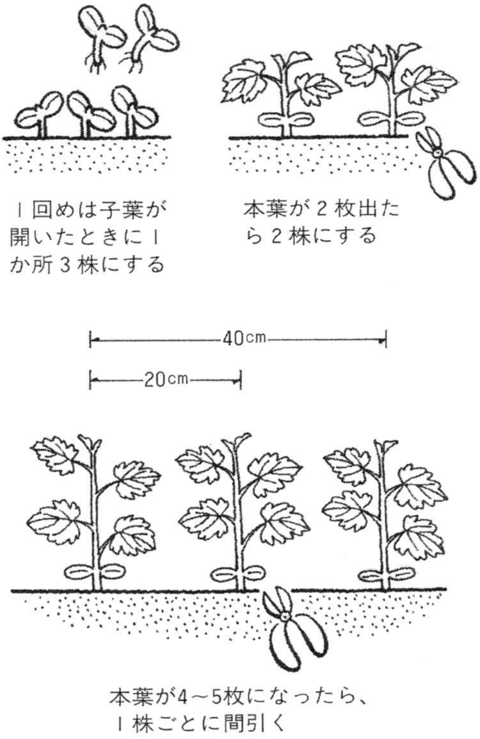
1回めは子葉が
開いたときに1
か所3株にする
本葉が2枚出た
ら2株にする
40cm
20cm
本葉が4〜5枚になったら、
1株ごとに間引く

摘葉

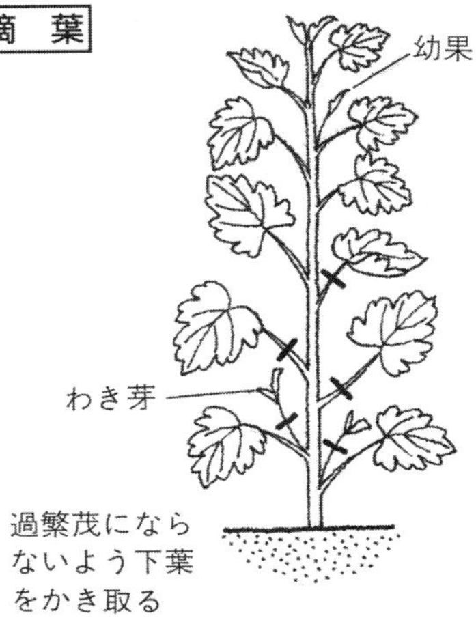
幼果
わき芽
過繁茂になら
ないよう下葉
をかき取る

収穫

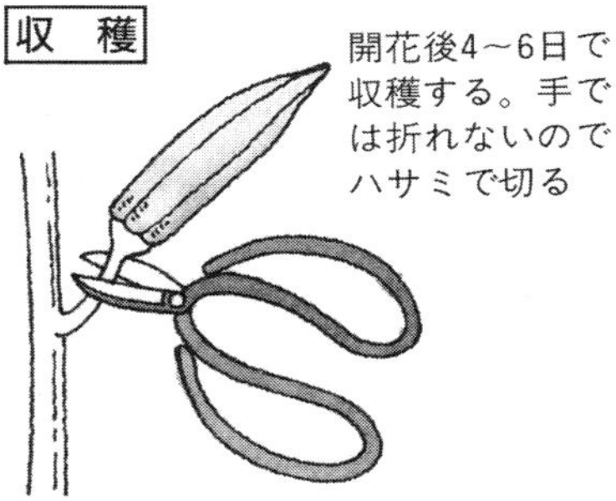
開花後4〜6日で
収穫する。手で
は折れないので
ハサミで切る

時間を要するので、1〜2日間、水に浸してまくと発芽がそろう。子葉が開いたとき、発芽の遅れた株を間引き、1か所3株にする。

本葉が2枚のときに2株にし、本葉4枚時に1株にする。残す株をいためないように注意して間引く。

移植栽培　細根が少なく、移植を嫌うので、本葉3枚のころ根鉢を崩さずにていねいに移植する。

肥培管理　追肥は、最後の間引きをするときに1回めを施し、その後、15〜20日おきに施す。長期に収穫を行うので、肥切れしないように注意する。

摘葉　繁りすぎないよう、2〜3果を収穫するころ、収穫節位から2〜3枚残して下葉をかき取る。

収穫　6〜7節から開花を始め開花後4〜6日の幼果を収穫する。適期を過ぎると、さやが硬くなり品質が悪くなる。また、株の負担になり生育も悪くなる。

かぼちゃ

〔ウリ科〕原産地はアメリカで、日本かぼちゃ、西洋かぼちゃ、ポンキンの３種類に大別される。

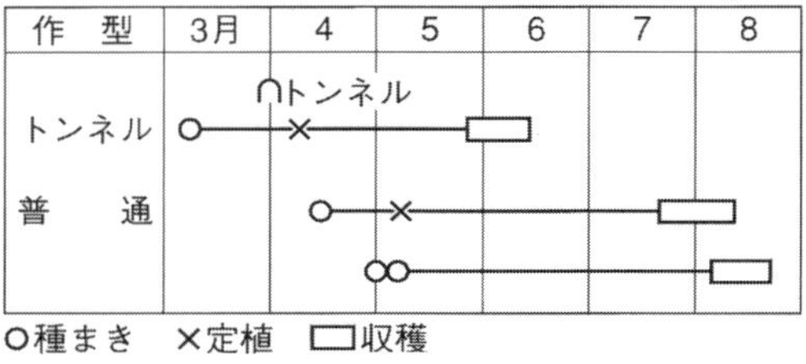
作　型
3月
4
5
6
7
8
トンネル
∩トンネル
普　通
○種まき
×定植
□収穫

肥　料　（1a＝100㎡当たり）

基　肥	施肥量	追　肥	施肥量
堆　肥	200kg	追肥化成	6kg
ミネラル肥料	6	1番果10cm	
苦土石灰	12	2番果が開花	
基肥化成	8		各3kg

育　苗

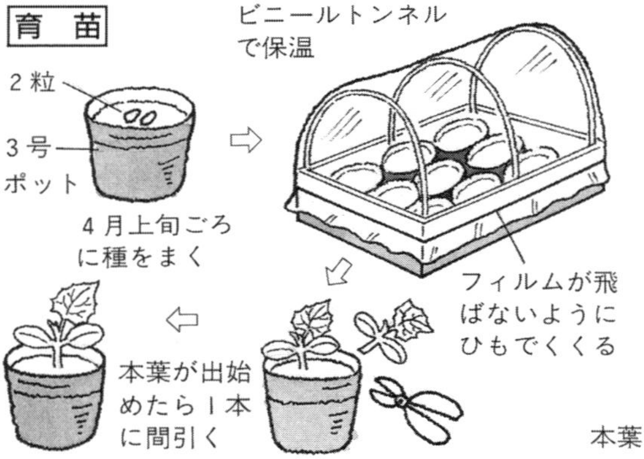
ビニールトンネルで保温
2粒
3号ポット
4月上旬ごろに種をまく
フィルムが飛ばないようにひもでくくる
本葉が出始めたら1本に間引く

畑の準備・定植

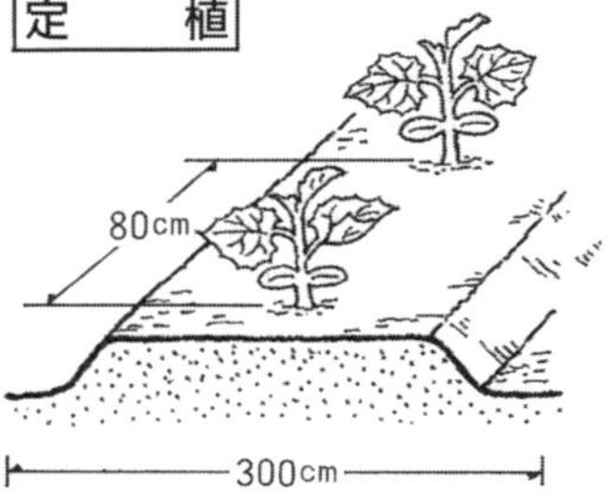
80cm
300cm

本葉２枚のころ80cm間隔に植えつける

営農指導員からのアドバイス

①高畦にして、排水をよくする。

②低温に比較的強いが霜に弱い。

③土はあまり選ばず連作に強い。

特性　ウリ科のなかでは比較的低温を好み、日本かぼちゃはやや高温多湿、西洋かぼちゃとポンキンは温暖で乾燥を好む。

日本かぼちゃは平均気温が35℃以上、西洋かぼちゃは23℃以上になると、実のつきが悪くなる。

露地でつくるときは、霜が降りなくなってからにする。土壌はあまり選ばなく、連作にも強い。

品種　一般的には、えびす系、近成芳香、くりあじなどがある。

育苗　箱に砂を入れ種をまき、発芽後ポットに鉢上げし、本葉２枚のころ定植する。

畑の準備・定植　定植の１か月前に１ａ当たり完熟堆肥200kg、苦土石灰12kgとミネラル肥料を施して耕しておく。

定植10日前に基肥化成を８kgほ

仕立て　親づる１本と子づる３本の計４本仕立てとする

《西洋かぼちゃの整枝》

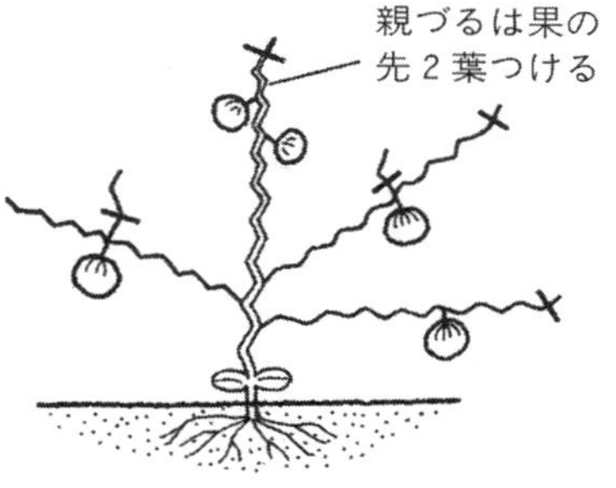

子づるに果実がついたら、先に5～6葉残して摘み取る。孫づるは摘み取る

《日本かぼちゃの整枝》

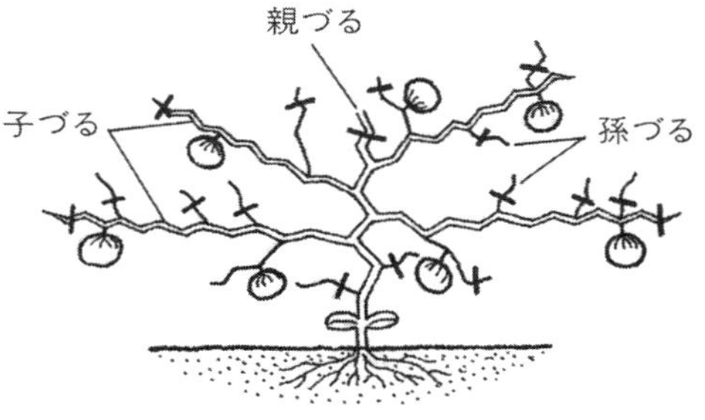

親づるは本葉6枚で、摘心する。各子づるに2果つけたら2葉で摘心する。孫づるは摘み取る

収　穫　《日本種》

《西洋種》

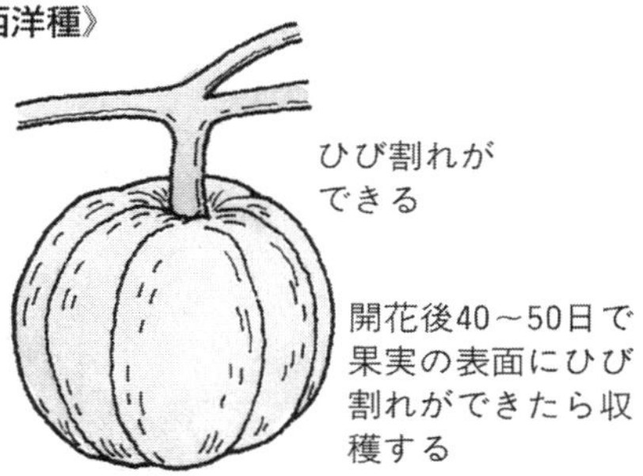

開花後40～50日で果実の表面にひび割れができたら収穫する

ど入れて、300cmの畦をつくり株間60～100cmに定植する。畦はできるだけ高くする。

管理　仕立ては、親づる１本と子づる３本の計４本仕立てとする。

追肥は追肥化成を１番果が10cmくらいになったときと、２番果の花が咲いたときに３kgずつ施すが、生育状況に応じて加減する。

乾燥と茎葉や果実の汚れを防ぐため、定植前にマルチを敷くか、つるが伸びるにしたがって、敷きわらを広げるように敷く。

着果して半月ほどして、果実が大きくなったら、花のついていたほうを下にして置き直す。

収穫　西洋種は開花後40～50日くらいで完熟するが、品種と作型で異なる。果柄部がコルク化して、ひび割れが生じたころが収穫適期である。

日本種は開花後30～40日くらいで果実の表面に白い粉がふき始めたころが収穫適期である。

きゅうり

〔ウリ科〕インドのヒマラヤ山麓シッキム地方に野生、それがヨーロッパ・中国・日本へ伝播。

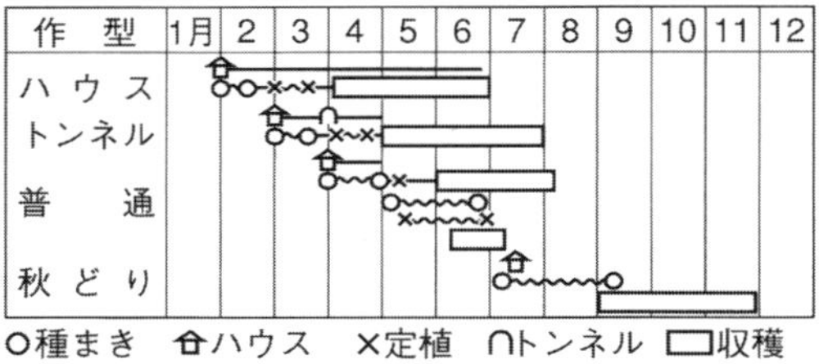

肥料 （1a＝100㎡当たり）

基肥	施肥量	追肥	施肥量
堆肥	200kg	追肥化成	1回2kg
カキガラ	15	（7〜10日間隔）	
ミネラル肥料	10		
BMようりん	3		
基肥化成	14		

初期生育

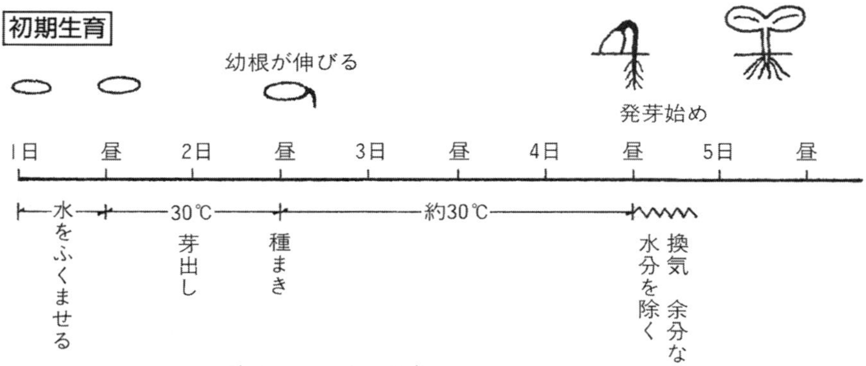

徒長を防ぐには日中に発芽させる

営農指導員からのアドバイス

①よい苗は適期の種まきから。

②7節までは果実をつけない。

③5節までは側枝を摘み取る。

特性　生育適温は日中18〜25℃で、35℃以上と10℃以下で生育不良となる。最低地温は15℃必要。

きゅうりは根が浅く乾燥や湿害に弱い。深く耕して腐植に富んだ保水性・排水性のよい土壌を好む。土壌pH6.0〜7.0でよく生育する。連作すると病害が発生しやすくなる。また品質面で光沢をよくするために、接ぎ木栽培も行われている。

品種　消費の大半は白いぼの白い粉のふかないものである。

育苗　促成、半促成栽培では、温床育苗で特によい苗をつくる。育苗期間は低温期で40日、温暖期で25日を目安とし、本葉2.5〜3枚で定植する。最近、プラグ育苗も行われ、幼い苗が定植されている。

じかまき　温暖期は畑を準備し4

栽植距離

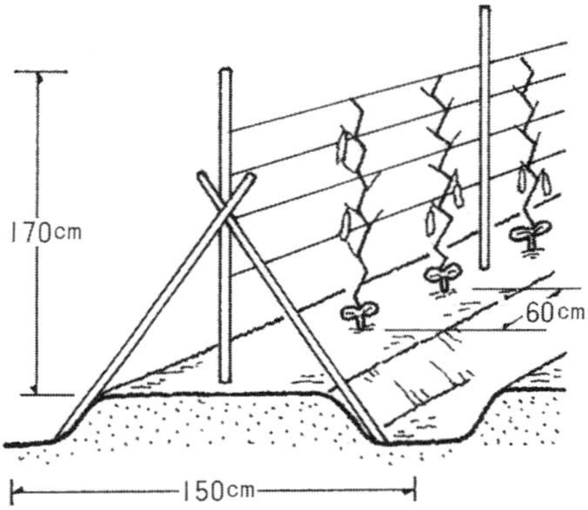

誘引と整枝

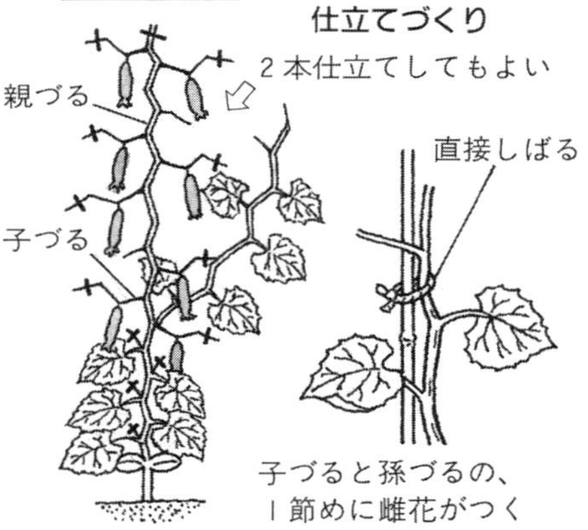

摘　心

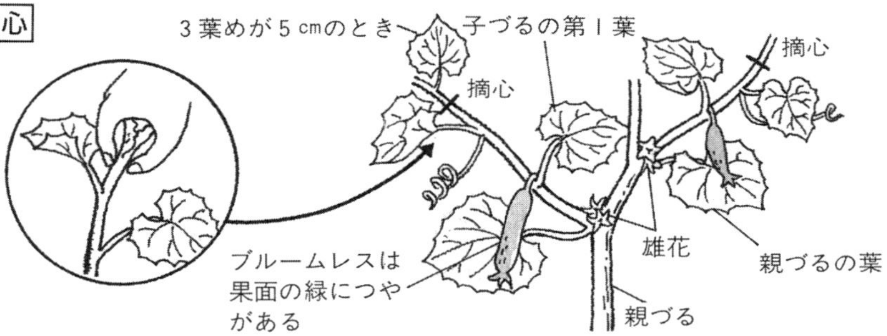

～5粒ずつまく。土を1cmほどかぶせ、敷きわらなどで覆って水をやる。

畑の準備　育苗、じかまきとも15日前にはカキガラや堆肥、ミネラル肥料、BMようりんを施し深く耕す。定植の7日前までには基肥化成を施し、畦立てする。

定植　普通栽培は5月上旬～中旬が適期である。畦間150cm、株間60cmの1条植えとし、植え穴には根鉢が地床より少し高い位置になるようていねいに定植する。

管理　定植後すぐに支柱を立て、きゅうりのつるを巻かせる。多くの品種は親づる1本仕立てとし、親づるの本葉5～6枚までの側枝は全部摘み取る。それ以上の側枝は葉を2～3枚残して摘心するか、空間を利用して親と側枝の2本仕立てにする。

収穫　目的の大きさの適期収穫を行うとともに、不要の果実も早めに収穫することが大切である。

さやえんどう

〔マメ科〕南ヨーロッパのコーカサス地方が原産地。さやえんどうと実えんどうに改良されてきた。

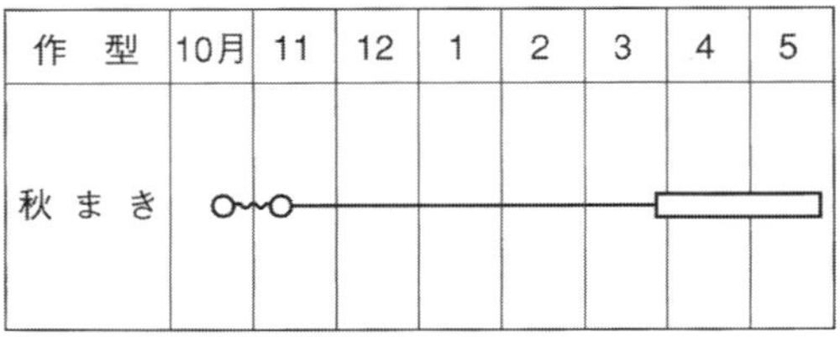

○種まき　□収穫

肥　料　（1a＝100㎡当たり）

基　肥	施肥量	追　肥	施肥量
堆　肥	200kg	追肥化成	2kg
苦土石灰	15		
ミネラル肥料	8		
けいふん	30		
基肥化成	6		

畑の準備

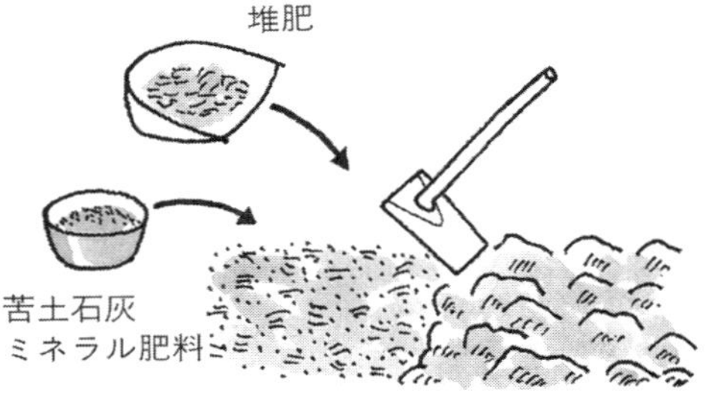

酸性に弱いので必ず石灰を散布する

基肥入れ

種まき10日前に基肥を入れ深く耕す

営農指導員からのアドバイス

①5～6年間は連作をしない。

②日当たり、排水のよい畑を選ぶ。

③石灰を施し土壌を中性にする。

特性　冷涼な気候を好み、発芽適温は18～20℃。生育適温は10～20℃で、5℃以下の低温や25℃以上の高温では開花結実が悪くなる。

湿害に弱いため、排水のよい畑でつくる。

酸性土壌では生育が悪い。最適土壌pHは6.5～7.0である。

連作を特に嫌い、立枯病の発生が多くなるので、5～6年はマメ科植物は作付けしないこと。

品種　きぬさやと大さや、つる性とつるなしがある。

畑の準備　種まき10日前に堆肥、苦土石灰、ミネラル肥料、けいふん、基肥化成を施し深く耕す。

畦立て・種まき　つる性品種は通路を含めた畦幅120㎝の畦を立て、1条まきとする。株間50～60㎝とし1か所に3～4粒ずつまく。

種まき

《つる性種》

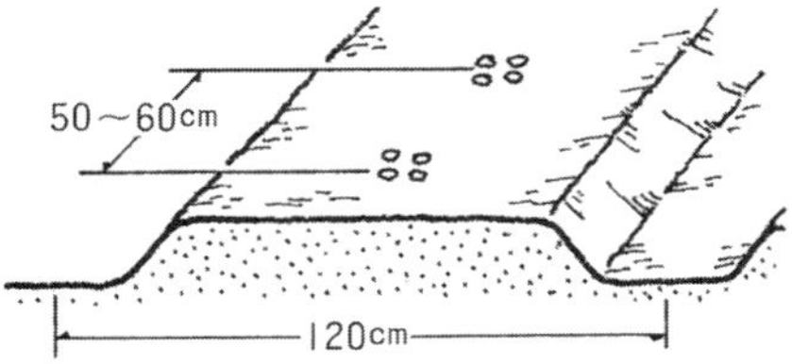

株間50〜60cmとし、
1か所に3〜4粒まく

《つるなし種》

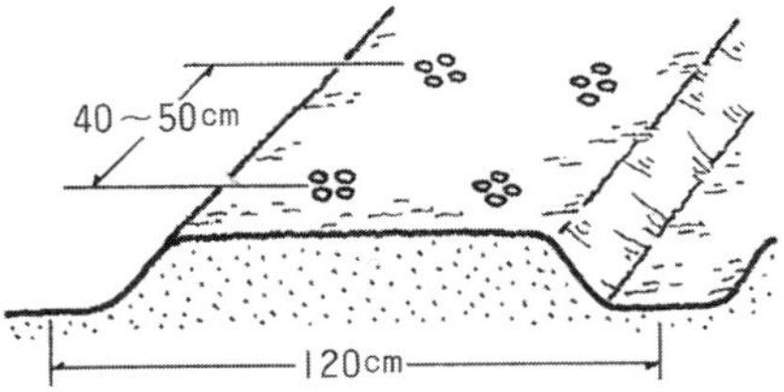

株間40〜50cmとし、
2条まきとする

支柱立て

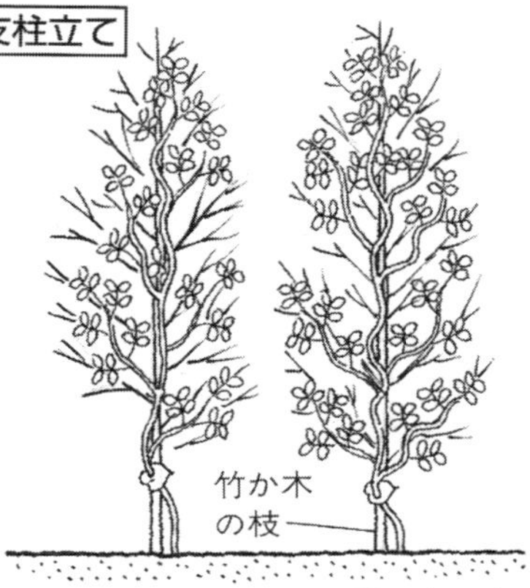

えんどうの支柱には、枝の多い木
や竹などが好適。早めに立てる

収　穫

さやの中の実がわずか
にわかるようになった
ころが収穫の目安

つるなし品種は畦幅120cmの畦を立て、2条まきとする。株間は40〜50cmとする。

大きくなって冬越しすると寒害を受けやすいので早まきしない。

育苗　前作の関係で種まきできない場合は、6cmポットで育苗するが、12月上旬には定植し、厳寒期までには根を張らす。

仮支柱で防寒　冬の風でいためられないよう、草丈6cmくらいで仮支柱を立て、わらなどで防寒する。

支柱立て　竹などの支柱に、縄やわらなどをからませるが、最近はネットの利用が多くなっている。

追肥　開花始めのころを目安に2〜3回追肥する。

整枝　開花始めのころから行う。繁りすぎないように、細い茎は取り除き1株7〜8本にする。

病害虫防除　うどんこ病、褐紋病。アブラムシ、ナモグリバエの防除を行う。

収穫　実が太り始めるまでに行う。

ししとう

〔ナス科〕甘とうがらしの一種で南米の熱帯地方の原産である。熱帯地方では永年性となる。

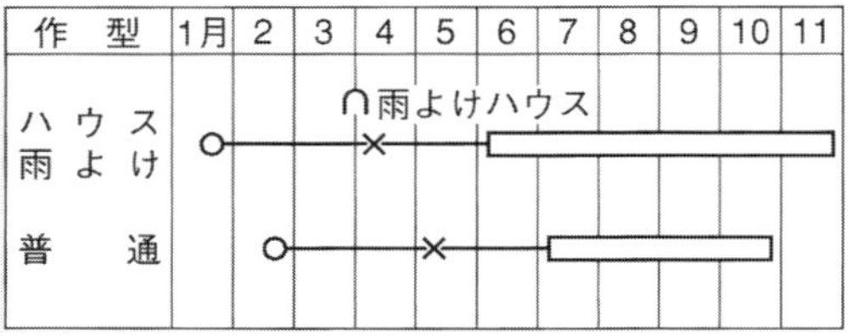

作型
1月
2
3
4
5
6
7
8
9
10
11
ハウス雨よけ
∩雨よけハウス
普通

○種まき　×定植　□収穫

肥料　（1a＝100m²当たり）

基肥	施肥量	追肥	施肥量
堆肥	200kg	追肥化成	24kg
ミネラル肥料	8	10日間隔	
カキガラ	15	3kg施肥	
基肥化成	12		

育苗

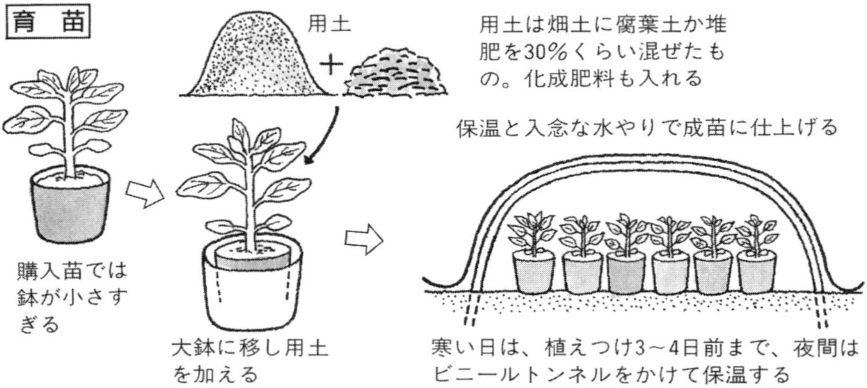

用土
用土は畑土に腐葉土か堆肥を30％くらい混ぜたもの。化成肥料も入れる
保温と入念な水やりで成苗に仕上げる
購入苗では鉢が小さすぎる
大鉢に移し用土を加える
寒い日は、植えつけ3～4日前まで、夜間はビニールトンネルをかけて保温する

営農指導員からのアドバイス

①普通栽培は5月中旬から定植。

②生育初期のアブラムシに注意。

③倒伏防止に必ず支柱を立てる。

特性　果菜類のなかで最も高温に強い。経済的な生育適温は日中27～28℃、夜間18℃前後。気温が15℃以下ではほとんど発育せず、奇形果や内果皮が硬い石果の発生が多くなる。土質はあまり選ばないが、排水不良地では立枯病が発生しやすくなる。乾燥すると生育が著しく悪くなる。土壌pHは6.0～6.5が適する。

品種　翠臣、翠光、東京ししとうなど多数ある。

苗の準備　種まきだと温床などの設備が必要となるので、苗を求めて育てるのがよい。市販の苗はひとまわり大きな鉢に植え替え、1番花が咲くまで育てる。

畑の準備　堆肥、カキガラ、基肥化成を施し、幅180㎝の高畦をつくる。

畑の準備

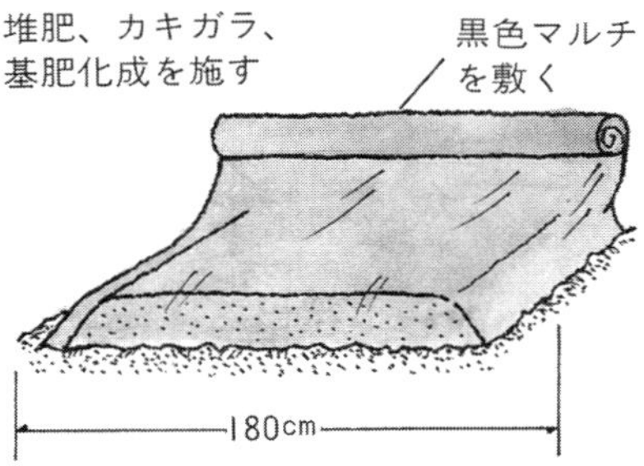

定　植

整　枝

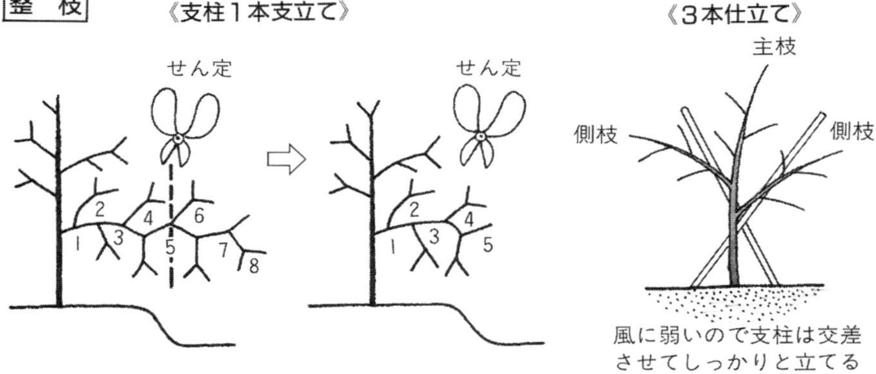

定植　地温15～16℃が確保できるようになれば定植可能。一般的には５月中旬ころ植えれば安全である。株間80cmの１条植えとする。植え穴に殺虫剤の粒剤を施す。

ポリマルチ　地温を高め、雑草防除のため黒色マルチを敷く。シルバーを用いればアブラムシ防除になる。

支柱立て・整枝　倒伏防止のため定植後ただちに支柱を立てる。下の葉のつけ根から出てくるわき芽は早めにかき取る。整枝はなすに準じて３本仕立てとするか、主枝を１本残し側枝を５～６節で摘心する１本仕立てとする。

敷きわら・追肥　高温時には敷きわらをし地温を下げる。収穫中肥切れとならないよう、10日間隔で１ａ当たり追肥化成を３kg程度施用する。

収穫　長さ６～７cmのころ（開花後20～25日）を目安に収穫する。

しろうり

〔ウリ科〕インドまたは中国で紀元前から栽培され、わが国へは中国から伝わった。

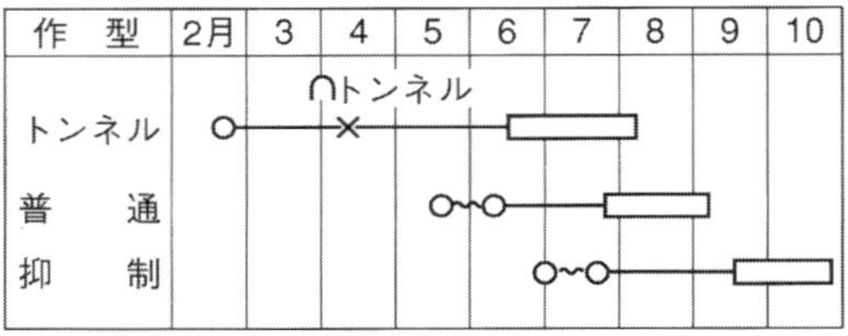

作型
2月
3
4
5
6
7
8
9
10
∩トンネル
トンネル
普通
抑制

○種まき　×定植　▭収穫

肥　料　（1a＝100m²当たり）

基　肥	施肥量	追　肥	施肥量
堆　肥	200kg	追肥化成	9kg
ミネラル肥料	8	着果期から15日おきに3kgを3回	
カキガラ	8		
けいふん	40		
基肥化成	12		

畑の準備

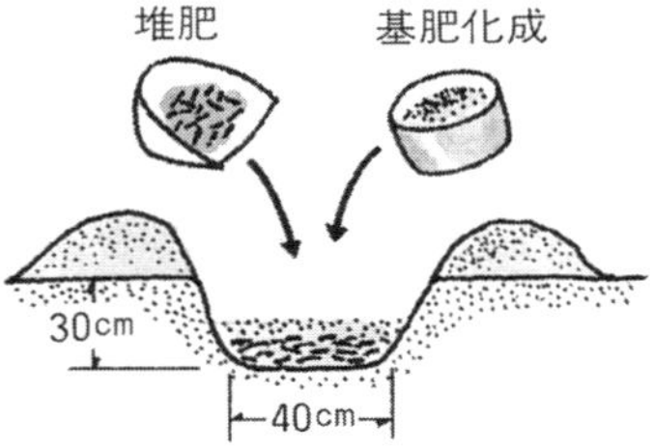

堆肥
基肥化成
30cm
40cm

種まきのときか定植の半月くらい前に基肥を入れる

育　苗

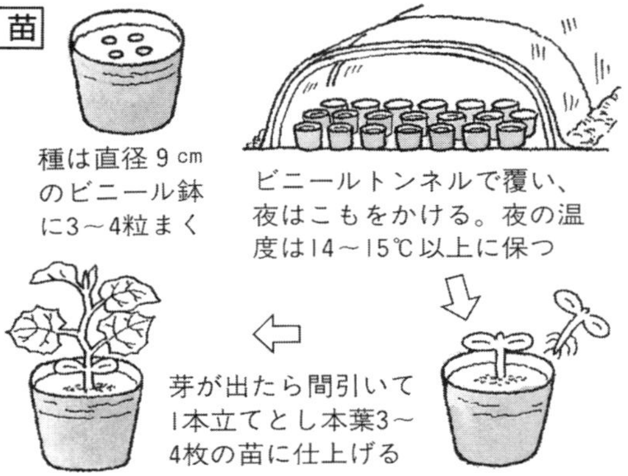

種は直径9cmのビニール鉢に3～4粒まく
ビニールトンネルで覆い、夜はこもをかける。夜の温度は14～15℃以上に保つ
芽が出たら間引いて1本立てとし本葉3～4枚の苗に仕上げる

営農指導員からのアドバイス

①早まきをしない。

②追肥をこまめに行う。

③雌花着果後の摘心を確実に。

特性　きゅうりより高温を好み、生育適温は25℃前後で、13℃以下になると生育が抑制される。乾燥や過湿に弱く、梅雨時の過湿とその後の高温で急激に草の勢いが衰える。排水のよい土壌や粘質土壌が適する。

品種　東京早生（浅漬）、東京大白瓜（奈良漬）、阿波みどり（奈良漬）などがある。

畑の準備　植えつけ2週間前に堆肥、カキガラ、基肥化成を施し、深く耕す。

育苗　じかまきが一般的であるが、トンネル早熟栽培では育苗し定植する。発芽適温は25～30℃。箱まきし、子葉が展開するころまでに9cmポットに鉢上げして、本葉4枚まで育苗する。

種まき・定植　畦幅200cm、株間

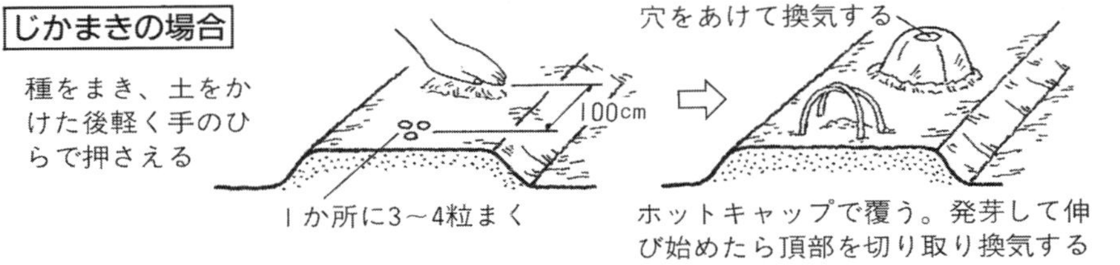
じかまきの場合
種をまき、土をかけた後軽く手のひらで押さえる
100cm
1か所に3～4粒まく
穴をあけて換気する
ホットキャップで覆う。発芽して伸び始めたら頂部を切り取り換気する

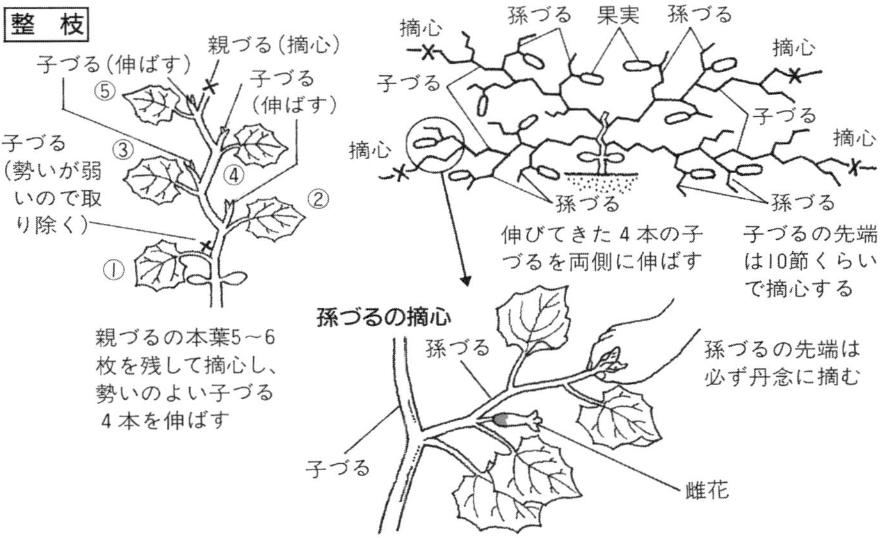
整　枝
親づる(摘心)
子づる(伸ばす)
子づる(伸ばす)
子づる(勢いが弱いので取り除く)
①
②
③
④
⑤
親づるの本葉5～6枚を残して摘心し、勢いのよい子づる4本を伸ばす
摘心
孫づる
果実
孫づる
摘心
子づる
子づる
摘心
摘心
孫づる
孫づる
伸びてきた4本の子づるを両側に伸ばす
子づるの先端は10節くらいで摘心する
孫づるの摘心
孫づる
孫づるの先端は必ず丹念に摘む
子づる
雌花

100cmに定植する。じかまきの場合は十分暖かくなってから種をまく。1か所3～4粒まき、本葉が出始めたら間引いて1本にする。

整枝　親づるを4～5節で摘心する。子づるを4本伸ばして、それぞれ10節前後で摘心し、孫づるを出させて着果させる。孫づるは4節で摘心する。

追肥　子づるが出始めたら開始し、着果してからは肥切れしないよう15日おきに追肥化成を施す。夏には乾燥しないよう朝夕の涼しいときに水をやる。

病害虫防除　べと病、アブラムシ、ダニ類に注意し、登録農薬によって防除する。

収穫　開花後15～20日たち、果実が200gくらいになったら収穫する。果実の生長が終わると果色の緑がやや淡くなり、表面の毛がなくなって光沢が抜けたようになるので、このころ遅れないように収穫する。

すいか

〔ウリ科〕アフリカ原産で、日本には17世紀、江戸時代に伝わったといわれている。

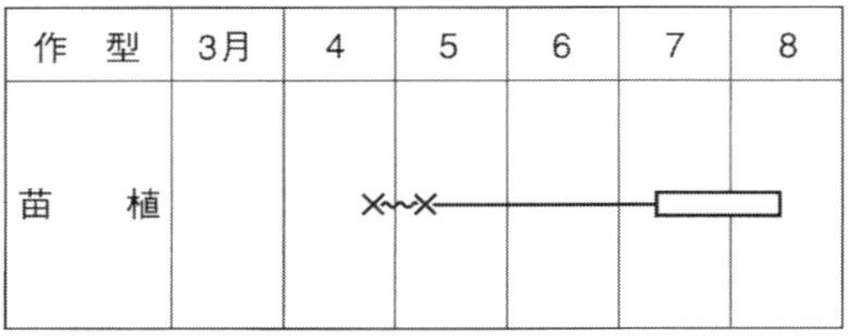

×定植　□収穫

肥　料　（1a＝100㎡当たり）

基　肥	施肥量	追　肥	施肥量
けいふん	60kg	追肥化成	4kg
ミネラル肥料	8	2回に分けて施肥	
苦土石灰	10		
基肥化成	8		

苗の見分け方

徒長ぎみや、こじれたような苗は子づるが出にくい

健康に伸び葉色もよく太めの苗がよい

整枝と誘引

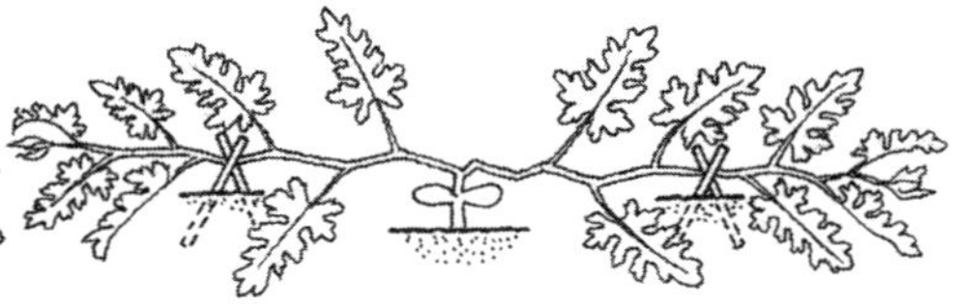

風でつるがいたまないように針金や割りばしなどで固定させる

営農指導員からのアドバイス

①温度管理に気をつける。

②適正な着果数の確保。

③生育に適した水やりの実施。

特性　高温と強い光を好む。土地を選ばず、土質適応性は広い。一般的に、日中の温度差がある地帯では糖度が高い。

苗の準備　接ぎ木をした苗を求めるのがよい。その際に、伸びすぎておらず、葉色がさめてなく、病害のあとが残っていない苗を求めるのが大切である。

畑の準備　定植の約1週間前に苦土石灰を20cm以上の深さまで施し、有機肥料を中心とした基肥を全面散布する。すいかの場合、初期にチッソが効きすぎると、つるぼけしてしまい、着果しにくくなるので、基肥は控えめにして追肥で補うようにしたほうがよい。

定植　4月下旬～5月上旬ころに定植。畦間250cm、株間55cmとする。ポットの土が1cmくらい出る

人工授粉

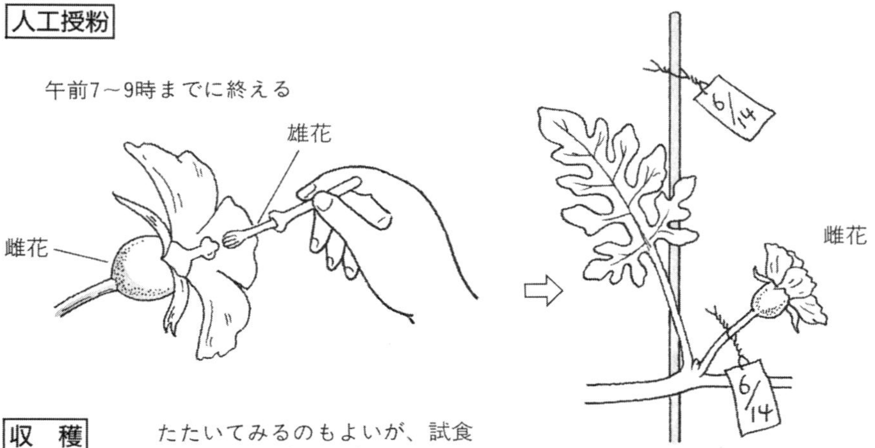

授粉を終えた日を札に記入し、つるか棒に吊るしておく

収穫

たたいてみるのもよいが、試食してみるのがいちばん

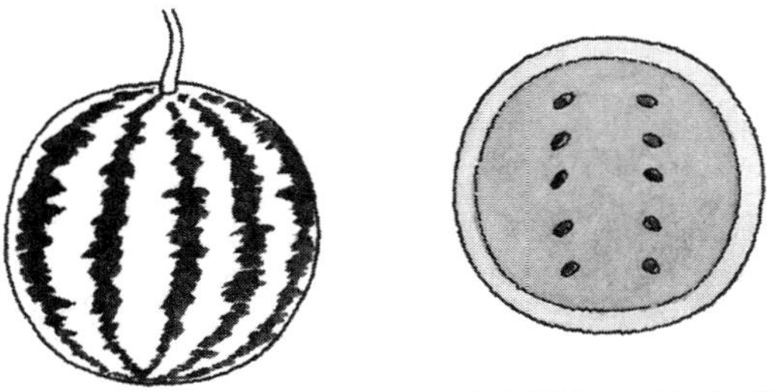

交配後42～45日

たな落ちしておらず実が詰まっている

ように浅めに定植する。遅霜の心配がある場合はトンネルをする。

整枝　定植後、本葉を５枚だけ残し、子づるを４本出す。１番花は着果しても果形が悪いので間引き、このころに誘引作業を行う。

人工授粉　１株から２個着果させるためには、人工授粉を行うのが有効。授粉させた日付を記入してラベルを付ける。これを収穫適期の判断に役立てる。

追肥　果実がソフトボール大の大きさに育ったら、株元から50～60㎝くらい離れたところに追肥化成を散布する。

敷きわら　乾燥防止に稲わらを敷くとよい。また、土のはね返りによる病気も防げる。

玉直し　果実の直径が約20㎝になったころ、果実の向きを変えると均一に着色し、外観もよくなる。

収穫　授粉後42～45日くらいが目安。天候により収穫適期が変わりやすいので、試しどりをする。

スイートコーン

〔イネ科〕中南米が原産で、野生のテオシントから進化したと推定される。日本へは明治初期に導入。

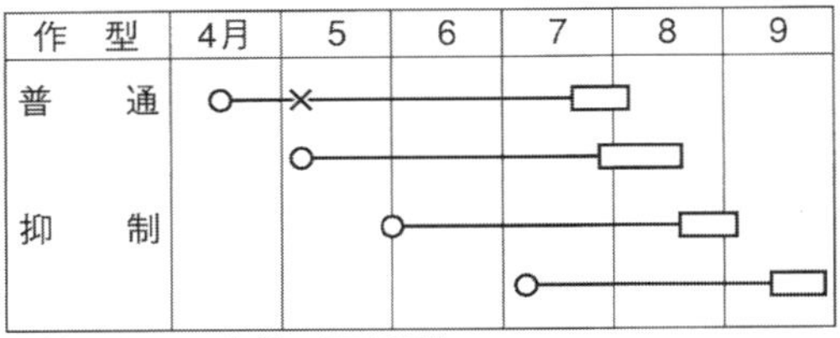

作型
4月
5
6
7
8
9
普通
抑制

○種まき　×定植　▭収穫

肥料　（1a＝100㎡当たり）

基肥	施肥量	追肥	施肥量
堆肥	300kg	追肥化成	6kg
カキガラ	8	本葉6枚	3
ミネラル肥料	8	雄穂出始め	3
けいふん	39		
基肥化成	12		

育苗

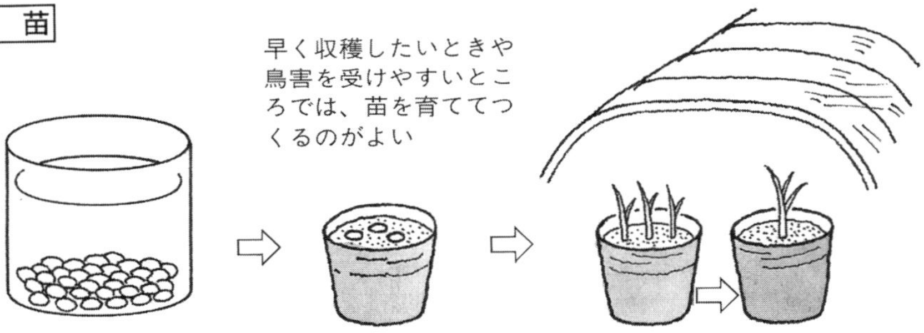

早く収穫したいときや鳥害を受けやすいところでは、苗を育ててつくるのがよい

一晩水につけてたっぷり水を吸わせる

径９㎝のビニール鉢に３粒種をまく

芽が出たら間引いて１本にする

営農指導員からのアドバイス

①日当たり、排水のよい畑を選ぶ。
②雄穂の出始めから乾燥に注意。
③アワノメイガの防除の徹底。

特性　生育適温は23〜24℃で穂が出る前後に12℃以下、35℃以上になると実入りが悪くなる。発芽適温は33℃である。土壌に対する適応性は高いが、根が深く張るため、有機質に富み排水良好な場所が適する。雄穂の出始めから成熟期に乾燥させると受精障害やしなび粒になる。また、ある程度まとめて栽培すると授粉がしやすくなり、実入りがよくなる。

品種　普通栽培にはキャンベラ90、ピーターコーン、味来390。抑制栽培にはウッディーコーン、ホップコーンがある。

畑の準備　種まきまたは定植の２週間前に堆肥、カキガラ、ミネラル肥料、けいふん、基肥化成を施し30㎝程度に深く耕す。

種まき・畦立て　幅70㎝の畦を立

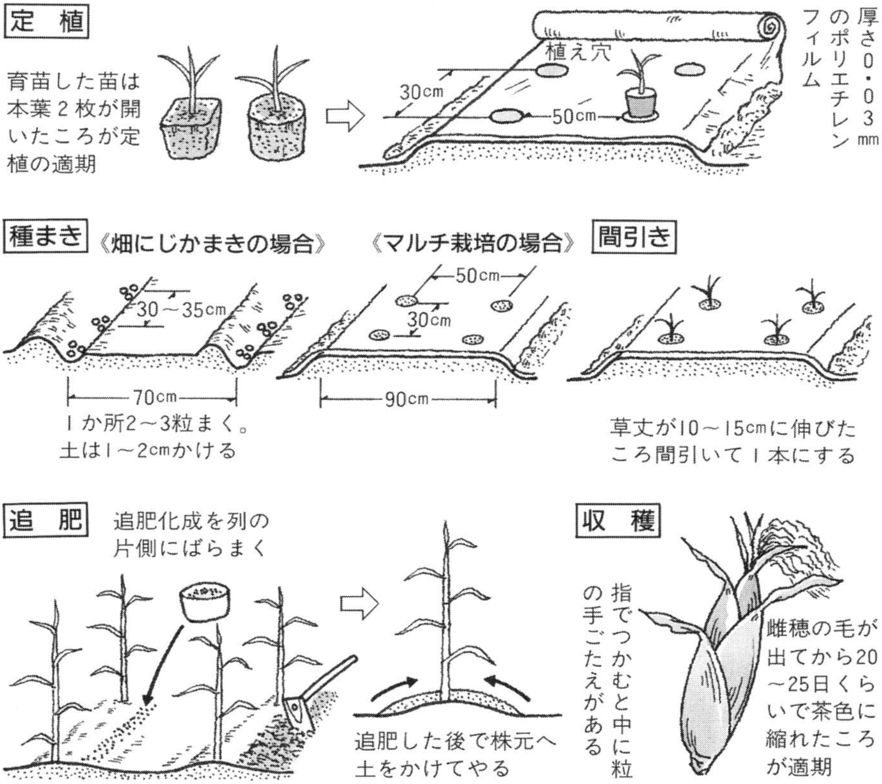
定　植
育苗した苗は本葉２枚が開いたころが定植の適期
植え穴
30cm
50cm
厚さ0・03mmのポリエチレンフィルム
種まき
《畑にじかまきの場合》
30～35cm
70cm
１か所2～3粒まく。土は1～2cmかける
《マルチ栽培の場合》
50cm
30cm
90cm
間引き
草丈が10～15cmに伸びたころ間引いて１本にする
追　肥
追肥化成を列の片側にばらまく
追肥した後で株元へ土をかけてやる
収　穫
指でつかむと中に粒の手ごたえがある
雌穂の毛が出てから20～25日くらいで茶色に縮れたころが適期

て１条まきとする。株間は30～35cmとし、１か所２～３粒ずつまき、１～２cm土をかける。普通栽培では黒マルチ、抑制栽培では白黒ダブルマルチを敷く。

育苗　育苗箱に7.5cmのポリポットを並べ、１鉢に２粒ずつまく。本葉が２枚のとき定植する。

管理　間引きは本葉３～５枚時に行い、１本立ちにする。マルチをしない場合は土寄せを行う。草丈が80cmくらいまでに行う。株元に２～３本のわき芽が発生するが、房の肥大を助け、先端の実入りをよくし、倒伏を防ぐので除去しなくてよい。雄穂の出始めから乾燥しないよう適宜水やりをする。

病害虫防除　雄穂が出るころからアワノメイガ、アブラムシの発生が多くなるので、防除を徹底することが大切である。

収穫　雌穂の絹糸（毛）が出てから20～25日たち、絹糸が茶色になったときが収穫の適期である。

そらまめ

〔マメ科〕地中海沿岸が原産で、さやが空に向かって育つので「そらまめ」の名がついたとされている。

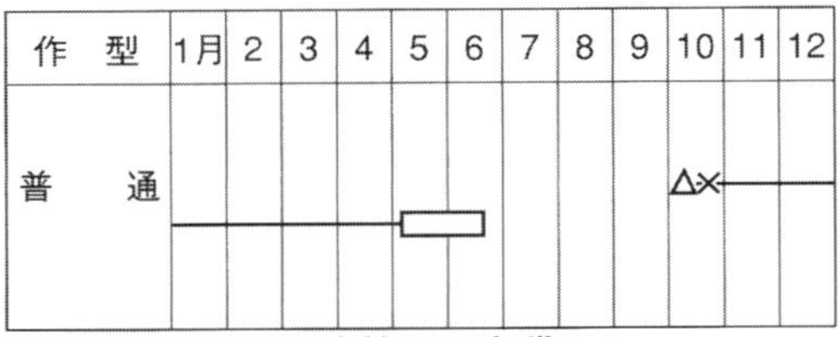

△催芽（芽出し）　×定植　□収穫

肥　料　（1a＝100㎡当たり）

基　肥	施肥量	追　肥	施肥量
堆　　肥	200kg	追肥化成	3kg
ミネラル肥料	8	開花始め	
苦土石灰	15		
けいふん	35		
基肥化成	6		

畑の準備

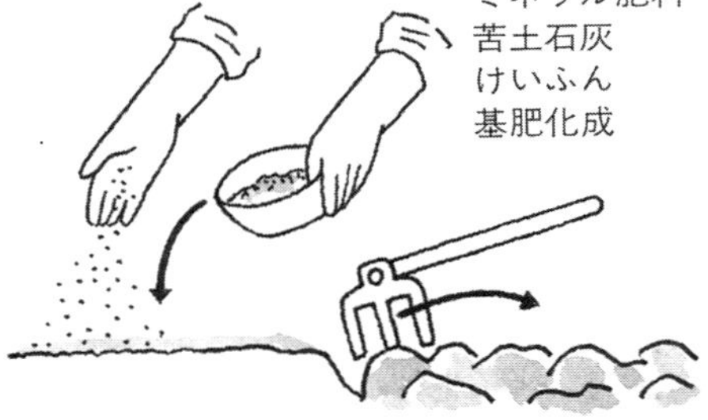

定植の10日前までに基肥を施し深く耕す

畦間と株間

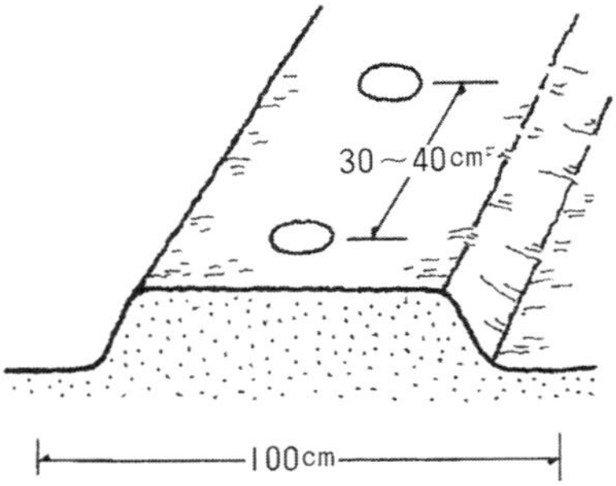

営農指導員からのアドバイス

①水はけの悪い畑では高畦に。

②無理な早まきをしない。

③風当たりの弱い畑を選ぶ。

特性　生育適温は15～20℃で、冷涼な気候を好む。寒さには比較的強いが、早まきすると寒害を受けやすくなる。

品種　仁徳一寸や陵西一寸などは大粒で品質がよい。

畑の準備　定植の10日前までに堆肥、ミネラル肥料、苦土石灰、けいふん、基肥化成を施し、深く耕す。畦幅は100㎝、1条植えで株間は30～40㎝とする。

催芽（芽出し）　種が高価であるため、催芽して出芽した株を定植する。催芽床は畑の一部を使い、2㎝程度の深さに種をまき、水を十分にやる。

また、種を並べるとき、お歯黒は斜め下に向け、健全な根を出させる。

定植　催芽後7～10日で出芽する

催芽(芽出し)

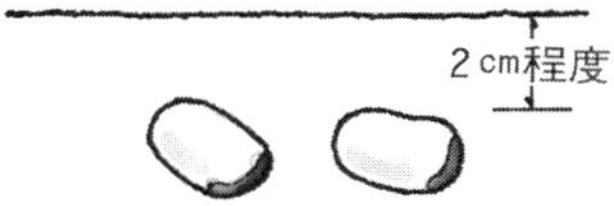

お歯黒を斜め下にする

苗床

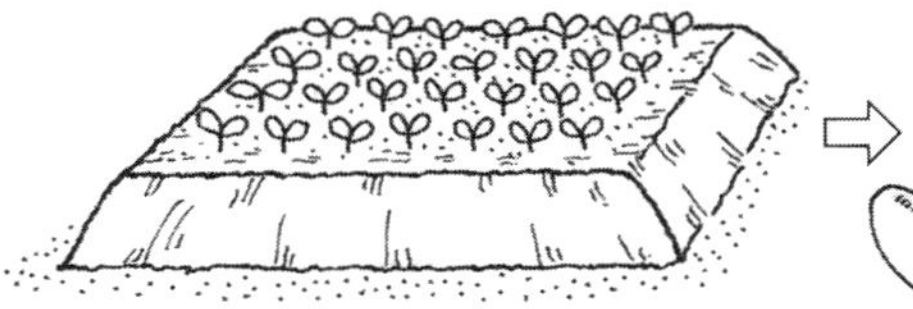

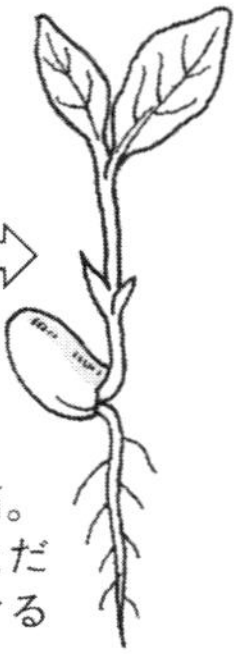

定植適期の苗。
芽が出たらただ
ちに植えつける

土寄せ・追肥・整枝

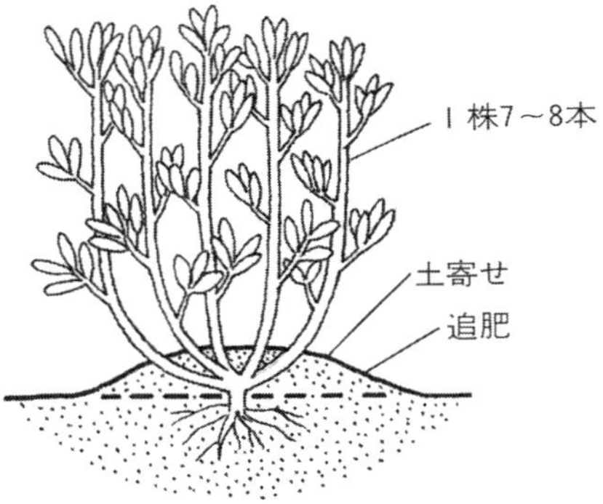

土寄せは倒れにくく
するために行う

収　穫

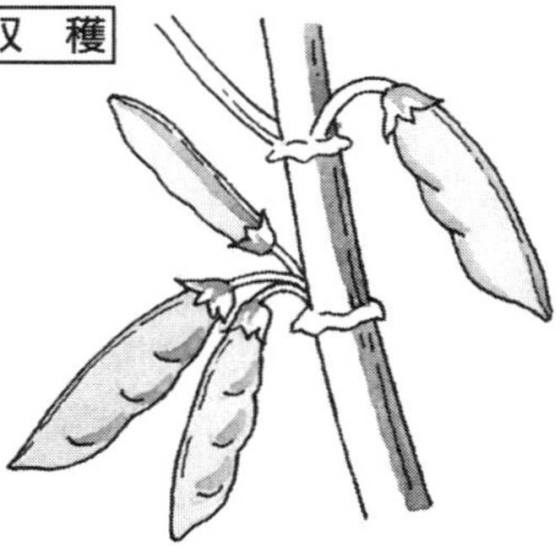

さやが下に垂れ下がり、
さやの背が黒くなって光
沢が出てきたら収穫する

ので、ただちに定植する。

土寄せ　生育が盛んになり始める3月下旬ころ、倒伏防止を兼ねて軽く土寄せを行う。

整枝　開花が始まったころから整枝を行う。最初に分かれた枝を中心に1株当たり7～8本残し、主茎や2番め以降の枝は除去する。

追肥　整枝が終了したころに、追肥を行う。

病害虫防除　そらまめはウイルス病に弱いため、アブラムシ類の防除を十分に行う。シルバーテープの使用や、密植をしないといった栽培法での防除を行うことも大切である。

収穫　開花後50～55日で、さやの合わせ目が黒褐色になり、光沢が出始めたころが適期である。このころになると、さやが下に垂れてくる。種を採る場合は、さやが黒くなるまで熟してから収穫する。

トマト

〔ナス科〕原産地は中南米で、16世紀にヨーロッパに渡り、日本へは明治時代に導入された。

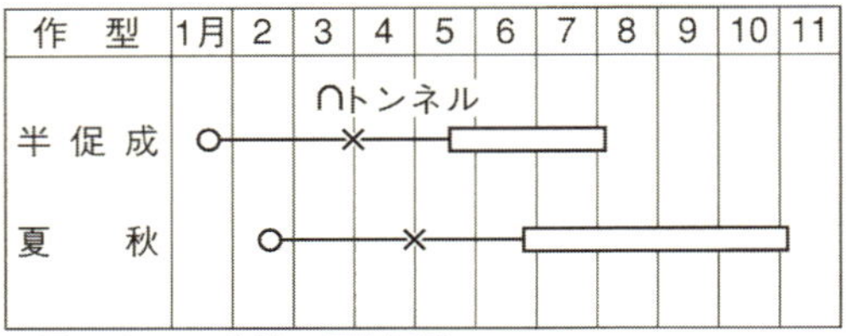

○種まき　×定植　□収穫

肥料　（1a＝100㎡当たり）

基肥	施肥量	追肥	施肥量
堆肥	300kg	追肥化成	20kg
カキガラ	15	第１果房ピンポン玉大から7日おきに2kg	
ミネラル肥料	10		
けいふん	30		
基肥化成	10		

定植

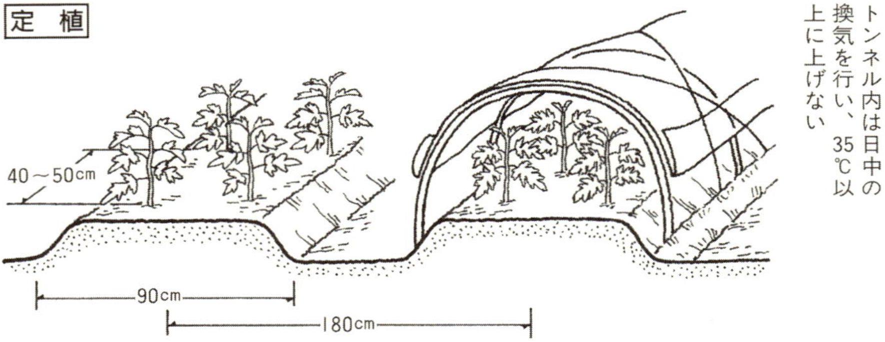

花が１つ咲いた苗を植えつける。株間は40～50㎝とする

営農指導員からのアドバイス

①連作をしないこと。

②花が１つ咲いた苗を定植する。

③１番果がピンポン玉大で追肥。

特性　生育適温は昼25～28℃、夜10～15℃で、日中気温15℃以下では着果率が低下する。また、多雨、多湿に弱いので、雨よけ栽培が適している。

第１果房は第７節と第８節の間くらいにつき、以後本葉３枚ごとに果房が同一方向につく。

ナス科の野菜を連作すると土壌病害が発生しやすくなる。

品種　半促成栽培には桃太郎ヨーク、桃太郎。夏秋栽培には桃太郎ヨーク、桃太郎８、桃太郎Ｔ93。

畑の準備　定植２週間前に堆肥、カキガラ、ミネラル肥料、けいふん、基肥化成を施し深く耕し、畦立てをする。

育苗　一般的には苗を購入し、12㎝ポットに鉢上げし、花が咲くまで育苗する。育苗する場合は、育

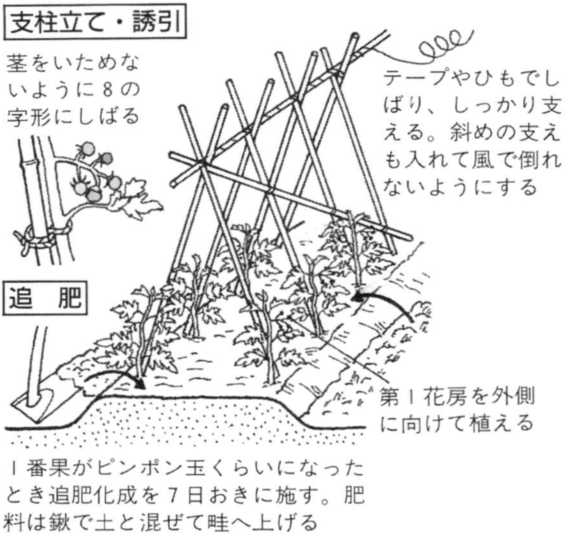

支柱立て・誘引
茎をいためないように8の字形にしばる
テープやひもでしばり、しっかり支える。斜めの支えも入れて風で倒れないようにする
追　肥
第1花房を外側に向けて植える
1番果がピンポン玉くらいになったとき追肥化成を7日おきに施す。肥料は鍬で土と混ぜて畦へ上げる

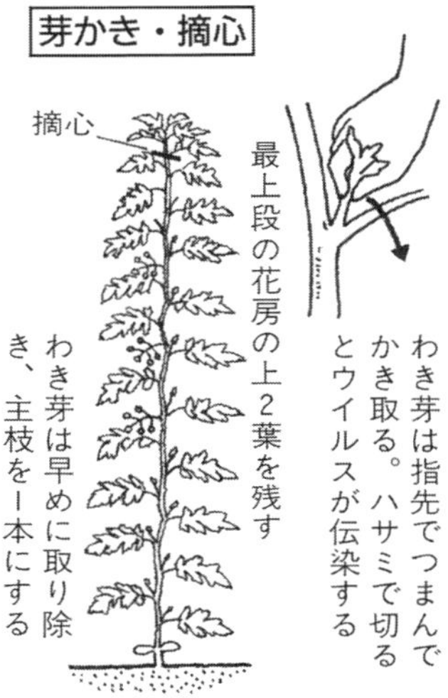

芽かき・摘心
摘心
最上段の花房の上2葉を残す
わき芽は早めに取り除き、主枝を1本にする
わき芽は指先でつまんでかき取る。ハサミで切るとウイルスが伝染する

ホルモン剤散布
トマトトーン100倍液などを花が2個開いたとき霧吹きで1～2吹きする

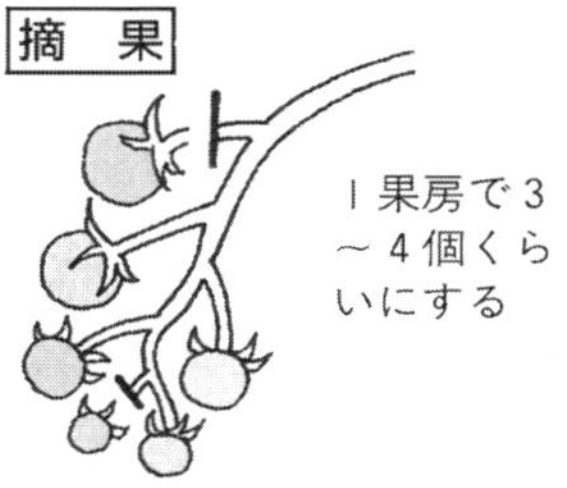

摘　果
1果房で3～4個くらいにする

苗箱にすじまきし、本葉2枚で12cmポットに鉢上げする。

育苗中の温度管理は日中28℃以上、夜間15℃以下にしないこと。

管理　定植苗は花が1つ咲いたものを用いる。株間40～50cmに植え穴を掘り、水やり後ポットの表土が上に一部出るよう浅植えする。

定植後支柱を立て、茎を締めつけないように8の字結びでしばる。1本仕立てとし、わき芽は小さいうちに晴天の午前中に取り除く。

1花房に2つの花が開くのを目安に着果剤処理(ホルモン剤散布)を行う。また、1果房が3～4果になるよう摘果する。収穫が終わった下の葉は取り除く。追肥は第1花房の1番果がピンポン玉大になったころから畦の肩に施す。水やりは梅雨が明けたら開始する。

病害虫防除　疫病、葉カビ病、アブラムシの防除をすること。

収穫　果実が十分色づいたら、早朝の果温が低いときに収穫する。

な　す

〔ナス科〕原産地はインドの東部地方で、奈良時代に中国から伝わってきたという記録がある。

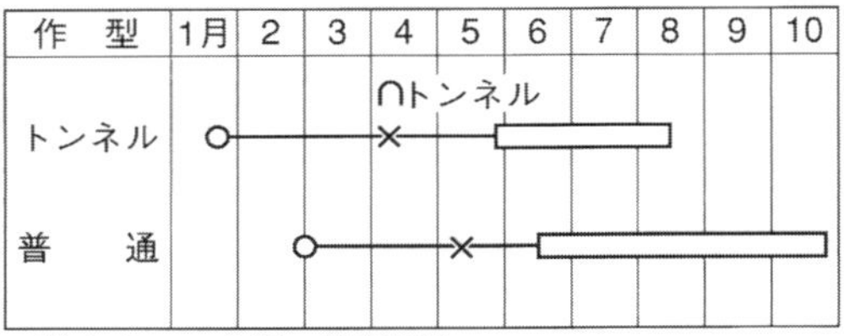

○種まき　×定植　▭収穫

肥　料　（1a＝100㎡当たり）

基　肥	施肥量	追　肥	施肥量
堆　肥	500kg	追肥化成	
苦土石灰	20	10日おきに	
ミネラル肥料	8		3kg
基肥化成	12		

畑の準備

堆肥、苦土石灰、その後基肥化成を施しよく耕す

植えつけ穴づくり

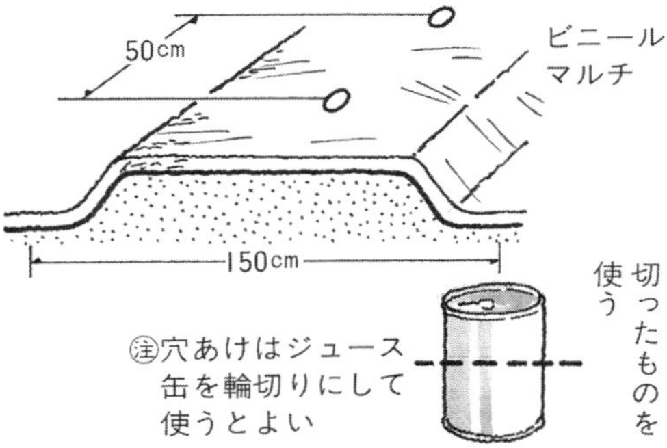

営農指導員からのアドバイス

①わき芽を摘み３本仕立てに。

②日当たりのよい畑で栽培する。

③素直に生育した苗を定植する。

特性　高温・多日照を好み、生育適温は22～30℃である。光が不足すると落花が多くなり、果色の紫色が薄くなる。土壌に対する適応性は広く、肥料や水の要求度は高い。連作すると土壌病害が発生しやすくなる。

畑の準備　定植の20日以上前までに、堆肥、ミネラル肥料、苦土石灰を施し、よく耕しておく。

定植７日ほど前に基肥化成を１a当たり12kg施して深く耕し、幅150cmの畦を立てる。その後、土壌が適度な水分を含んでいる状態のときビニールマルチをし、適切な定植期を待つ。

定植　晩霜の心配がなくなったころが定植の適期である。定植前に50cm間隔に植えつけ穴をつくり、十分水をやった後に定植する。こ

定　植

ポットから取り出し
根をほぐす

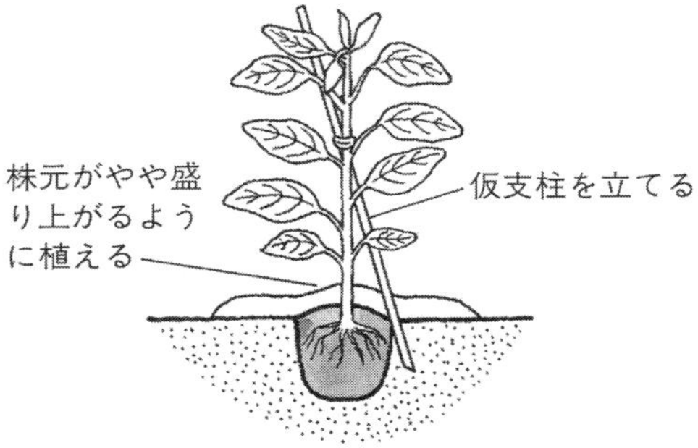

整　枝

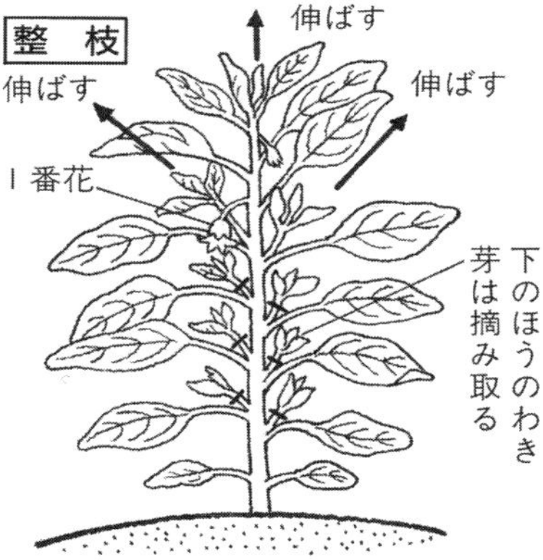

1番花のつけ根のわき芽2つを残し3本仕立てにする

更新せん定

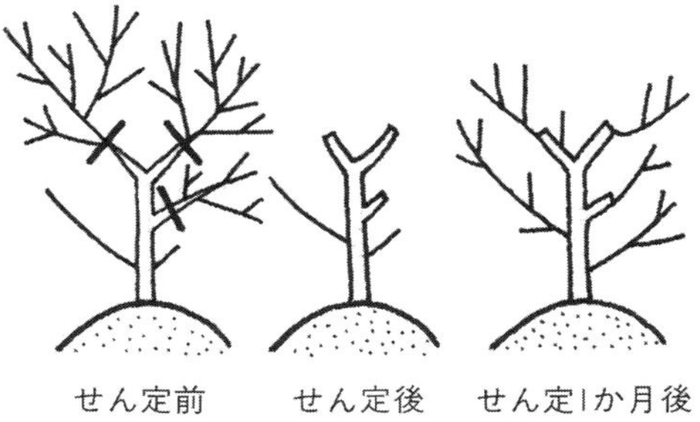

8月上旬に更新せん定を行うと、
9～10月にいい秋なすができる

のとき、苗の根を少しほぐし、鉢土が畦の表面よりわずかに高くなるよう浅く植えることが大切である。また、風対策のため仮支柱を斜めに立てて固定する。

整枝　1番花のすぐ下にある2枚の葉のつけ根から出ている2本のわき芽を残し、それ以外のわき芽を指で摘み取り3本仕立てにする。

追肥　追肥は少量ずつたびたび行うことが大切で、1番果の収穫後20日ころから、草の勢いを見ながら10日おきに追肥化成を1a当たり3kg施す。

更新せん定　枝が繁りすぎたり、害虫の被害を受けて収量や品質が低下した場合、8月上旬に更新せん定を行い、新芽を出させて9～10月に良質の秋なすを収穫する。

収穫　開花後25～30日で収穫できる。1番果は株づくりのため小さいときに収穫し、株の負担を軽くする。また病害虫の被害を見つけたら小さいうちに摘み取る。

ピーマン

〔ナス科〕熱帯の中南米原産で、16世紀ころ日本へ普及。とうがらしの甘味種が発展。

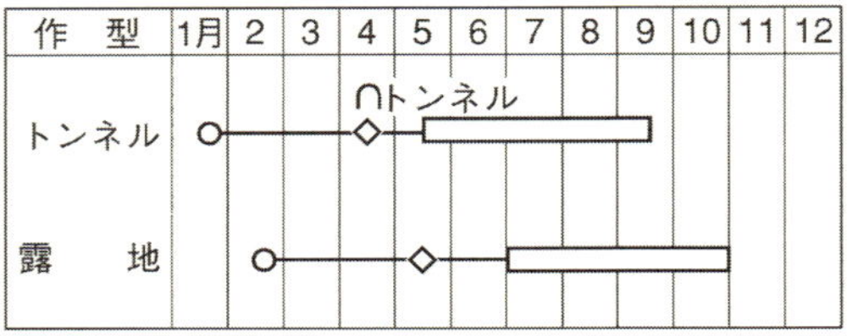

○種まき　◇植えつけ　▭収穫

肥　料　（1a＝100㎡当たり）

基　肥	施肥量	追　肥	施肥量
堆　肥	300kg	追肥化成	24kg
ミネラル肥料	10	7～10日おきに3kg施肥する	
カキガラ	15		
けいふん	60		
基肥化成	12		

畑の準備

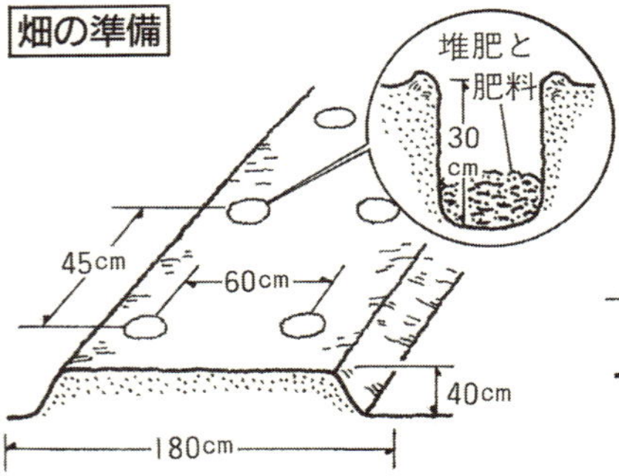

定植1か月前に基肥を施す。
畦の高さは40cmの高畦にする

定　植

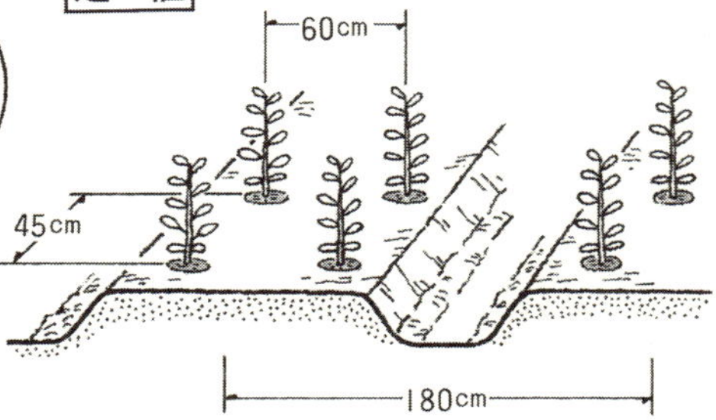

1番花が開くころ、深すぎないように定植する

営農指導員からのアドバイス

①定植が遅れないように。
②確実な追肥で草の勢いを保つ。
③こまめな収穫で樹勢の維持を。

特性　5月に定植してつくると生育、開花、結実ともに安定した栽培ができる。長期栽培を目標に草の勢いを保つことが重要である。

根の酸素要求量が高く、乾燥にも過湿にも弱く、排水良好で肥沃な土壌を好む。

畑の準備　土質の適応性は広いが、日当たりがよく、水やりが容易な土地がよい。定植1か月前に堆肥、カキガラを施す。畦幅180cm、高さ40cmの高い畦にする。

種まき　種の量は1ａ当たり6㎖。床土は無病な土で、適正な肥料濃度に調整する。本葉2枚で鉢上げする。定植80日前に種をまくので夜温に注意。ウイルス病予防のためアブラムシを防除する。

定植　定植10日前から苗を畑になじませ、1番花が咲いてから定植

マルチング

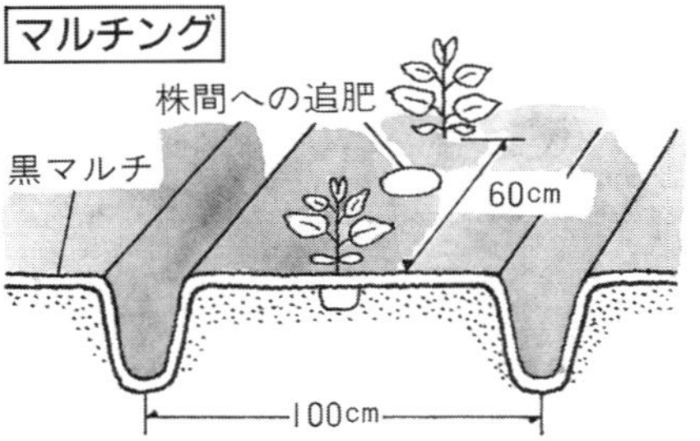

乾燥防止、保水、どろはね防止用には黒マルチを使うと効果的

整　枝

1番花より下のわき芽、わき葉は早めに摘み、3本仕立てにする

支柱立て

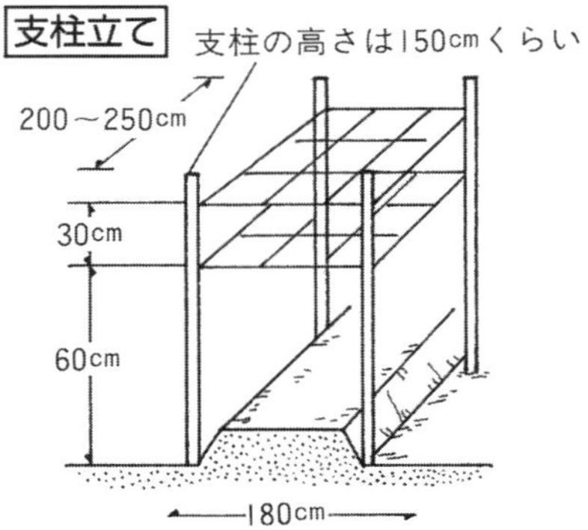

風に弱いので支柱はしっかりと立てる

追　肥

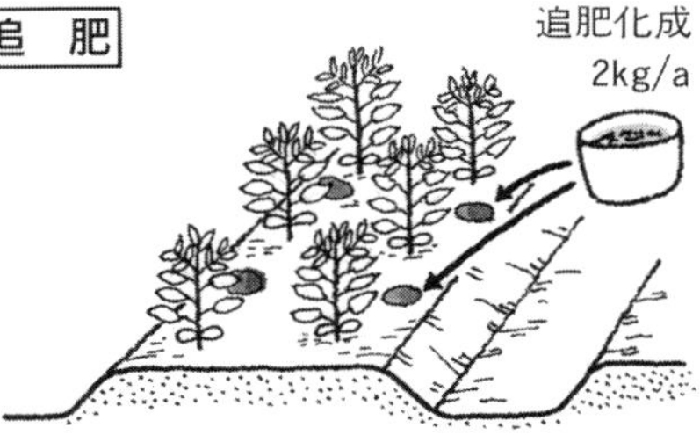

梅雨明け後、10～15日おきに追肥をする。追肥と同時に収穫もできる

する。深植えを避け、植え穴には害虫予防の粒剤を施し、仮支柱を立て、風による苗のゆれを防ぐ。

定植後の管理　200～250cm間隔に150cmの支柱を立て、60cmと90cmの2段にネットを張る。枝が全面に広がるようにするのがコツ。最初に分かれた枝より下のわき芽は取り除き、日当たりと風通しをよくし、生育促進、病害虫防除、着果率の向上をはかる。

　乾燥と地温の上昇を抑えるため敷きわらをする。

追肥・水やり　収穫始めからは、上段の茎や花の状態を見ながら追肥を10～15日おきに。水やりも梅雨あけ後定期的に行う。

　最初に出た枝からは3本に仕立て、その後のわき芽は放任する。肥培管理を徹底し、11月までの収穫を目指す。肥切れで草の勢いが弱まり、その後の果実にダメージを与えるので、着果周期を見ながら追肥を切らさないようにする。

ミニトマト

〔ナス科〕原産地は南アメリカ西部の砂漠地帯で、日本には18世紀ころ渡来した。

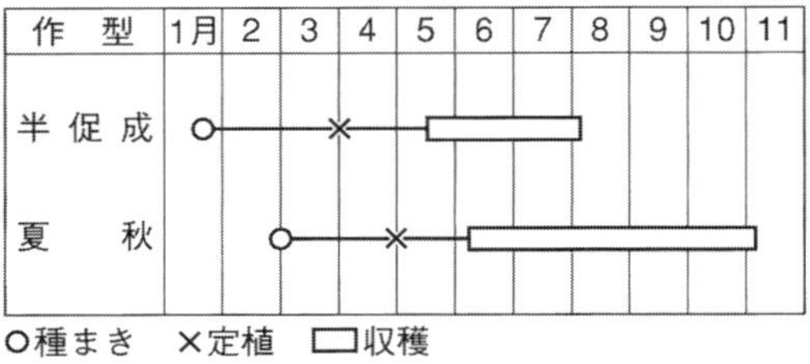

肥　料　（1a＝100㎡当たり）

基　肥	施肥量	追　肥　施肥量
堆　肥	300kg	追肥化成　20kg
ミネラル肥料	10	収穫期が近く
カキガラ	15	なったら７日
基肥化成	10	おきに２kg

畑の準備

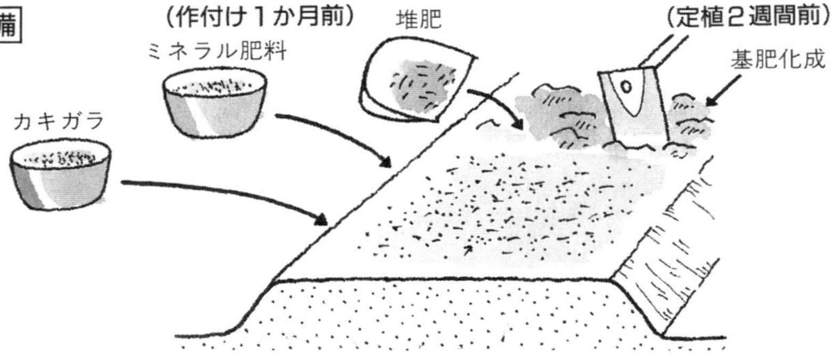

作付け１か月前に堆肥、ミネラル肥料、カキガラを施用し深耕する。定植２週間前に基肥化成を施す

営農指導員からのアドバイス

①わき芽をこまめに取り除く。

②肥料を与えすぎない。

③過湿にしない。

特性　生育適温は日中25～30℃で夜間は10～20℃であるが、30℃を超えるとひ弱に伸びすぎ果実の肥大や品質が悪くなる。また、最低気温は５～10℃で、それ以下になると障害を受ける。

肥沃で排水のよい土壌が適しており、湿りすぎの畑では生育が悪くなる。

土質はpH6.2～6.5が適する。種まき後25～30日で第１花房が花芽分化して、本葉８～９枚めのころに花房がつく。以降、３葉おきに花房が出て15～20の花がつき、品種によっては50以上の花をつけるものもある。普通のトマトより根の出る力は強く、しかも広く張るので草の勢いもよい。

畑の準備　定植１か月前くらいに堆肥、ミネラル肥料、カキガラを

定　植

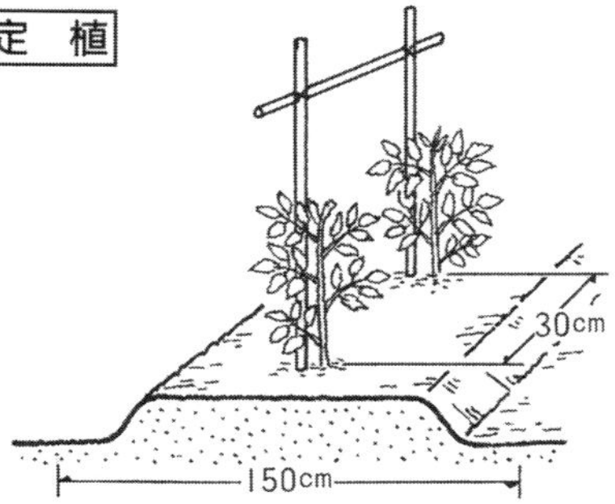
30cm
150cm

1条植えの場合は畦幅150cmで30cm間隔に、2条植えの場合は畦幅180cmで45cm間隔に植える

誘　引

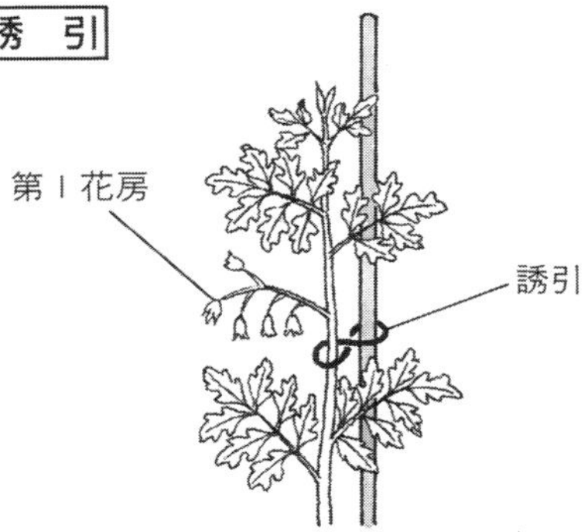
第1花房
誘引

第1花房のつけ根の下で誘引し、1本仕立てにする

追　肥

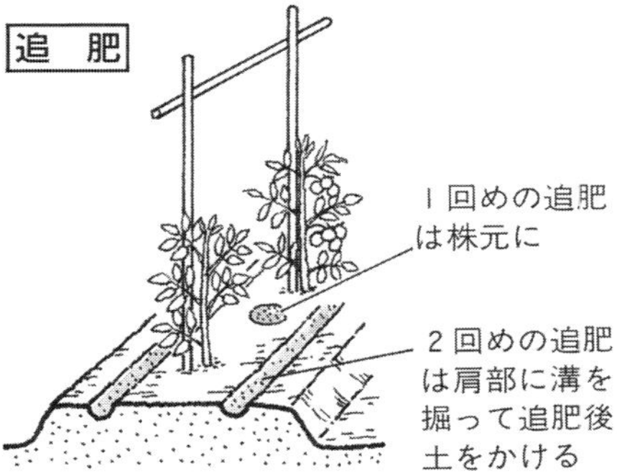
1回めの追肥は株元に
2回めの追肥は肩部に溝を掘って追肥後土をかける

トマト草勢の判定の目安

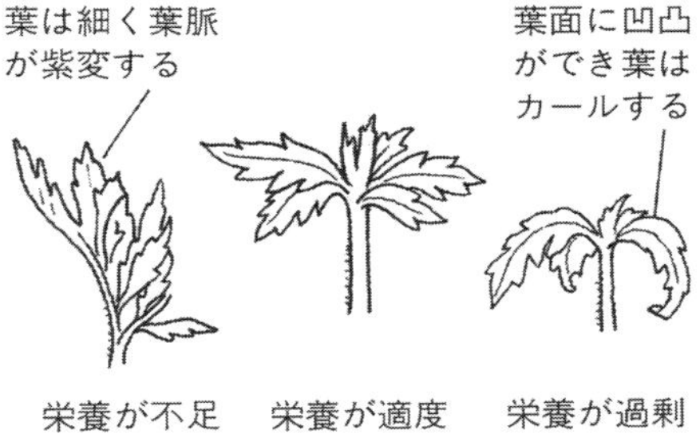
葉は細く葉脈が紫変する
葉面に凹凸ができ葉はカールする
栄養が不足
栄養が適度
栄養が過剰

施し深く耕す。

定植の2週間前に基肥化成を施し、1条植えの場合は150cmの畦を立てる。2条植えの場合は180cmの畦を立てる。

育苗栽培　発芽適温は28～30℃。約60日育苗して本葉6～7枚になった苗を定植する。1条植えの場合は株間30cm、2条植えの場合は株間45cmの間隔で植える。

いずれもポットの土が畑より上に出るように浅植えにする。

管理　勢いよく育つので、肥料は生育状態をよく見て施す。支柱を立て、20cm間隔で茎を8の字結びでしばり、1本仕立てにする。

わき芽は晴れた午前中に取り除く。収穫が終わった段より下の葉はかき取り、風通しをよくする。つるを垂らして長期収穫をする。

収穫　盛夏には果実の成熟が早いので、収穫が遅れないようにする。また、果実の温度が上がらない早朝に収穫する。

メロン

〔ウリ科〕中央アジア、アフリカ原産で日本にはアールス系は大正末にイギリスから伝わった。

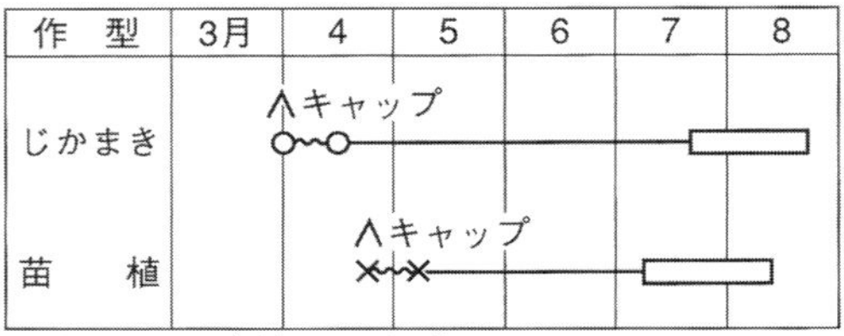

作型
3月
4
5
6
7
8
じかまき
キャップ
苗植
キャップ

○種まき　×定植　□収穫

肥料　(1a＝100㎡当たり)

基肥	施肥量	追肥	施肥量
堆肥	200kg	追肥化成	6kg
ミネラル肥料	8	着果始め	
苦土石灰	10		
基肥化成	8		

苗の選定　基本的にすいかに準ずる

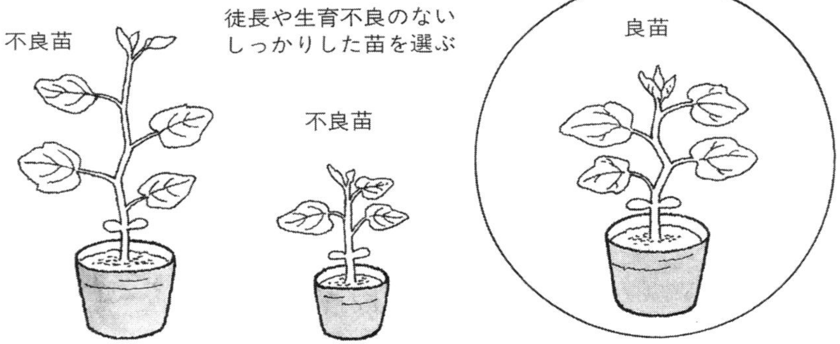

不良苗
徒長や生育不良のない
しっかりした苗を選ぶ
不良苗
良苗

営農指導員からのアドバイス

①温度管理に気をつける。

②早植えは禁物。

③楽しみながら育てよう。

特性　すいかと同じく高温が好きな作物である。土壌の適応性は、水はけさえよければ選ばない。一般的に、日中の温度差があるところでは糖度が高くなる。

苗の準備　接ぎ木をした苗を購入するのがよい。その際に、ひ弱に伸びすぎていず、葉の色がさめてなく、病害のあとが残っていない苗を求めるのが大切である。

畑の準備　定植の約1週間前に石灰を20cm以上の深さまで入れて、有機肥料を中心とした基肥を全面散布する。メロンの場合、生育初期にチッソが効きすぎると、つるぼけしてしまい、着果しにくくなるので、基肥は控えめにして追肥で補うようにする。

定植　5月上旬～中旬ころが適期。畦間200cm、株間70cmで植える。

定植

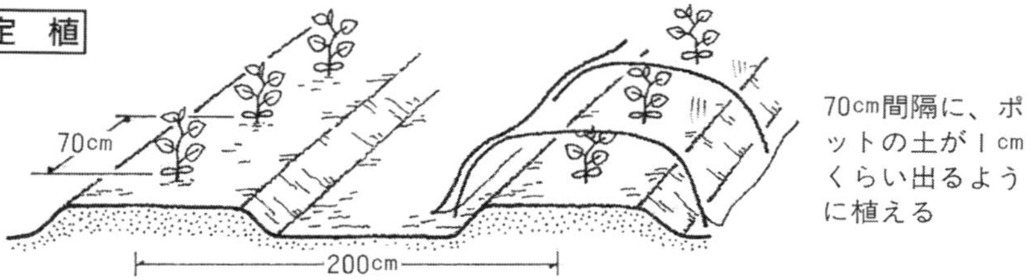
70cm
200cm
70cm間隔に、ポットの土が１cmくらい出るように植える

整枝・誘引

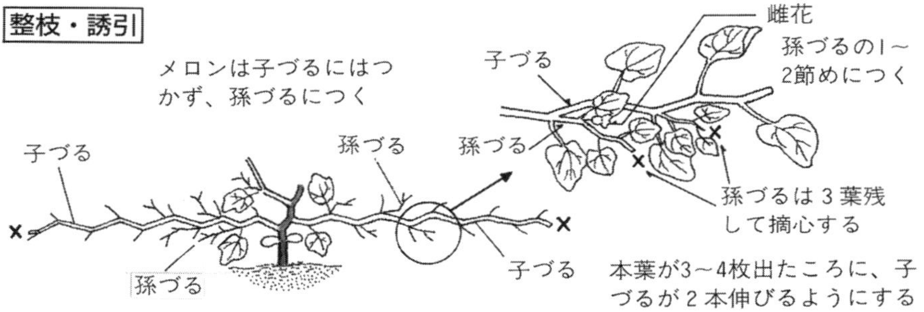
メロンは子づるにはつかず、孫づるにつく
子づる
孫づる
子づる
孫づる
子づる
孫づる
子づる
雌花
孫づるの1～2節めにつく
孫づるは３葉残して摘心する
本葉が3～4枚出たころに、子づるが２本伸びるようにする

収穫・食べごろ

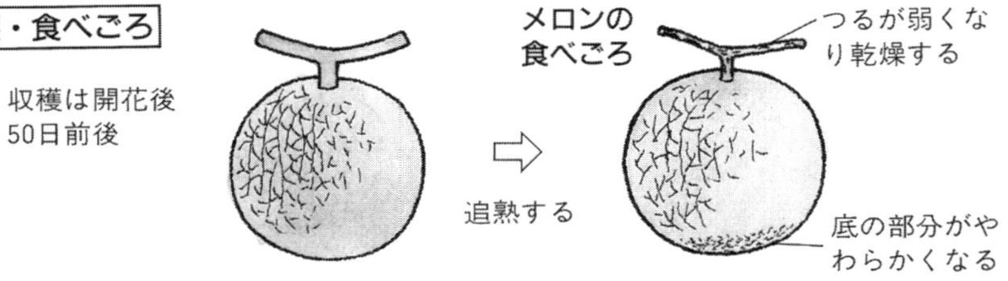
収穫は開花後50日前後
追熟する
メロンの食べごろ
つるが弱くなり乾燥する
底の部分がややわらかくなる

１本仕立ての場合は少し株間を短くする。深植えとならないようにポットの土が１cmくらい出るように植える。遅霜の心配がある場合はトンネルをかけるとよい。

整枝　本葉３～４枚のころ摘心し子づるを２本出す。品種により多少違いはあるが、９～15節の間の孫づるに２～３個着果させ、１株から４～６果どりを目標とする。

人工授粉　メロンはすいかよりも着果しやすいが、一般的にはすいかに準じて人工授粉を行う。

追肥　果実の着果が確認されたら、つるの先端くらいの位置に適量ばらまく。

敷きわら　土の乾燥防止に稲わらを敷くとよい。また、土のはね返りによる病気の発生も防げる。

収穫　開花から50日前後で収穫期になる。

外観からだけでは適期を見分けることが難しいので、１～２個試しどりをするとよい。

青ねぎ

〔ユリ科〕中国西部が原産地。耐寒性、耐暑性ともに強く、シベリアや熱帯でも生育する。

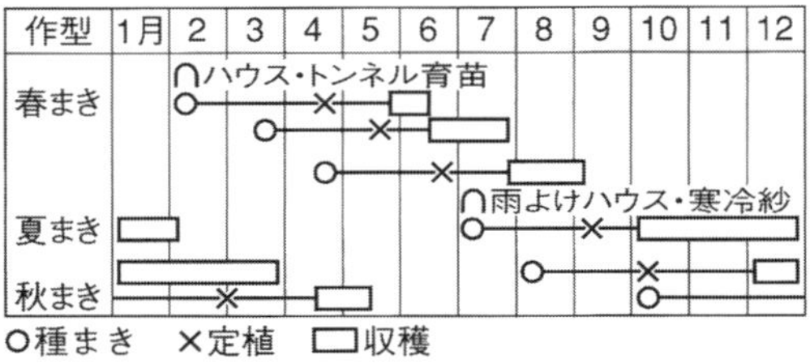

肥　料　（1a＝100㎡当たり）

基　肥	施肥量	追　肥	施肥量
堆　　肥	300kg	追肥化成	
苦土石灰	15	夏場は2kgを2回	
ミネラル肥料	6	冬場は2kgを3回	
基肥化成	20		

育　苗

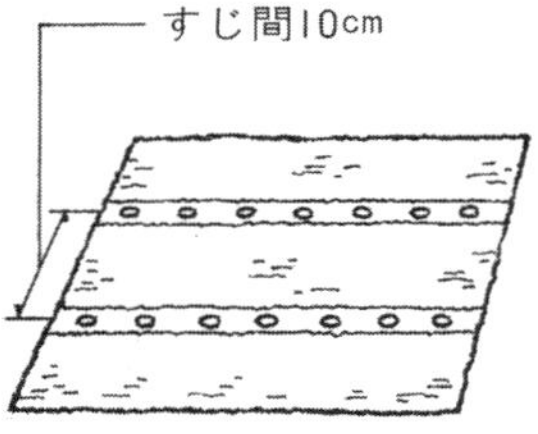

種をまく量は１㎡当たり10mℓ

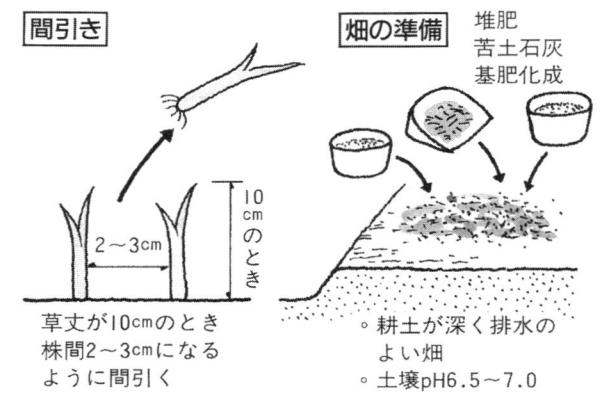

間引き

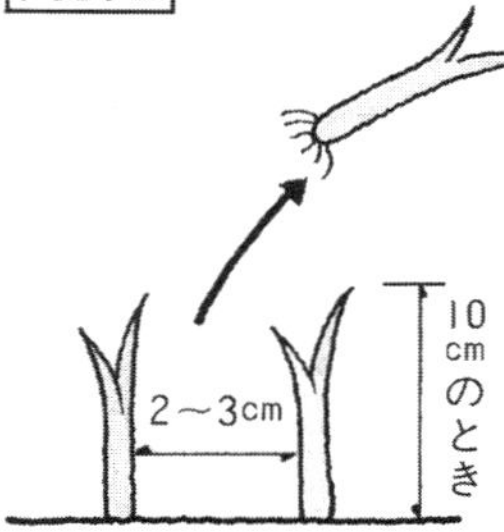

草丈が10cmのとき株間2〜3cmになるように間引く

畑の準備

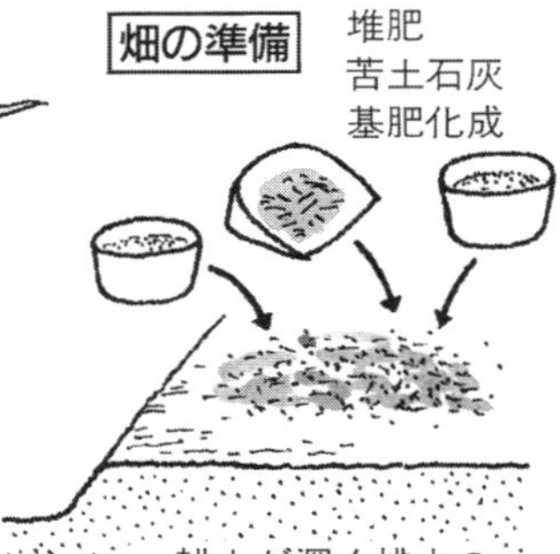

◦耕土が深く排水のよい畑
◦土壌pH6.5〜7.0

営農指導員からのアドバイス

①深く耕し排水のよい畑を選ぶ。
②苗半作。よい苗をつくる。
③堆肥と石灰を十分入れる。

特性　生育適温は15〜20℃で冷涼な気候を好む。根は酸素を多く必要とするため、深く耕して排水のよい畑でつくる。土壌pHは6.5〜7.0の中性に近い場所で生育がよい。

育苗　苗床の必要面積は畑１ａ当たり13〜15㎡とし、種まき10日前に、１㎡当たり基肥化成を100ｇ、苦土石灰を200ｇ施して耕す。種まき前に水を十分やり、種まき後は水をやらない。

種の量は１㎡当たり10mℓ。10㎝間隔程度にすじまきする。種が隠れるくらいに(約３㎜)土をかけ押さえる。夏は高温と乾燥で発芽率が低下するので寒冷紗などでベタ張りにし、冬は防寒のためビニールやポリフィルムをかけて発芽を促す。発芽後はただちに取り除く。

畦づくり

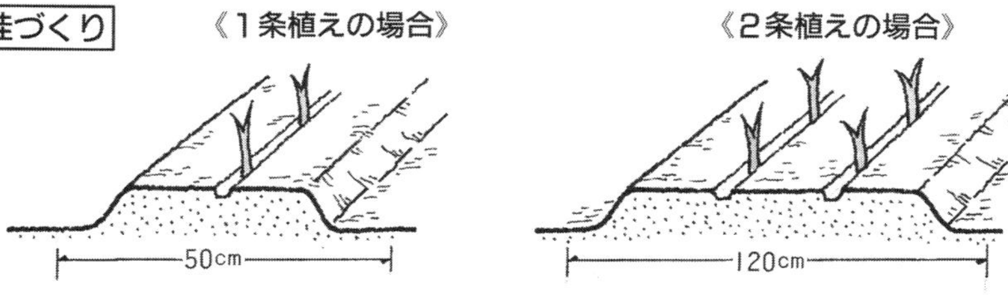

定　植

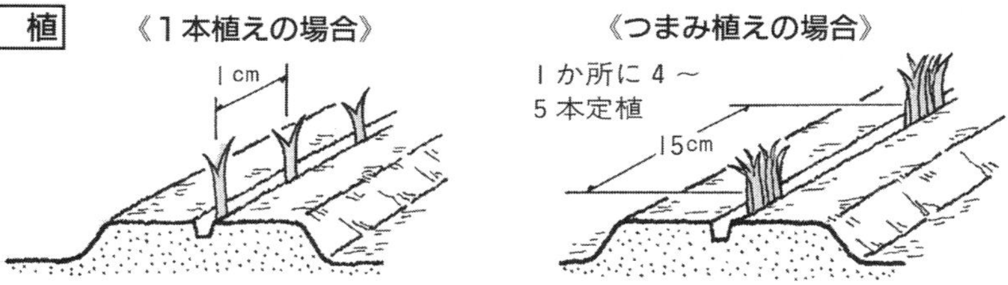

じかまき

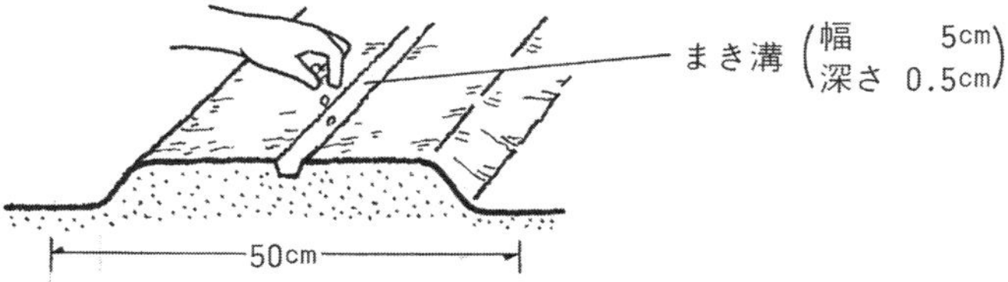

種をまく量は1a当たり200mℓ

出芽後、草丈10cmになったころ2～3cm間隔になるよう間引く。

畑の準備　定植2週間前に1a当たり堆肥300kg、苦土石灰15kg、基肥化成20kgを施し深く耕す。1条植えでは幅50cmの畦を立てる。

定植　畦の中央部に植え溝を掘り、1cm間隔に定植するか、または15cm間隔に4～5本つまみ植えをする。

じかまき　じかまきの場合はすじ間50cm、まき幅5cm、深さ0.5cmの浅いまき溝をつくり、1a当たり200mℓの種をまく。

追肥　追肥は栽培時期、畑の条件、天候などにより大きく異なるため、生育を見ながら施すのがよい。追肥は1a当たり追肥化成2kgを基準とし、夏場の栽培は2回程度、冬場の栽培は3回程度行う。

収穫　長さ50cm程度になれば、必要に応じて収穫する。収穫の7～10日前から水を切ると、日持ちのよいものを収穫できる。

赤しそ

〔シソ科〕原産は中国中南部・西部、ヒマラヤで日本にはきわめて古く伝来し利用されている。

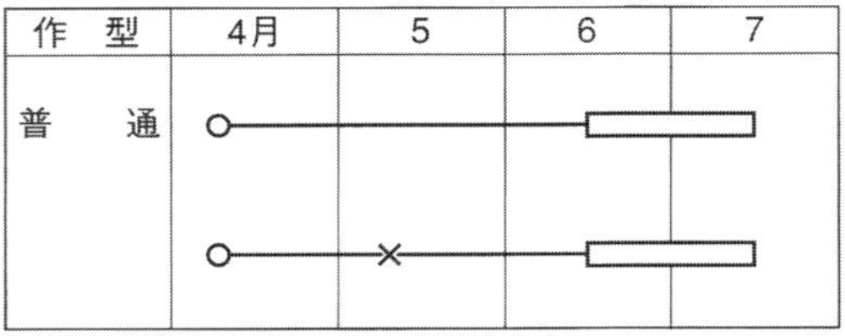

○種まき　×定植　▭収穫

肥　料　（1a＝100㎡当たり）

基　肥	施肥量	追　肥	施肥量
堆　肥	150kg	追肥化成	4kg
苦土石灰	10		
ミネラル肥料	6		
けいふん	30		
基肥化成	10		

種まき

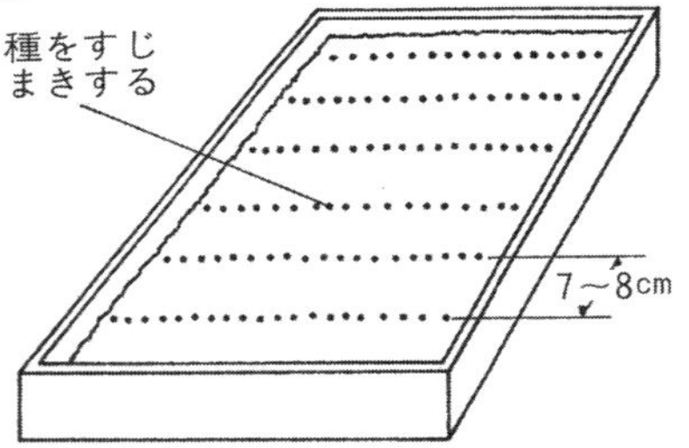

霜の心配がなくなってからまく

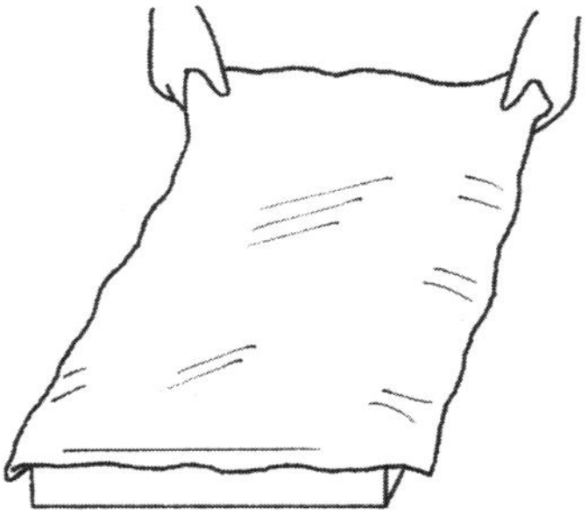

種をまいたら、たっぷり水をやり、新聞紙かビニールフィルムで覆う

営農指導員からのアドバイス

①厚まきせず土はかけない。

②色の濃いよい系統の種を使う。

③早めに育苗する。

特性　発芽適温は22～24℃、生育適温は20～25℃。30℃以上では生育が止まる。

しそは短日植物で、昼間が短くなる夏から秋に、花（花穂）をつくる。したがって、日の長い夏には葉を利用し、秋になると穂じそとして利用するとよい。

種は外皮が硬く、水を吸収しにくい。また休眠が深く、発芽には光を必要とする好光性の種である。

土質はあまり選ばず、極端に乾燥しなければ栽培しやすい。

育苗　霜の心配がなくなってから育苗箱か育苗床に種をまく。

床面を板などで均平にし、7～8㎝のすじまきとする。種が小さいので、厚まきにならないように気をつける。

種を軽く押さえてから十分に水

移　植

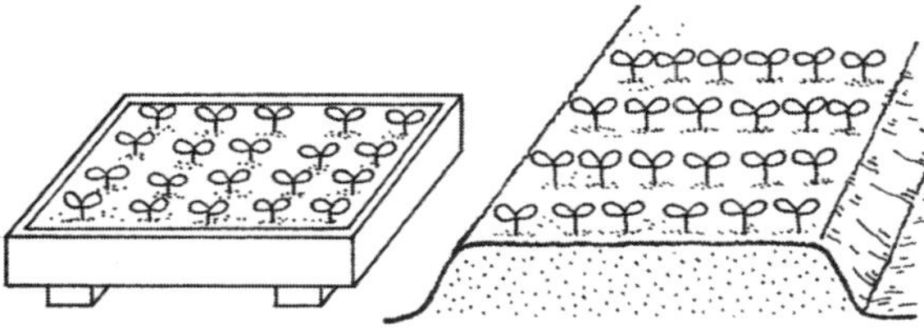

本葉２枚のころ5〜6cm
間隔に移植する

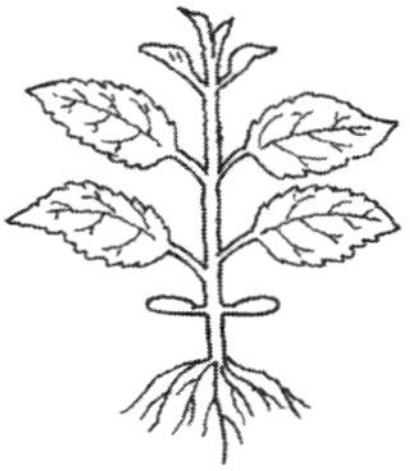

できあがった
苗。本葉4〜5
枚で定植する

畑の準備

よく耕して畦を立てる

定　植

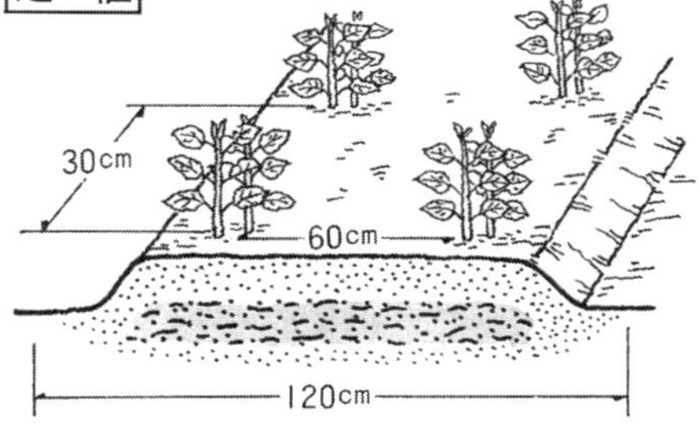

２条植え、１条植えとも
株間は30cmとる

をやる。新聞紙かビニールを広げて湿度と温度を保つ。

本葉２枚のころ５〜６cm間隔に移植し、本葉４〜５枚まで育苗して定植する。

畑の準備　定植の２週間前までに堆肥、苦土石灰、ミネラル肥料を施し、深く耕す。

定植の１週間前までにけいふんと基肥化成を施し、よく耕してから畦立てをする。

定植　２条植えは畦幅120cmとし株間は30cm。１条植えは畦幅60〜65cm、株間は30cmとする。

管理　追肥は１〜２回行う。乾燥が激しいときには、株元に敷きわらを敷くとよい。

収穫　赤しそは梅漬需要の多い７月の収穫が大半である。収穫は株ごと抜いて行う。

秋になると花穂は穂じそとして利用する。

利用　赤しその葉は梅干しやしょうが、みょうがの色づけに使う。

アスパラガス

〔ユリ科〕原産地は南ヨーロッパから旧ソビエト南部。日本へは明治初期にアメリカから入った。

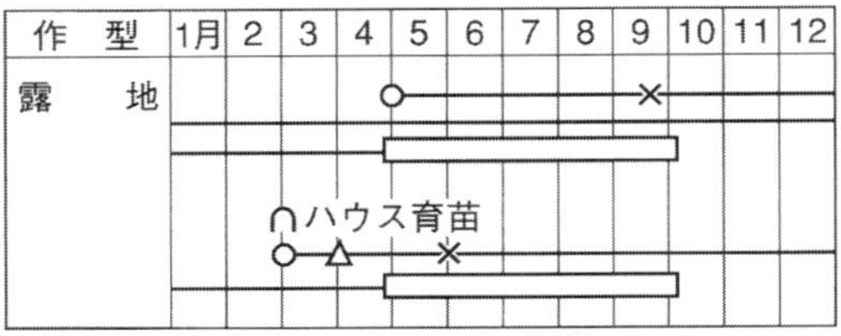

○種まき　△仮植　×定植　▭収穫

肥　料　（1a＝100㎡当たり）

基　肥	施肥量	追　肥	施肥量
堆　肥	600kg	追肥化成	20kg
ミネラル肥料	10	春秋 4kg×5回	
苦土石灰	10	液肥	4kg
カキガラ	10	夏に1000倍液	
けいふん	65	を水やり兼3	
基肥化成	12	～4回	

育　苗

種はばらまきし、30日くらいしてポリポットに鉢上げする

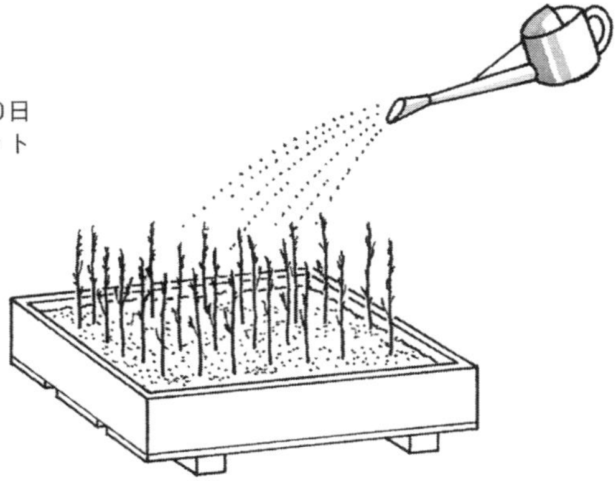

営農指導員からのアドバイス

①乾燥させると収穫量が減る。

②梅雨期は排水対策を行う。

③長期間作物なので、土づくりをしっかりしておく。

特性　生育適温は15～20℃で、冷涼な気候を好み、30℃を超えると株が弱り生育が悪くなる。

土壌酸度はpH6.0～6.5が適しており、深く耕した腐植の多い、水はけのよい畑を好む。

アスパラガスは雌雄異株であるが、どちらかというと雌株より雄株のほうが太くなり、本数も多く収穫できる。

品種　ウェルカム、メリーワシントン、ヒロシマグリーンなど。

育苗　３月にビニールハウス内で種をまき、６月に定植、翌春から収穫する方法と、５月に種をまき９月に定植、翌々年の春から収穫する方法とがある。

種はばらまきにし、30日くらい後にポリポットに鉢上げする。

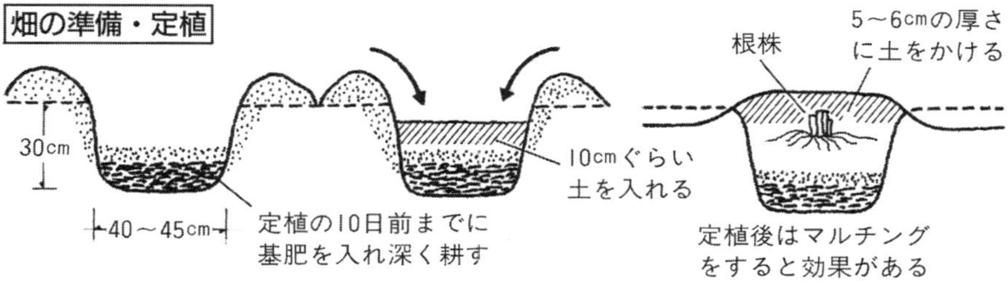
畑の準備・定植
30cm
40～45cm
定植の10日前までに
基肥を入れ深く耕す
10cmぐらい
土を入れる
根株
5～6cmの厚さ
に土をかける
定植後はマルチング
をすると効果がある

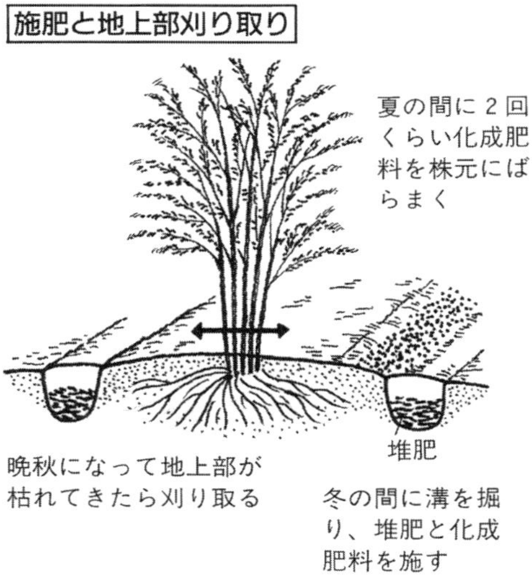
施肥と地上部刈り取り
夏の間に2回
くらい化成肥
料を株元にば
らまく
堆肥
晩秋になって地上部が
枯れてきたら刈り取る
冬の間に溝を掘
り、堆肥と化成
肥料を施す

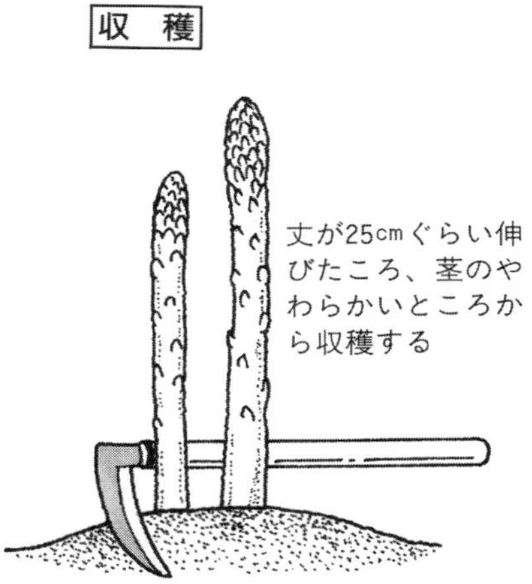
収　穫
丈が25cmぐらい伸
びたころ、茎のや
わらかいところか
ら収穫する

畑の準備　定植の10日前までには堆肥など前頁の上の表の基肥を施し、深く耕しておく。

定植　畦幅150～200cm、１条植え、株間40～45cmに植える。

畦はできるだけ高く盛り上げ、苗の本葉が４～５枚になったときに定植する。

定植後は、畦全面に堆肥などでマルチングをして、乾燥と泥はねを防止し、肥料の効きめを高めてやる。

病害虫防除　茎枯病、斑点病、株腐病。アブラムシ、オオタバコガ、ヨトウムシの防除を行う。

収穫　定植後２年めまでは収穫をせず、根株の充実に努める。

３年めから、茎が地上に25cmくらい出たころに、地際から切り取って収穫する。

また、養分貯蔵のため、１株当たり３～４本の茎を常に立てておくようにする。

おおば（青しそ）

〔シソ科〕原産は中国中南部・西部、ヒマラヤで、日本にはきわめて古く伝来し利用されている。

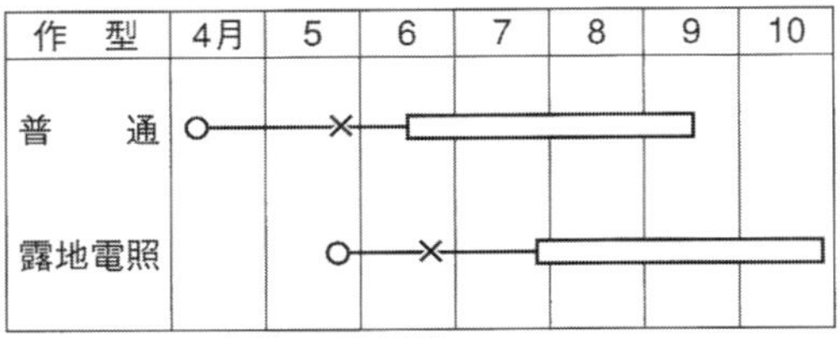

○種まき　×定植　□収穫

肥　料　（1a＝100㎡当たり）

基　肥	施肥量	追　肥	施肥量
堆　肥	200kg	追肥化成	16kg
カキガラ	15	定植１カ月後から10日ごとに2kg	
ミネラル肥料	8		
けいふん	60		
基肥化成	10		

種まき

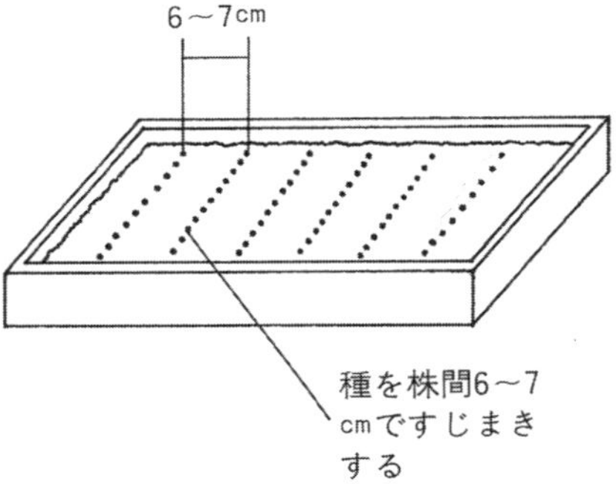

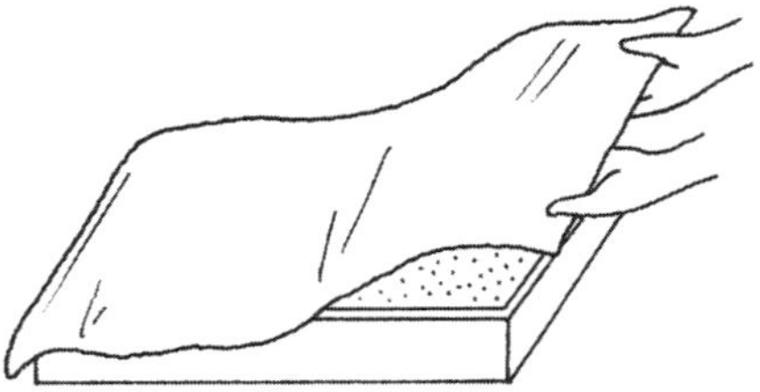

種をまいたら、たっぷり水をやり、新聞紙かビニールフィルムで覆う

営農指導員からのアドバイス

①系統のよい種を使う。

②堆肥を十分施す。

③肥切れさせない。

特性　発芽適温は22～24℃、生育適温は20～25℃。30℃以上では生育が止まる。

しそは短日植物で、夏から秋に花（花穂）をつくる。日が短くなる秋から後にも葉を収穫するには、夏のうちから電照して長日にして花穂をつくらせない。

花穂は穂じそとして利用する。

種は外皮が硬く、水分を吸収しにくい。また休眠が深く、翌春まで発芽しない。発芽には光を必要とする、光が好きな種である。

土質はさして選ばず、極端に乾燥しなければ栽培は容易である。

育苗　霜の心配がなくなったら、育苗箱か育苗床に種をまく。床面を平たい板で平らにし、6～7cmのすじまきとする。種が小さいので厚まきにならないように気をつ

間引き

本葉の出始めのころ、1.5cm
間隔くらいに間引く

移　植

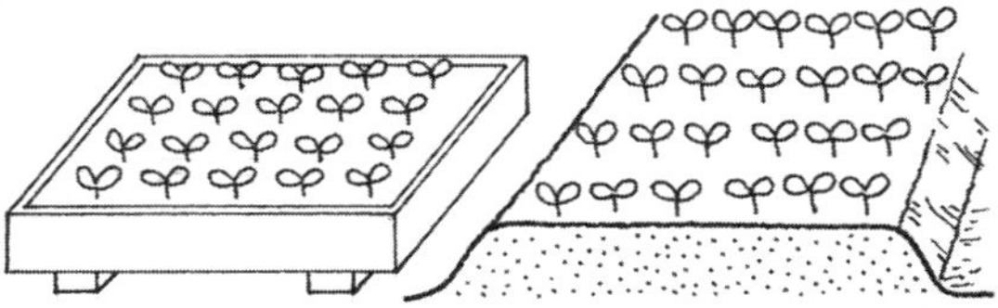

本葉２枚のころ5～6cm
間隔に移植する

畑の準備

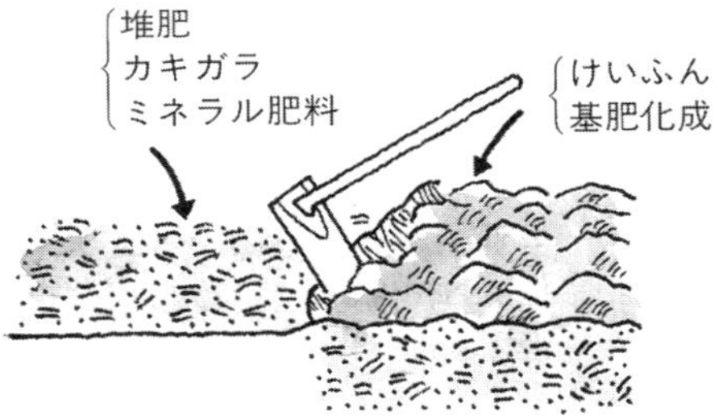

定植の２週間前までに
基肥を入れ深く耕す

定　植

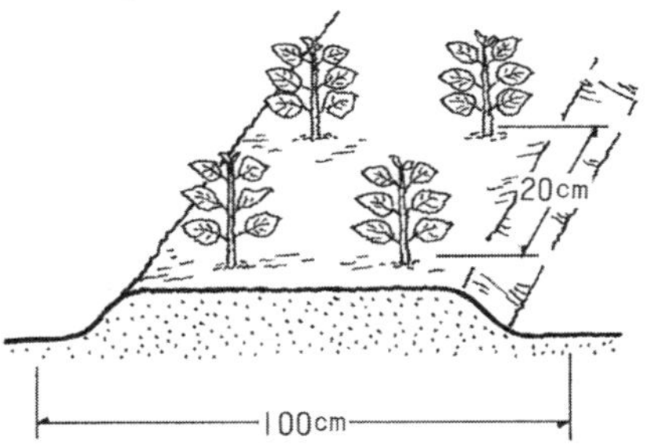

20cm間隔に植える

けてまく。種を軽く押さえてから十分に水をやる。そして、湿度と温度を保つため、新聞紙かビニールをかけておく。

本葉２枚のころ５～６cm間隔に移植し、本葉４～５枚まで育苗して定植する。

畑の準備　定植の２週間前までに堆肥、カキガラ、ミネラル肥料を施し深く耕す。

定植の１週間前までにけいふんと基肥化成を施し、よく耕して畦立てをする。

定植　通路を含む幅100cmの畦に２条植えとする。株間20cm、３本整枝。３節から枝を発生させ生長点をそろえる。葉を収穫しながら生育を調整する。

管理　収穫葉の先端は水平方向がよい。肥切れや乾燥は葉が立ち内側に巻く。肥料過多は葉が丸みをおび下方に垂れウエーブする。

収穫　収穫葉を上節に２～３葉残して行う。次の収穫は３～７日後。

カリフラワー

〔アブラナ科〕ヨーロッパ西部の沿岸暖地が原産地。植物学的にはブロッコリーと同一である。

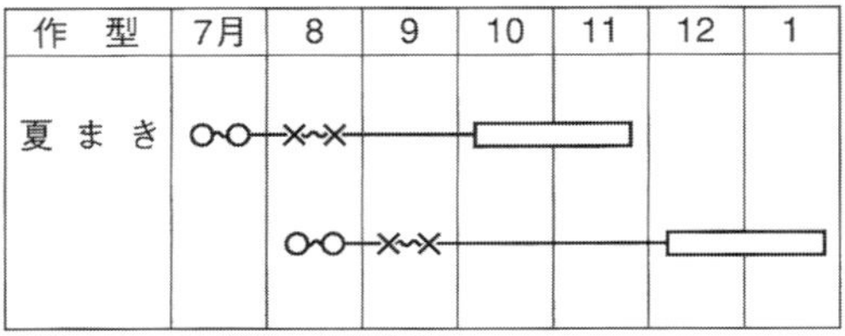

○種まき　×定植　□収穫

肥　料　（1a＝100㎡当たり）

基　肥	施肥量	追　肥	施肥量
堆　肥	300kg	追肥化成	7kg
苦土石灰	20		
ミネラル肥料	8		
けいふん	30		
基肥化成	16		

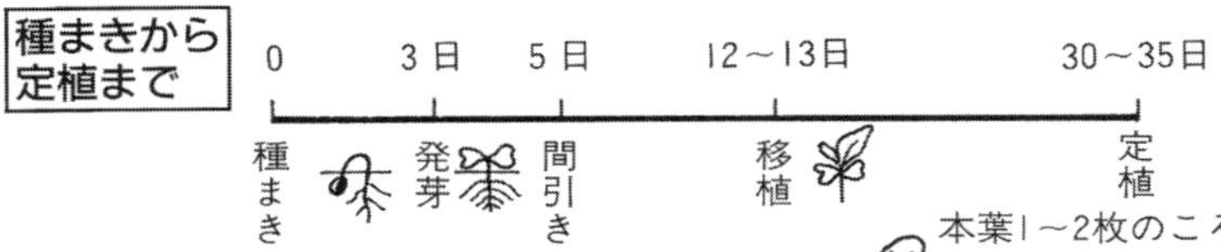

箱まき

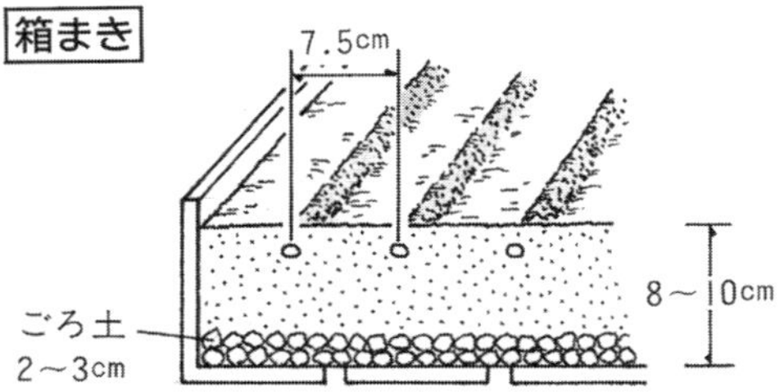

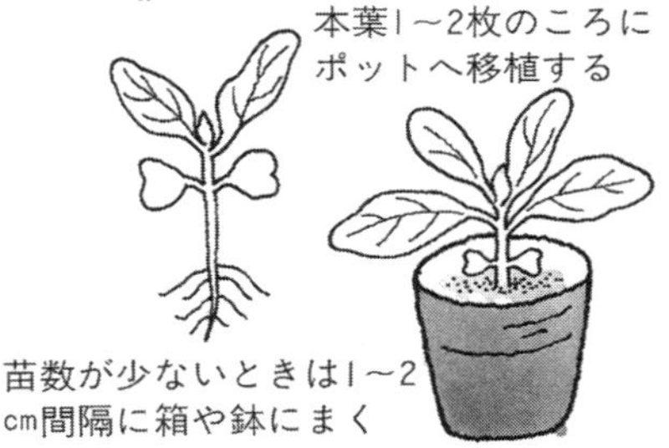

営農指導員からのアドバイス

①大株から大きい花蕾がとれる。

②湿害に弱いので高畦とする。

③種をまく適期が短い。

特性　発芽適温が20℃前後である。30℃以上では立枯病が発生しやすい。食用にする花蕾の発育は15～20℃で促進される。

土壌条件は有機質に富んだ保水力のあるところがよい。乾燥には比較的強いが湿害に弱いので、水田では高畦栽培とする。

花芽分化と花蕾の発育には、一定の大きさになって、一定の温度に一定期間あうことが必要である。花芽分化をさせる温度は、早生種で20℃以下、中生種では17℃以下である。

品種　早まき種（早生）は白秋、白菊、バロック。普通まき種（冬どり）は寒月、照月その他多数。

畑の準備　定植の２週間前には堆肥、苦土石灰、ミネラル肥料を施し耕す。

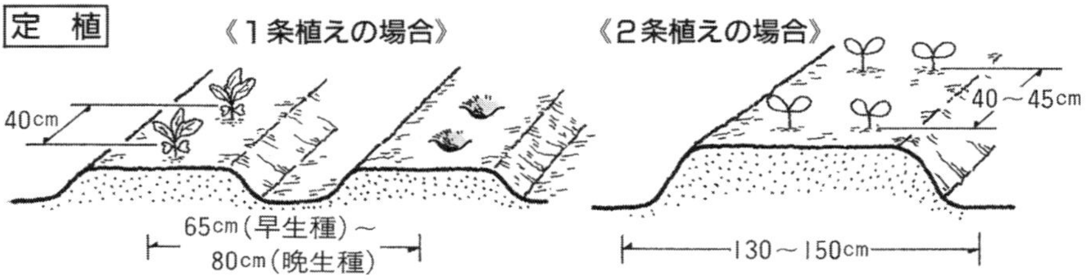

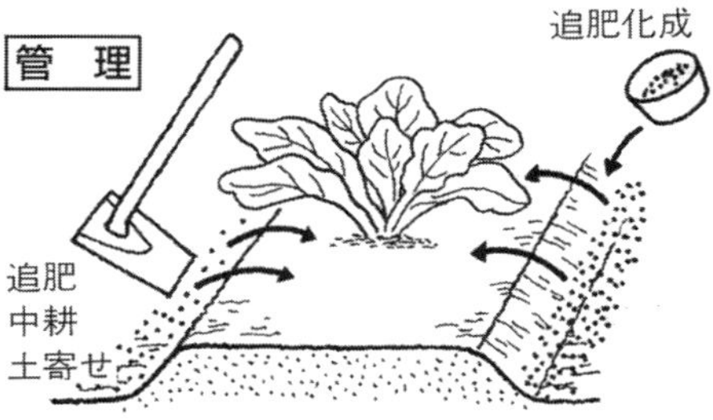

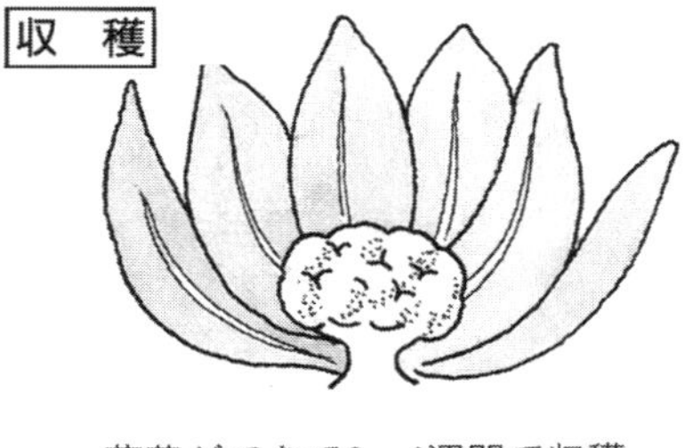

花蕾ができて2～4週間で収穫

定植の1週間前にはけいふんと基肥化成を施し耕す。

2条植えの場合、通路を含め130㎝の畦を立てる。

育苗　種は苗数が少ないときは箱や鉢にまくとよい。7.5㎝のすじに1～2㎝間隔でまく。本葉1～2枚で7.5㎝のポットに移植する。

定植　極早生は葉が5枚、中晩生種は6～7枚の葉が開いたころ、生育のそろった、若々しい苗を植える。

管理　花蕾がつくまで元気に育てることが大切である。

追肥は植えつけ後20日までと、花蕾がつく前の2回行う。

中耕・土寄せとも追肥の時期と同時作業として、雑草防止と根張りをよくするために行う。

花蕾が7～8㎝になると葉を折り曲げて遮光する。

害虫防除　ヨトウムシ、アオムシ。

収穫　花蕾が出始めて2～4週間で収穫できる。

キャベツ

〔アブラナ科〕南ヨーロッパ・ケルトのケールがルーツ。葉が充実し、結球するのがキャベツに発達。

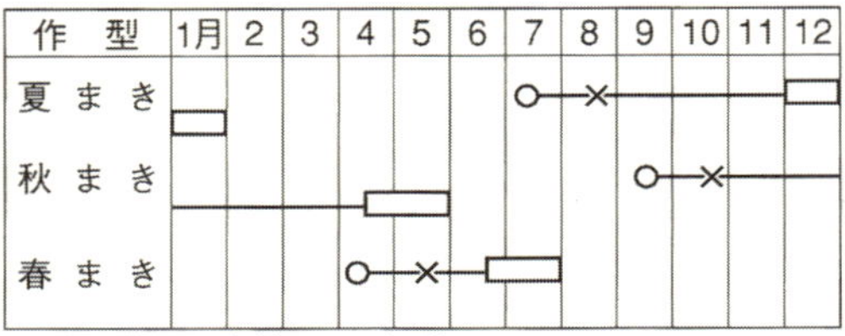

○種まき　×定植　□収穫

肥　料　（1a＝100㎡当たり）

基　肥	施肥量	追　肥	施肥量
堆　肥	150kg	追肥化成	11kg
ミネラル肥料	6	1回め	3
カキガラ	10	2回め	4
けいふん	60	3回め	4
基肥化成	10		

畑の準備 堆肥100kg、基肥化成、ミネラル肥料、カキガラ、畦をつくる 8〜10cm 75〜80cm 40cm

移植 本葉2枚のころに移植する

育苗 育苗箱か魚箱 すじ間5cm 種は1cm間隔にまく 新聞紙 8〜10cm

乾燥しないように気をつける 新聞紙 種がかくれるくらいの土をかける

3日ぐらいで発芽 発芽したら覆いを取る

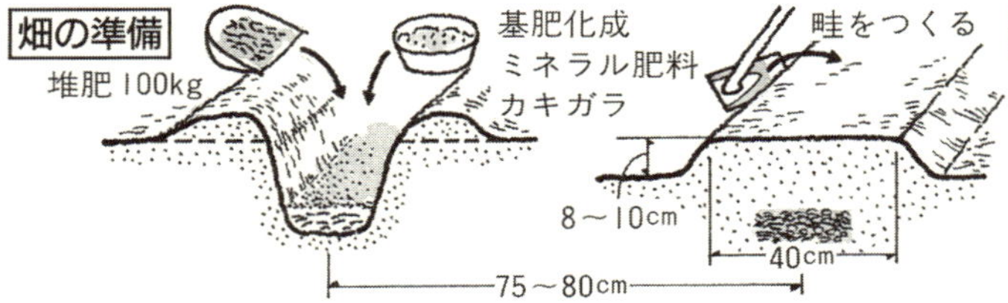

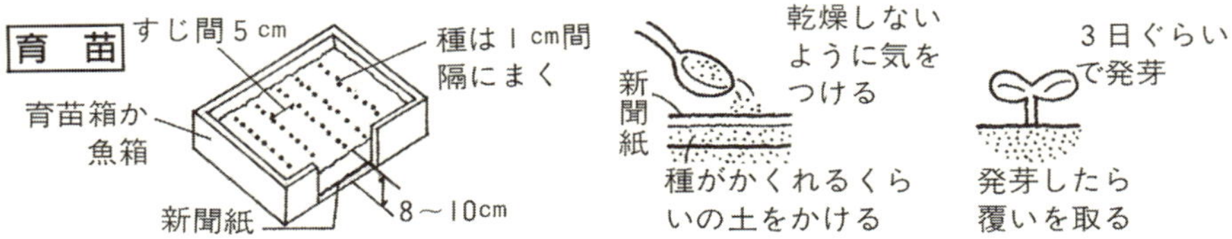

営農指導員からのアドバイス

①作型による品種の適正選択。

②生育初期からの肥培管理。

③結球期からの適宜水やり。

特性　比較的冷涼な気候を好み、15～20℃が生育適温。寒さには強いが、高温では結球不良を起こす。春夏まき栽培は、梅雨期の過湿と病害の発生、夏季の高温と害虫の発生に注意するとともに、排水対策を行う。

秋まき栽培では低温を感じて花芽が分化するのを避けるため、作型に応じた品種を選ぶ。

品種　春夏まき栽培では、早生の秋徳、若峰。盛夏まきには扁円のおきな。中生の湖月、彩ひかり。秋まきでは極早生の金系201。低温時の結球に優れた春ひかり7号、おきな、などがある。

種まき　1a当たり6㎖の種が必要。すじまきかばらまきする。発芽の安定と乾燥防止のため被覆と朝の水やりを十分に行う。子葉が開

定　植

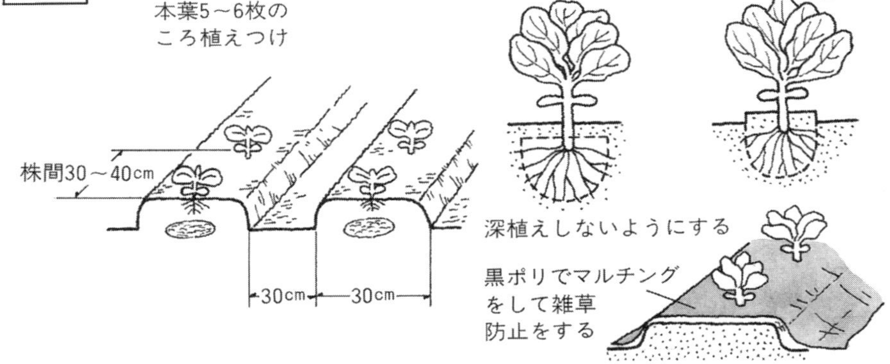
本葉5〜6枚の
ころ植えつけ
株間30〜40cm
30cm
30cm
×
○
深植えしないようにする
黒ポリでマルチング
をして雑草
防止をする

追肥・中耕

追肥は1月下旬・
2月上旬ごろ
追肥
生育中2〜3回追肥・中耕をする

収　穫

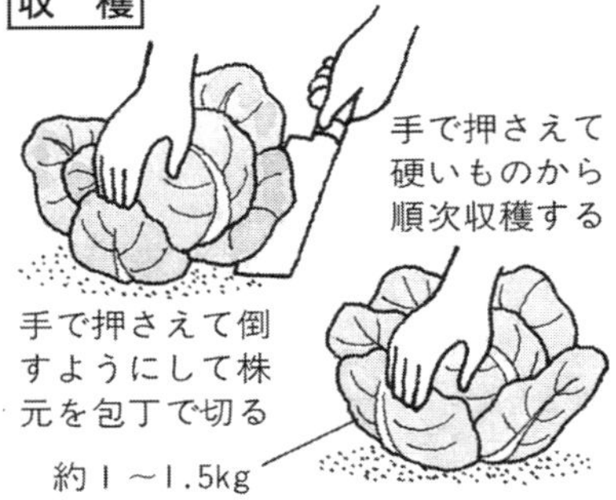
手で押さえて
硬いものから
順次収穫する
手で押さえて倒
すようにして株
元を包丁で切る
約1〜1.5kg

く時期に間引きを行い、本葉2枚めのとき移植する。鉢上げ以後は夕方水をやり、本葉5〜6枚のころ（種まき後約30日）定植する。

畑の準備　肥料の吸収力が強く、根は広く深く張らせるため、堆肥を与え深く耕す。排水をよくするため、できるだけ高畦にする。こうして結球期に肥料を十分吸収させる。pH は5.5〜6.5が適するため、カキガラを施すが、定植1週間前には完了する。

定植後の管理　品種、栽培時期によって養分吸収の時期が異なるが、生育盛期の定植10〜20日後と結球始めまでに追肥を施し、結球肥大充実期に確実に吸収されるようにする。同時に中耕、除草も行う。これは、通気性の向上や肥料吸収力の増大、発根の促進に効果があるので数回行う。

収穫　定植後60〜80日で収穫を迎える。甘味の低下や裂球を避けるためにも順次、適期収穫をする。

小京菜

〔アブラナ科〕広島菜を小さいサイズで小物野菜として利用し始め、小京菜として定着した。

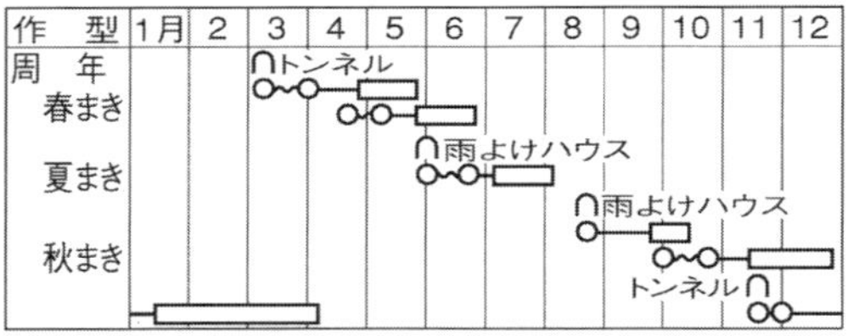

作型
1月
2
3
4
5
6
7
8
9
10
11
12
周年
春まき
夏まき
秋まき
トンネル
雨よけハウス
雨よけハウス
トンネル

○種まき　□収穫

肥料　（1a＝100m²当たり）

基肥	施肥量	追肥	施肥量
堆肥	200kg	追肥化成	4kg
ミネラル肥料	6	2回に分けて施肥	
苦土石灰	8		
けいふん	65		
基肥化成	10		

畑の準備

堆肥
ミネラル肥料
苦土石灰
けいふん
基肥化成

全面に施用し深く耕す

営農指導員からのアドバイス

①排水性のよい条件整備。

②有機物の多い肥沃な土づくり。

③計画的な種まき。

特性　生育適温は15〜20℃。高温と多湿に弱い。雨よけハウス栽培とトンネル栽培が、生育促進と品質向上のため一般的である。

畑の準備　広島菜を早どりするものであるため、排水のよい、深く耕した畑が最適である。良質の堆肥をたっぷり入れ、力のある土をつくる。基肥だけの栽培が普通であるが、生育条件によっては2回程度の追肥が必要な場合もある。畑の排水性が悪い場合は、高畦にする。さらに状態が悪ければ、周囲に溝を掘り、排水路を確保する方法もある。

種まき　広島菜より狭く、すじ間30〜40cm、株間8〜15cmのすじまきとする。

管理　間引きは2回程度行い、生育不良株や生育のよすぎる株を間

種まき

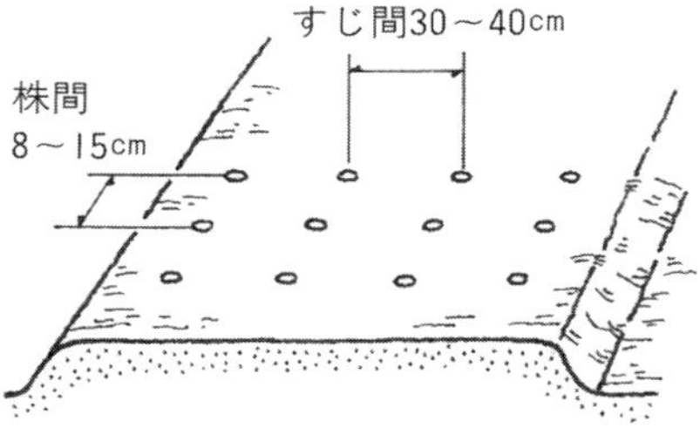

広島菜より狭めに種をまく

間引き

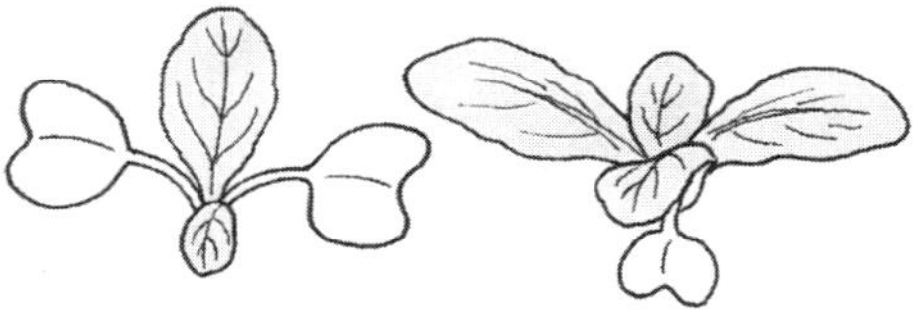

1回め
本葉1～2枚

2回め
本葉3～4枚

《間引く株》

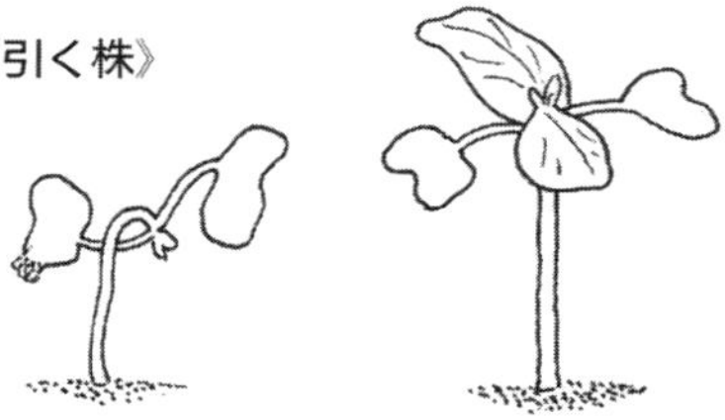

発芽不良や
奇形株

大きすぎる株

生育のよくないもの、奇形があるもの、
生育がよすぎるものを2回ほど間引く

収　穫

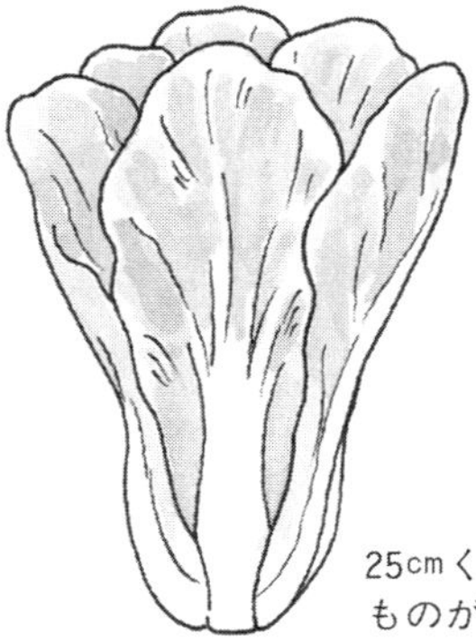

25cmくらいに生長した
ものが収穫適期

引き、目標の株間にする。水は生育適温期は十分にやり、高温条件下では朝か夕方の温度の低い時間帯にやる。

品種　広島菜と同様に、生産者が自家採種しているので、在来種を用いる。

作型　ハウスでは周年栽培が可能だが、夏季の高温期である6月下旬～8月中旬は難しい。

肥料　基肥は、種まきの3週間前に基肥化成、苦土石灰（カキガラでもよい）、ミネラル肥料、けいふんを施し、深く耕す。

害虫防除　害虫の被害にあいやすい。粘着トラップなどを利用し、害虫を捕らえて防除する。

収穫　草丈25cm程度が収穫適期である。浅漬にしたり、和え物にしたり、いろいろな料理法で利用されている。

さらに、草丈が30～35cm程度で、中京菜としての利用もできる。主に漬物用に栽培されている。

こまつな

〔アブラナ科〕在来かぶから分化したと考えられ、東京・小松川地方にあった品種の総称である。

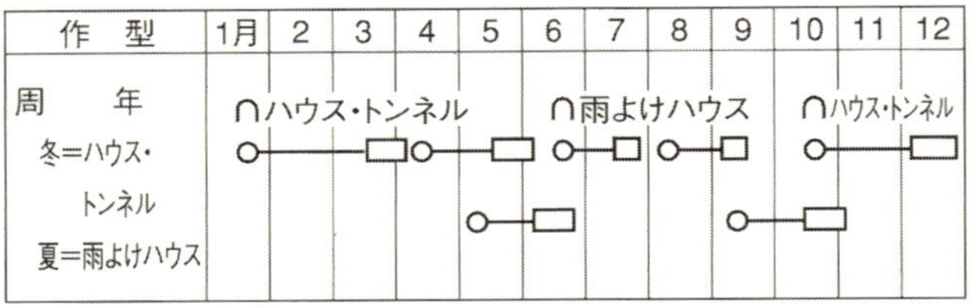

○種まき　□収穫

肥料（1a＝100㎡当たり）

基肥	施肥量
堆肥	300kg
苦土石灰	10
カキガラ	6
ミネラル肥料	6
基肥化成	10

畑の準備

畑全体に苦土石灰、カキガラ、ミネラル肥料を施用し15～20cmの深さによく耕し畦をつくる

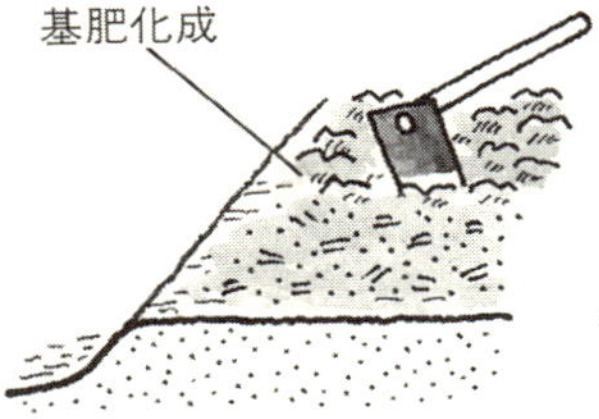

畦全面に20cmくらいの深さに肥料を打ち込む

種まき

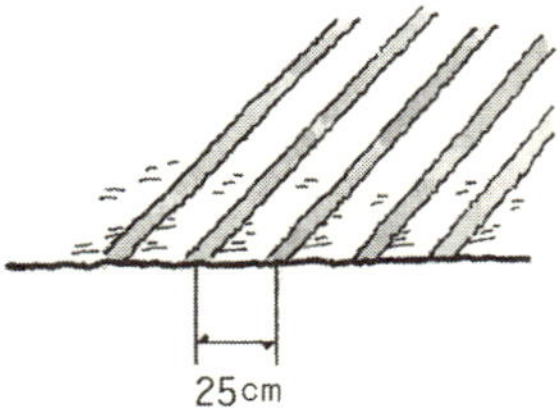

営農指導員からのアドバイス

①排水によい条件を整える。

②秋から冬に栽培しやすい。

③有機物の多い土づくり。

特性　耐寒性、耐暑性ともに強く栽培しやすい。発芽温度6～35℃で発芽適温は25℃。5℃以下、40℃以上では、ほとんど発芽しない。

品質のよいものをつくるには、沖積土の排水のよい土壌が適する。酸性にはやや強く、野菜のなかでは連作障害の少ない品目である。

種まき20日後生育の後半になって低温にあうと花芽分化し、その後高温になると、とう立ちする。

品種　葉がやや長めのものと丸葉のものがある。品質の違いはあまりないが、一般的には丸葉のものが好まれる。春夏作は夏楽天、ひとみ。秋冬作では楽天。

畑の準備　こまつなは年間5～6作続けて作付けし、連作する場合がある。安定した生産をするためには、良質な堆肥を1a当たり

間引き

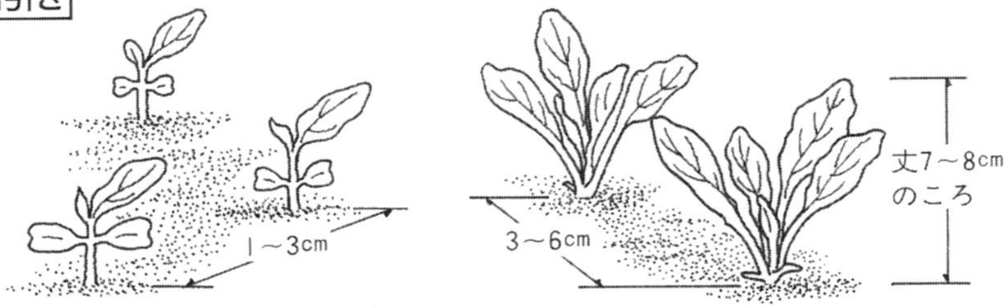

本葉1枚のころ1～3cm間隔に間引く

草丈7～8cmのころ3～6cm間隔に間引く

防　寒

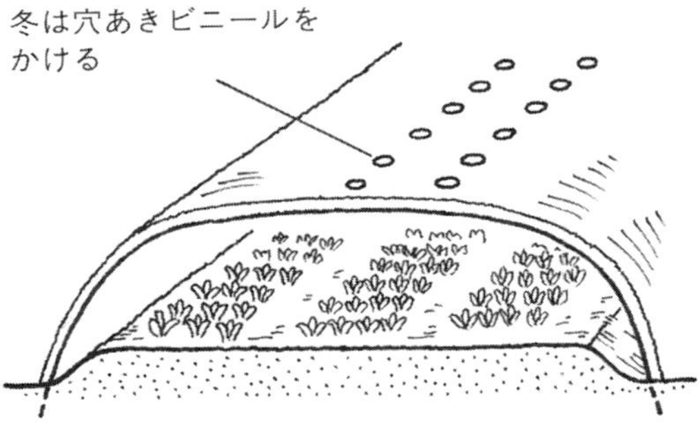

収　穫

本葉4～5枚で草丈が25cmくらいになったら収穫適期

200～300kgを、年間２回に分けて施す。pHが5.5以下になったら石灰質肥料を施す。

管理　種まきはいつでもできるが、10月以降の種まきはビニールトンネルを用いる。本葉１枚くらいのころと、草丈７～８cmのころの２回に間引きをし、生育のそろったものを残す。最終間隔は３～６cmとする。

ハウスの温度管理は、日中30℃以上にならないよう換気に注意する。低温期はべたがけ資材のパオパオ90やパスライトを利用して生育を促進する。

水やりは、生育の前半は十分に、生育の中期以降は控えめにし、収穫前は乾燥しない程度にする。その他の管理として、ハウスでは高温期はサイド部分に防虫ネットを張って害虫の侵入を防止する。

収穫　本葉４～５枚、草丈25cmくらいで収穫期になるので、遅れないように収穫を始める。

サラダナ

〔キク科〕レタスの一種で、原産地は中近東内陸小アジア地方といわれている。

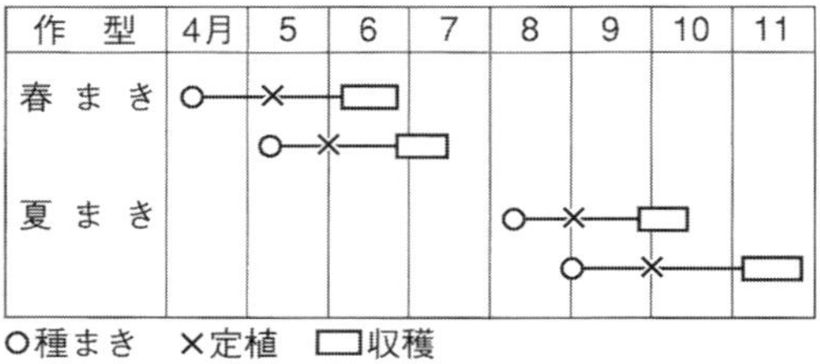

肥　料　　（1a＝100㎡当たり）

基　肥	施肥量
堆　　肥	200kg
苦土石灰	15
カキガラ	8
ミネラル肥料	6
けいふん	40
基肥化成	10

畑の準備

基肥を施し深く耕す

営農指導員からのアドバイス

①土をよくつくって育てる。
②乾燥に弱い。土壌水分を保つ。
③休みなく一気につくりあげる。

特性　冷涼な気候を好み発芽、生育ともに適温は20℃前後である。25℃以上（特に30℃以上）では発芽が悪くなり花芽分化が早まる。これに長日が加わると、さらにとう立ちが促進される。

土壌の適応性は広いが、やわらかくて水持ちがよいpH6.0～7.0の土が最適である。

品種　広島県は地域がら岡山サラダ菜が主であったが、現在はウエアヘッド、サマーグリーンなどの栽培も多くなっている。

畑の準備　定植の２週間前に堆肥、苦土石灰、カキガラ、ミネラル肥料を施し深く耕す。

定植の１週間前に基肥化成、けいふんを施して耕した後、畦立てをする。畦幅は通路を含めて120㎝にする。

育　苗

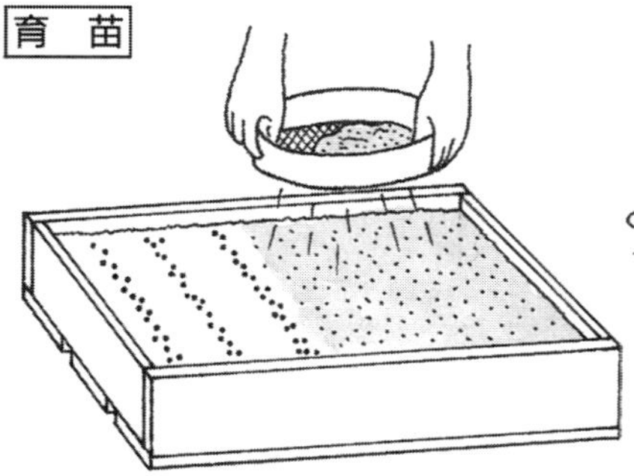

種まきは浅箱にすじまきにし、
土は種が見えなくなる程度に薄
くさっとかける

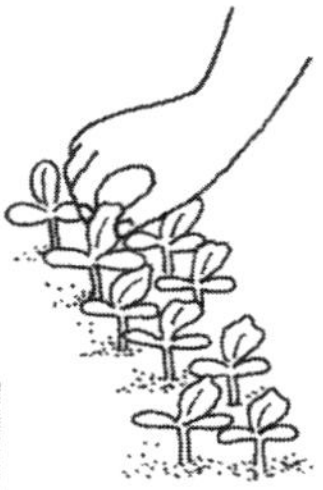

混み合って
いるところ
を間引く

移　植

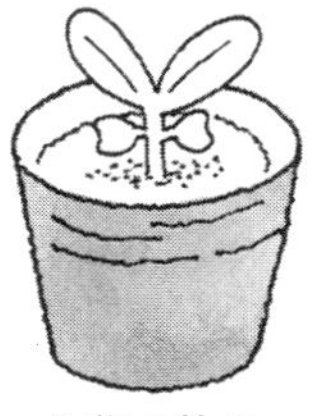

本葉２枚の
ころポット
に移植する

定　植

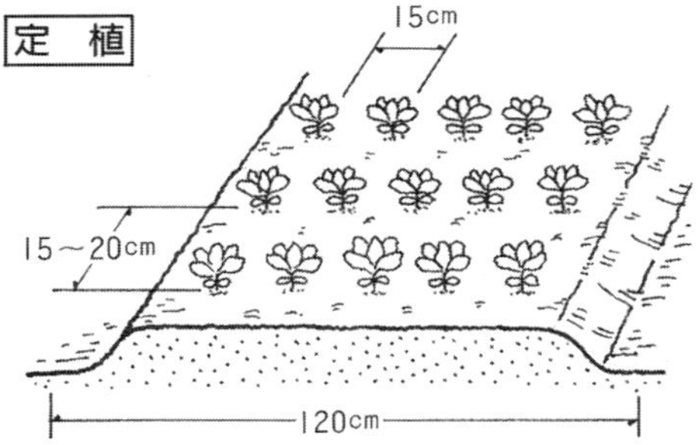

本葉4～5枚の苗を植える。
浅植えにする

収　穫

中心の葉が巻いて
きたら収穫する

育苗　育苗箱または植木鉢に育苗用土を入れ、６cm間隔にすじまきする。

サラダナの発芽には光が有効に作用する。種がかくれる程度に薄く土をかける。発芽までは乾かさないように水をやる。

間引き　発芽ぞろい後、過密している部分を間引く。

移植　本葉２枚になれば６～7.5cmのポットに鉢上げする。

定植　畦幅120cmとし、すじ間15cmで５～６条植える。株間は15～20cmとする。

本葉４～５枚の苗を植える。鉢土が表面より少し出る程度に浅植えする。

管理　生育期間が比較的短いので、生育の前半を順調に生育させて、葉数を確保する。

収穫　平均気温が20℃で定植後30～40日、可食葉数が12枚以上、中心の葉が外葉の高さと同じころが収穫の適期。

しゅんぎく

〔キク科〕地中海沿岸から南ヨーロッパが原産。主に観賞用で食用としては日本と中国くらいである。

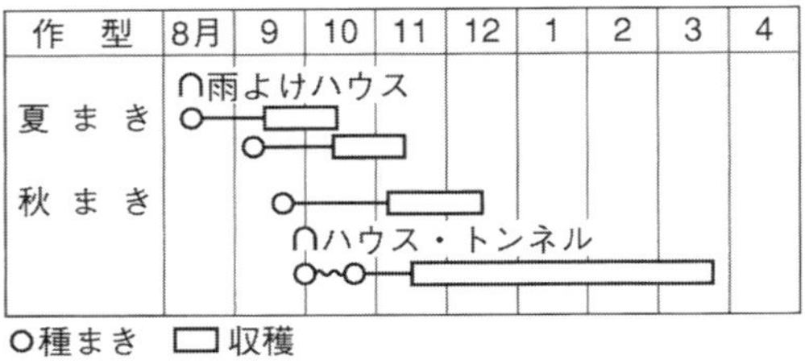

肥　料　（1a＝100㎡当たり）

基　肥	施肥量	追　肥	施肥量
堆　肥	200kg	追肥化成	5kg
ミネラル肥料	8	2回に分けて	
カキガラ	10	追肥	
けいふん	65		
基肥化成	12		

畑の準備

堆肥、ミネラル肥料、カキガラを施し15～20㎝の深さによく耕す

種まき

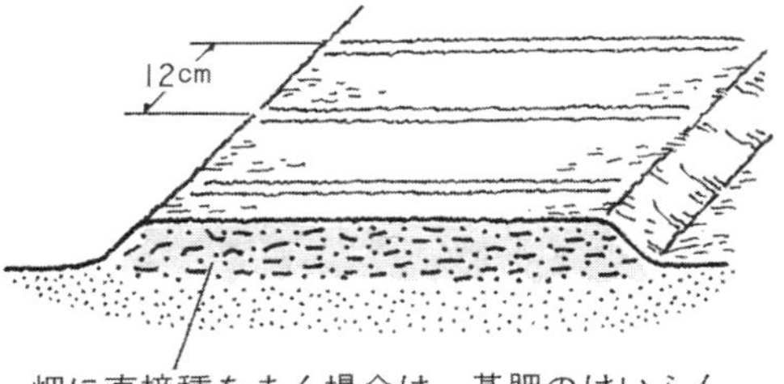

畑に直接種をまく場合は、基肥のけいふん、基肥化成はベッド全面にばらまき、15㎝の深さにうない込んでから12㎝間隔（播種機使用の場合）のまき溝をつけて種をまく

営農指導員からのアドバイス

①排水性のよい条件を整える。

②秋まきが栽培しやすい。

③有機物の多い土づくり。

特性　生育適温は15～20℃。品質のよいものをつくるためには10℃以上25℃以下の温度が必要である。耐寒性はほうれんそうより弱く、0℃前後から寒害を受ける。発芽適温は15～20℃で、10℃以下、30℃以上では発芽が悪くなる。土壌条件は、有機質の多いよく肥えた沖積砂質壌土が適している。pH 6.0～7.0が最適。

花芽は低温で分化し、分化後の高温と長日でとう立ちする。5～7月まきでとう立ちが起きるが、実際の栽培ではとう立ちする前に収穫されるので障害は少ない。

品種　品種数は少なく、葉の大きさによって大葉種、中葉種、小葉種に分けられる。

畑の準備　種まきの2週間前までに堆肥、ミネラル肥料、カキガラ

間引き

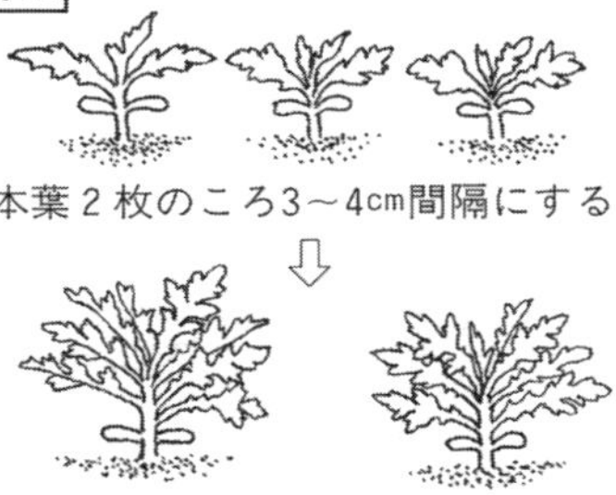

本葉２枚のころ3～4cm間隔にする

本葉7～8枚、草丈10cmくらいのころ
5～6cm間隔にする。摘み取りの場合
は15cmくらいに

育　苗

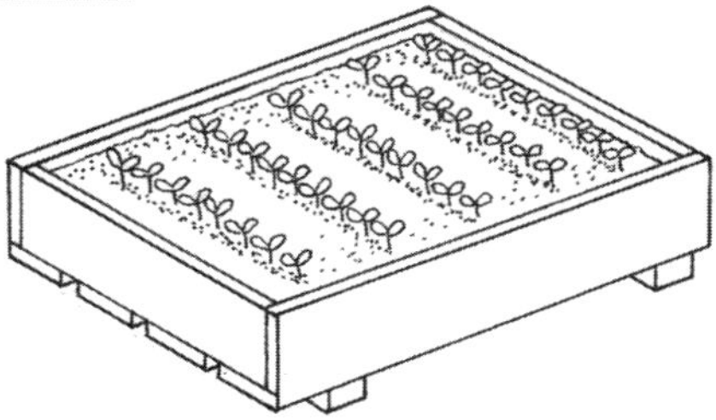

小面積の場合は育苗箱に種を
すじまきし苗をつくる

移植・定植

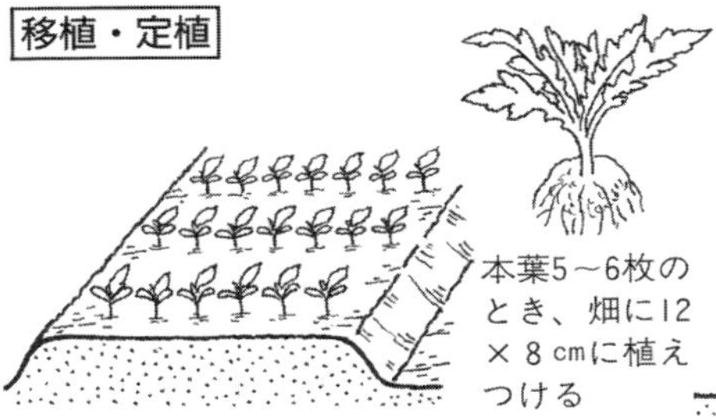

本葉5～6枚のとき、畑に12×８cmに植えつける

本葉１枚のころ苗床に
３×８cmに移植する

追　肥

畦間に追肥化成をばらまき、
鍬で軽く土と混合する

を施し深く耕す。種まきの１週間前までにけいふん、基肥化成を施し、全面に混ぜる。

種まき　120cmの畦を立て、鍬ですじをつくる場合はすじ間25cm間隔、播種機を利用するときは12cm間隔に種をまく。発芽には光が必要なので、土は薄くかける。

間引き　草丈10cmまでに２～３回行い５～６cmの株間とする。株切り収穫が一般的であるが、摘み取り収穫では15cm程度とする。

育苗栽培　小面積の場合は、育苗箱に種をまく。一般には苗床をつくり薄くまく。仮植え床に移植して育苗するとそろいがよく、定植後の生育もよい。手間を省くため仮植えをせず、直接畑に定植する場合も多い。その場合、薄く種をまいて健苗に育てる。

病害虫防除　病害ではベト病、炭そ病。害虫ではアブラムシの防除。

収穫　草丈20cmほどで収穫する。

白ねぎ

〔ユリ科〕原産地は不明だが、中国西部からシベリアといわれている。

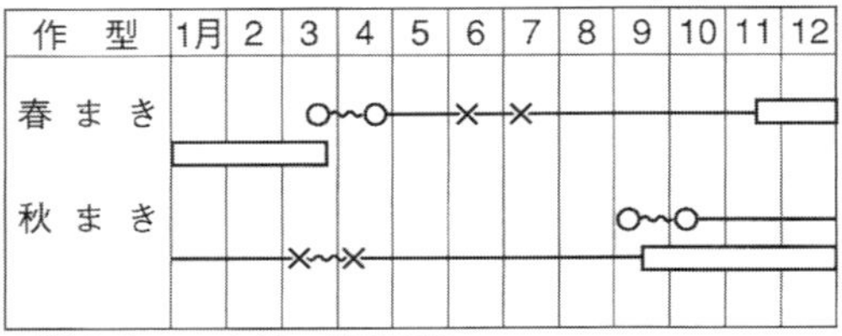

○種まき　×定植　□収穫

肥料　（1a＝100m²当たり）

基肥	施肥量	追肥	施肥量
堆肥	300kg	追肥化成	
苦土石灰	15	1か月おきに6kg	
ミネラル肥料	6	を3回（土寄せの	
基肥化成	20	1週間前）	

育苗

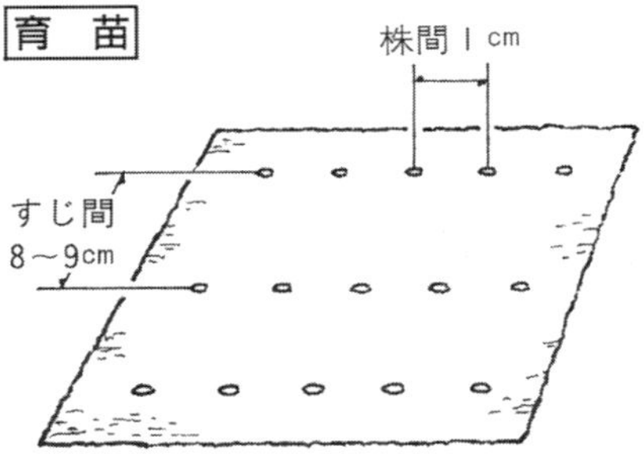

種まきの量は1m²当たり10mℓ

畑の準備

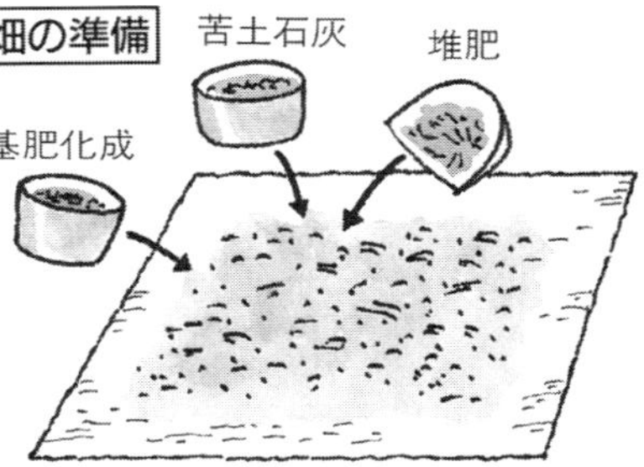

- 耕土が深く、排水のよい畑
- 土壌pH6.5～7.0

営農指導員からのアドバイス

①深く耕し排水のよい畑を選ぶ。
②均一に種まきしそろった苗に。
③最初1～2回の土寄せは浅く。

特性　生育適温は15～20℃で冷涼な気候を好む。根は酸素を多く必要とするため深く耕し排水のよい畑でつくる。土壌pH6.5～7.0の中性に近いところで生育がよい。

育苗　苗床の必要面積は、畑1a当たり13～15m²。種まき10日前に1m²当たり基肥化成100g、苦土石灰200gを施して耕す。種をまく前に水を十分やり、種まき後は水はやらない。種は1m²当たり10mℓで、すじ間8～9cm、株間1cm程度にすじまきする。種がかくれる程度（約3mm）に土をかけ、押さえる。

高温期は発芽率が低下するので、寒冷紗などでベタ張りし、発芽後すぐ取り除く。

畑の準備　定植2週間前に1a当たり堆肥300kg、苦土石灰15kg、

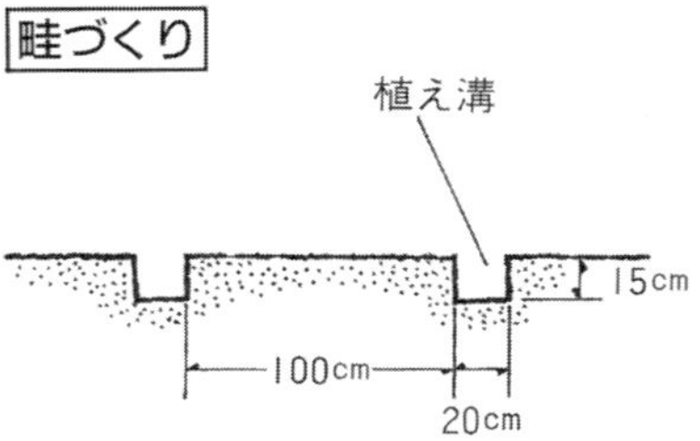

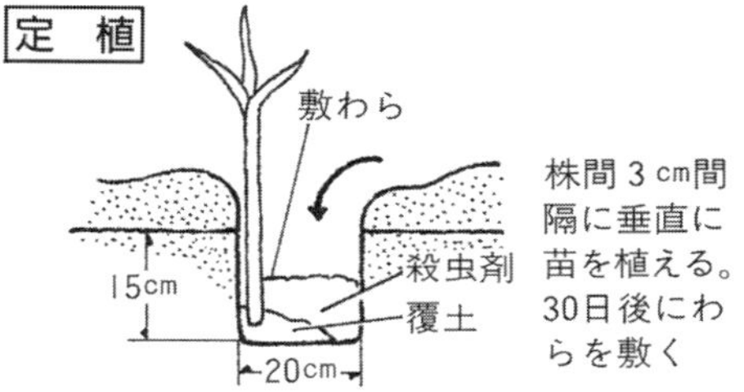

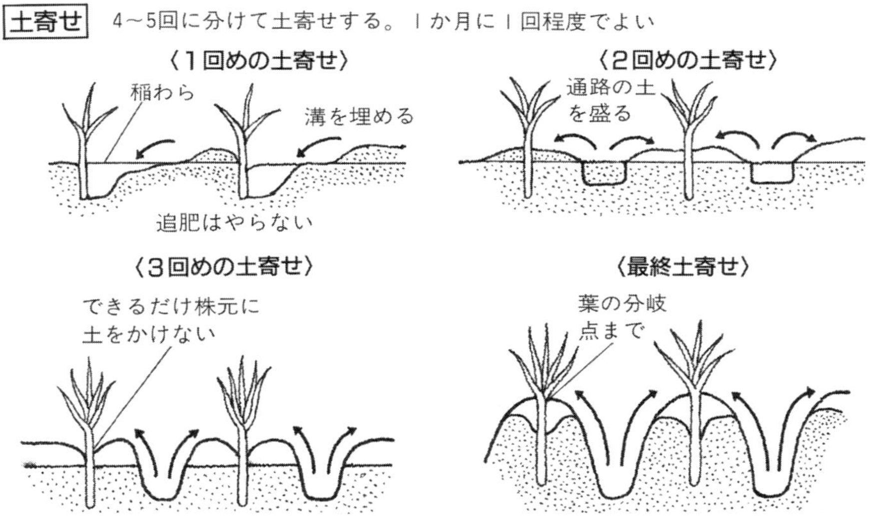

基肥化成20kgを施して深く耕し、幅100cmの畦を立てる。このとき、浅く耕している畑や排水が悪い畑では畦幅を広くする。

定植　畦の端の部分に深さ15cm、幅20cmの植え溝を掘り、3cm間隔に溝の壁に沿って垂直に苗を定植する。定植30日後、植え溝のわきにわらを敷く。

土寄せ　一度に多くの土を寄せるのではなく、4～5回に分けて行う。土寄せの回数は1か月に1回とし、2回めまでの土寄せは葉の分岐点から5cm程度下まで、その後は分岐点のすぐ下までとする。このとき分岐点に土がかかると生育を阻害するので特に注意する。

追肥　追肥は土寄せ1週間前に行い、土になじませておく。土寄せ1回めの追肥はせず、2回めの土寄せから行う。追肥化成を1a当たり6kg施す。

収穫　最後の土寄せから30日ほどで軟白が完成し、収穫適期。

ずいき

〔サトイモ科〕原産はインドおよび隣接する中国。熱帯では多年生である。葉柄を食べる専用種。

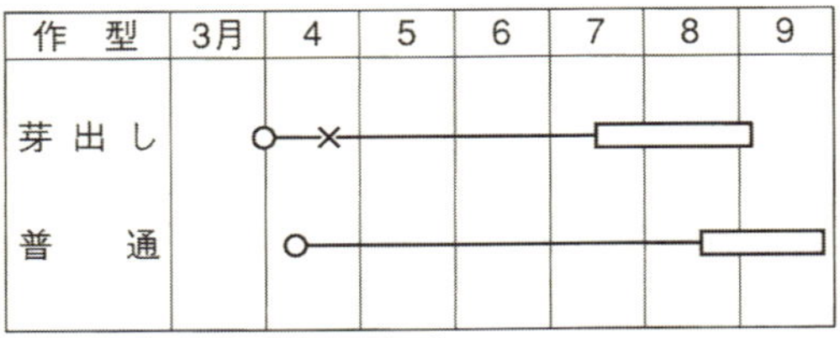

○種まき　×定植　▭収穫

肥料　（1a＝100㎡当たり）

基肥	施肥量	追肥	施肥量
堆肥	200kg	追肥化成	5kg
カキガラ	10		
ミネラル肥料	10		
けいふん	60		
基肥化成	10		

種イモの準備

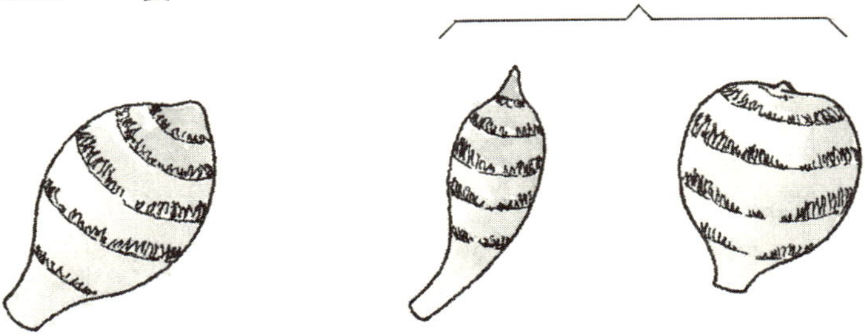

種イモはふっくらとして芽がいたんでいないものを選ぶ。大きさは40～60gくらいがよい

営農指導員からのアドバイス

①4～5年間は連作しない。

②乾燥は品質低下の原因。

③肥切れさせない。

特性　生育適温は25～30℃、発芽適温は最低15℃である。地上部は霜にあうと枯れる。

種いもは5℃以下になると腐敗するので、8℃以上の場所で貯蔵する。

畑は、水やりの便がよく、深く耕したところが適する。乾燥に弱いので少し日陰の場所でもよい。

ずいきとは、さといもの葉柄のことで、普通の種いもの品種でも乾燥して煮物に利用するが、ここでは葉柄専用種について述べる。

品種　赤ぐき(赤芽)と青ぐき（青芽）があり、在来種として定着している。

煮物には赤ぐき、なま酢にはアクが少ない青ぐきが一般的である。

畑の準備　植えつけの1週間前に堆肥、カキガラ、ミネラル肥料を

芽出し

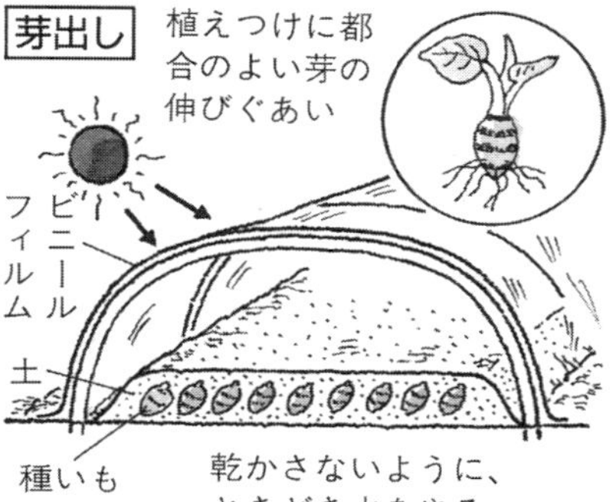

乾かさないように、
ときどき水をやる

定　植

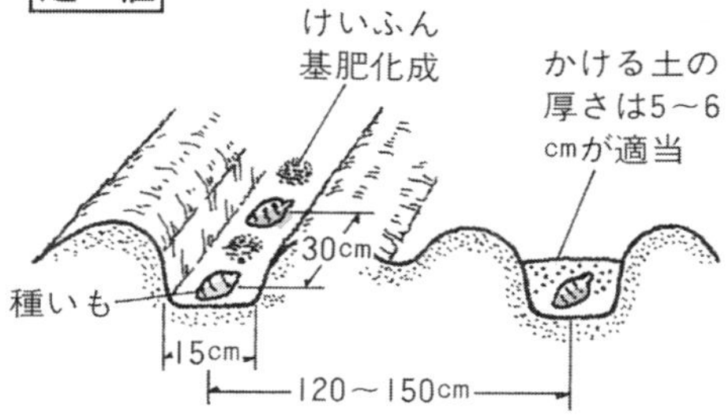

種いもは30cm間隔で植えつける

追肥・土寄せ

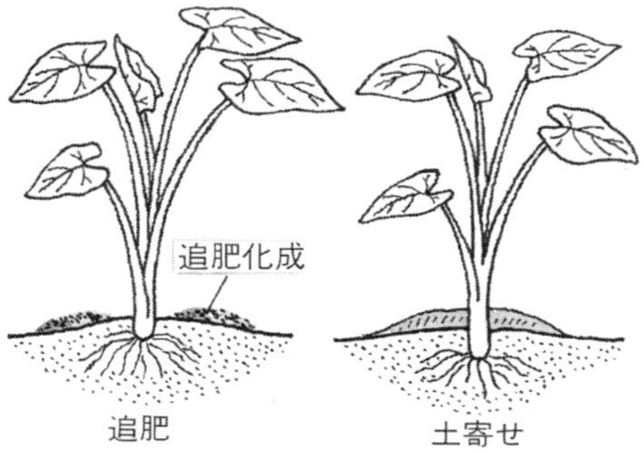

5月下旬と6月上旬に追肥し土寄せを行う

収　穫

早どりは7月中旬から、晩どりは8月中旬から収穫する

入れ深く耕す。

芽出し　ビニールハウスまたはトンネル内で行う。1個の重さが40gくらいの種いもを催芽床に並べて、3cm程度土をかける。

昼間20〜30℃、夜間12℃以上に保ち20日くらいして芽が2〜3cm伸びたものを定植する。

芽出しをしない場合は、畑にそのまま植える。

定植　畦幅120〜150cmの2条植え、株間は30cmとする。

1条植えは畦幅70cm、株間は30cmとする。

種いもを置いた後、種いもに触れないよう、基肥として、けいふんと基肥化成を施す。土は5〜6cmかける。

管理　追肥は5月下旬と6月上旬に追肥化成を施し、土寄せを行う。

葉柄が伸びる時期は、溝がいつも湿っているように水をやる。

収穫　早どりは7月中旬、晩どりは8月中旬から収穫する。

セルリー

〔セリ科〕原産地は地中海地方で日本へは16世紀に韓国から伝えられた。

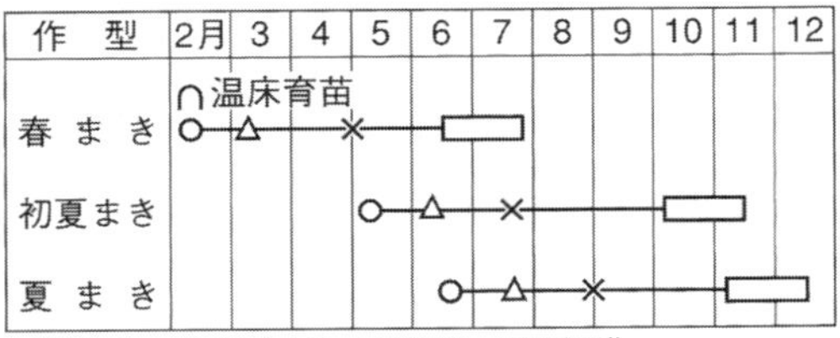

○種まき　△鉢上げ　×定植　▭収穫

肥　料　（1a＝100m²当たり）

基　肥	施肥量	追　肥	施肥量
堆　肥	300kg	追肥化成	15kg
ミネラル肥料	6	1回め本葉15枚	5
苦土石灰	10	2回め2〜3週間後	5
けいふん	65	3回め2〜3週間後	5
基肥化成	15		

畑の準備

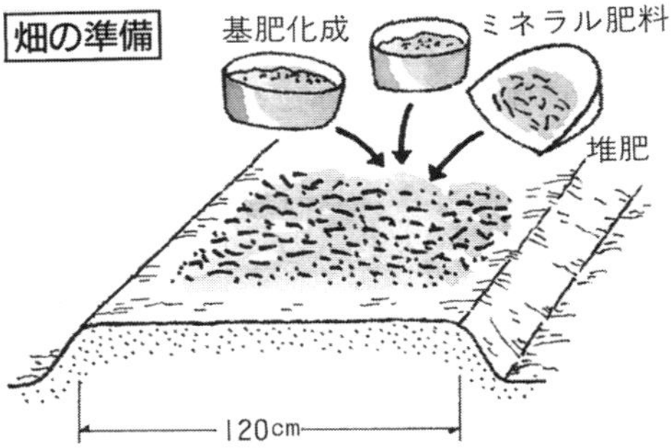

定植の10日前までに上の表の基肥を入れ深く耕す

できるだけ深く耕す

営農指導員からのアドバイス

①肥沃で水はけのよい畑を選ぶ。

②土を乾燥させない。

③苗づくりは難しいので、市販の苗を利用するのもよい。

特性　生育適温は15〜20℃で、冷涼な気候を好み、25℃を超えると極端に生育が悪くなる。３〜５℃でも生育するが、15℃以下の気温に15日ほどあうと花芽ができ、とうが立つ。

土壌酸度はpH6.0〜7.0が適している。根が浅いため乾燥に弱い。肥沃な土で、肥料と水を切らさないで育てることが大切である。

品種　トップセラー、コーネル619がある。

育苗　種は光を好むため、種をまいたら土はかけない。発芽率は50〜60％と低く、温度が低いときにとう立ちする。発芽までは十分に水をやる。本葉２〜３枚になったらポリポットに鉢上げする。

畑の準備　定植の10日前までには

定　植

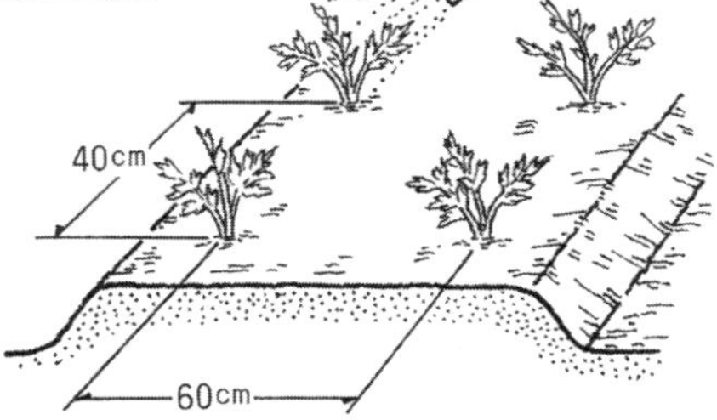

植えつけたら、たっぷり水やりする

追　肥

20日に１回ぐらい株のまわりに追肥化成をばらまいて軽く土と混ぜる

病害虫防除

斑点病やアブラムシが出やすいので薬剤散布は入念に

収　穫

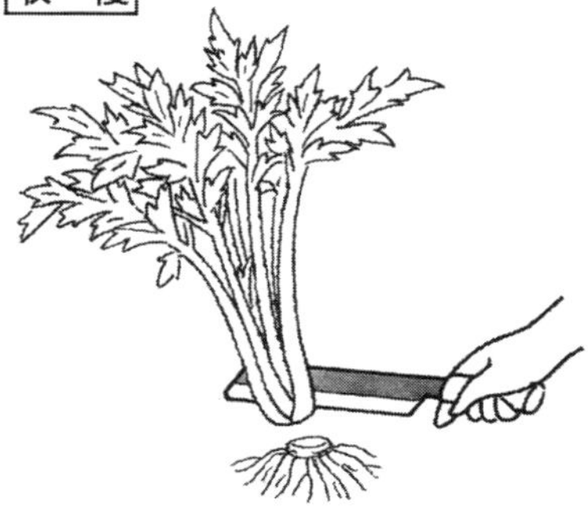

株元から切り取って収穫する

堆肥、ミネラル肥料、けいふんなど前頁の上の表の基肥を施し、深く耕しておく。

定植　畦幅120cm、２条植え、株間40cmに植える。乾燥するときは十分水をやり、鉢の土が畑より上に出る程度に浅植えする。茎のつけ根から出てくるわき芽は早めにかき取り、株が大きくなるようにする。

追肥　20日に１回の割合で、追肥化成を施す。

病害虫防除　ウイルス病を媒介するアブラムシが大敵である。マメハモグリバエ、タバコガ、ヨトウムシ、ハスモンヨトウなどの害虫と、斑点病、軟腐病などの防除をする。

収穫　種をまいてから６か月で収穫適期に達するが、家庭菜園であれば草丈が30～40cmになったころから、順次必要に応じて外葉からかき取り利用する。

たかな

〔アブラナ科〕原産地は中央アジアで、九州地方を中心に古くから作られている代表的な漬け菜。

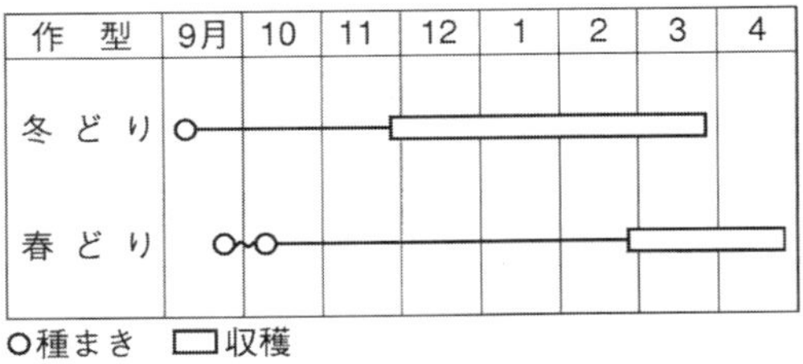

肥料　(1a＝100㎡当たり)

基肥	施肥量	追肥	施肥量
堆肥	300kg	追肥化成	4kg
苦土石灰	10	2回に施肥	
ミネラル肥料	6		
基肥化成	10		

種まき

《じかまきの場合》

幅7～8cm、深さ3～4cmのまき溝を2列つけ、種をばらまきする

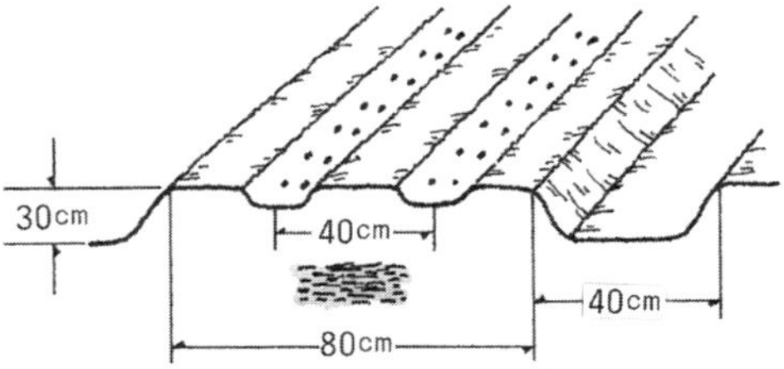

《育苗栽培の場合》

鉢に5～6粒の種をまき、順次間引いて1本立ちとする

本葉4～5枚のころ畑に植える

営農指導員からのアドバイス

①生育初期に病害虫を防除する。

②生育期に肥料効果を保つ。

③必ず晴天の日に収穫する。

特性　からしなとはくさいの中間的な形態をしているが、いずれよりも花芽分化は遅く、とう立ちも遅い。幼苗期は暑さ寒さに強いが、大きくなると寒さに弱く、霜の害を受けやすいので注意する。

春先に気温が上がると急激に生育し、葉が大きくなるとともにとうが立ち花が咲く。

葉をかき取って収穫するため「かぎ葉」と呼ぶ地方もある。秋まき栽培で、冬から早春に葉を収穫する作型が一般的である。

作型・品種　冬の間、葉を逐次収穫する栽培と、春に漬物用に株ごと収穫する方法がある。

品種はカツオナ、三池タカナ、阿蘇タカナなど。

畑の準備・種まき　種まきの1か月前に1ａ当たり堆肥300kg、苦

間引き

本葉2～3枚のころ10cmの株間に間引く

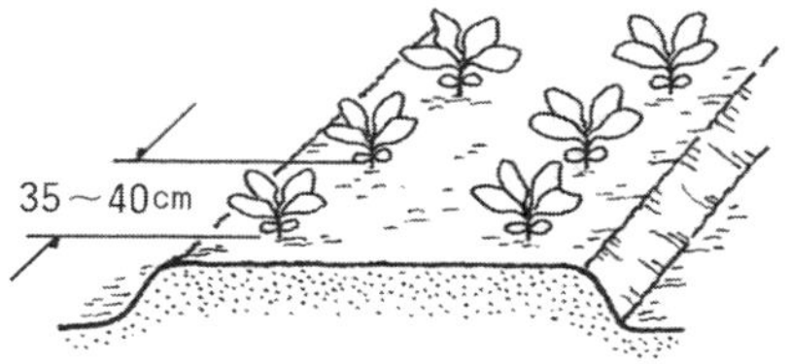

本葉5～6枚のころ25～30cmの株間にする

追　肥

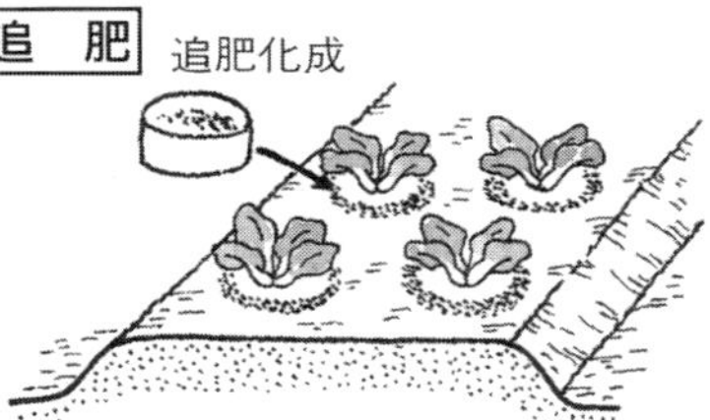

最後の間引きが終わったら
株のまわりに追肥する

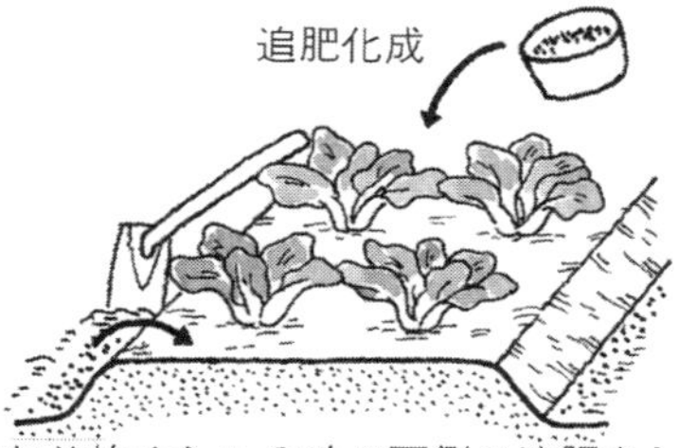

葉が重なり始めたころ畦の両側に追肥をし、
通路の土をやわらかくしながら畦に土を寄せる

収　穫

年内どりの場合は、株が十分大きくなったころ根元から切り取っていっせいに収穫する

冬越し栽培では、外の葉から1～2枚ずつ順次かき取りながら長期にわたり収穫する

土石灰10kgを施す。2週間前に基肥化成を10kg施し、高さ30cm、幅120cmの畦をつくって、すじ間40cm、株間25～30cmの2条まきとする。平畦の場合はすじ間50cm、株間25～30cmとする。

一般的にはじかまき栽培をするが、秋野菜の関係で、苗を植える場合もある。

管理　出芽後より2～3回間引きをし、本葉5～6枚で株間を25～30cmとする。追肥は間引き時やその後の生育を見て施す。1回の量は追加化成2kg程度とする。

高温期と違って乾燥せず雑草も少ないので、管理が怠りがちになりやすい。注意をするように。

収穫　葉が大きくなったら、必ず晴天の日に1～2枚ずつ順次収穫していく。

厳冬期は生育が悪くなるので、一時収穫を控え、春先になってから収穫を再開する。最後に、とう立ちし始めた株全体を収穫する。

たまねぎ

〔ユリ科〕原産地は中央アジアで、紀元前数千年前から食用とされた形跡がある。

作型	9月	10	11	12	1	2	3	4	5	6
青切	○	×							□	
貯蔵	○	×								□

○種まき　×定植　□収穫

肥料　（1a＝100㎡当たり）

基肥	施肥量	追肥	施肥量
堆肥	150kg	追肥化成	12kg
ミネラル肥料	6	2月上旬	4
苦土石灰	15	2月下旬	4
けいふん	65	3月中旬	4
基肥化成	7		

畑の準備

あらかじめ石灰を散布して基肥を入れ、深くよく耕しておく

苗床管理

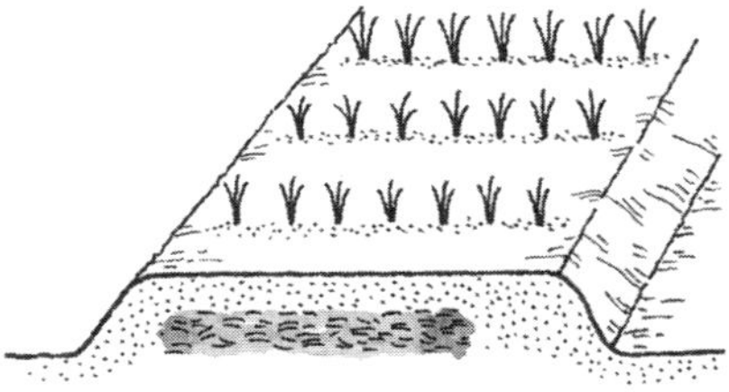

本葉２枚、草丈３㎝のころの２回、少し混んだところを間引き除草する

営農指導員からのアドバイス

①種まき後の土は薄くかける。

②大きすぎる苗はとう立ちする。

③最後の追肥が遅れると貯蔵性が劣る。

特性　発芽温度は18℃。生育適温は15～25℃で、低温下でよく生育する。球の肥大には日の長さと温度が関係するが、その程度には品種間差があり、早生品種ほど必要な日長は短く、温度による促進効果が高い。花芽分化は、ある程度生育した株が10～12℃の低温に一定期間（１～２か月）あうと起こり、その後の高温、長日条件によって、とう立ちする。

土壌酸度はpH6.3～7.3の中性土壌が適し、酸性土壌には弱い。

また、リン酸が不足すると生育不良を招きやすい。

品種　早生種は球が扁平で早く肥大するが、貯蔵性は低い。中生種は強健、多収性で貯蔵性もかなり高い。晩生種は球形で貯蔵性はき

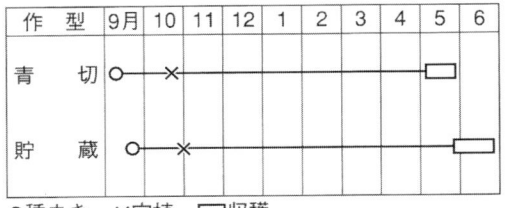

定　植

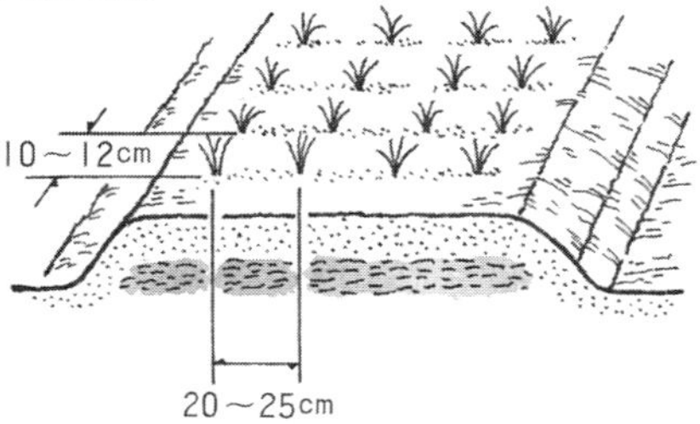

10日前ころに基肥化成を入れ
畦立てをし、定植する

追肥・土寄せ

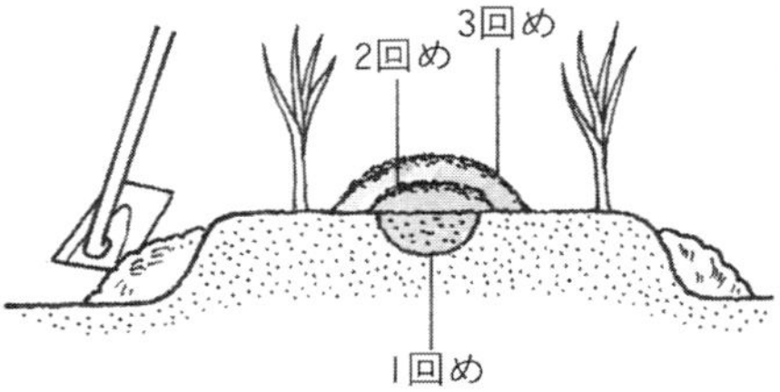

2月上旬に1回め、2月下旬に2回め、3月中旬に3回めの追肥をする。1回めのときはすじ間に敷きわらをし、3回めのときに土寄せする

収　穫

葉が7～8割倒れたころ、天気のよい日を見計らって抜き取る

抜き取ったら2～3日そのまま畑に並べて乾かす

わめて高い。

畑の準備　酸性には弱いので、あらかじめ石灰を散布して15～20cmの深さによく耕しておく。

育苗　畑1a当たり育苗床5㎡、種の量50～60mℓ。畦幅100～120cm、すじ間8cmのすじまきとし、種まき後は敷きわらまたは寒冷紗をかけ、水をやる。本葉2枚、草丈3cmのころの2回、少し厚いところを間引く。

定植　定植の10日前ころに基肥化成を施し畦立てをする。すじ間20～25cm、株間10～12cm、深さ2～3cmに植えつける。

追肥　追肥化成を3月中旬までに3回に分けてすじ間に施す。

　最後の追肥の遅れは、貯蔵中の腐敗球の発生原因になるので、注意して遅れないようにする。

収穫　葉が8割くらい倒伏したころ、天気のよい日を見計らって抜き取り、畑で1～2日風で乾かしてから吊るして貯蔵する。

チンゲンサイ

〔アブラナ科〕中国野菜の代表種で、華中から華南にかけて多く、北方のはくさいに匹敵する。

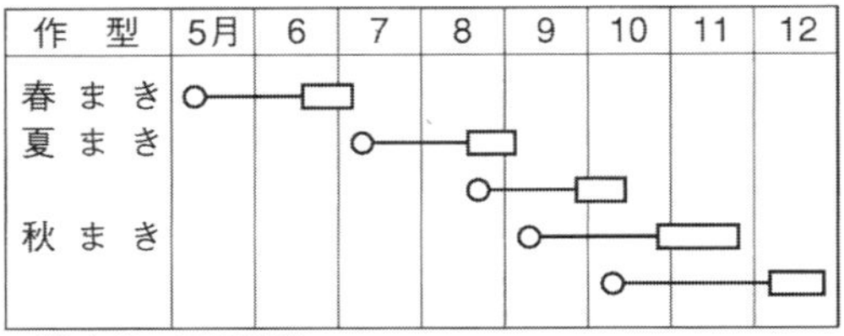

○種まき　□収穫

肥　料　（1a＝100㎡当たり）

基　肥	施肥量
堆　　肥	120kg
カキガラ	10
ミネラル肥料	8
けいふん	60
基肥化成	10

畑の準備

種まきの2週間前に基肥を入れ深く耕す

営農指導員からのアドバイス

①夏のキスジの被害を避ける。

②低温で花芽分化するので注意。

③株決めは早めに行う。

特性　生育適温は15〜20℃と冷涼な気候を好むが、温度に対する適応性は広い。花芽分化は12〜13℃の低温に感応し、長日条件下で、とう立ちする。

土壌は排水がよく有機物の多い肥沃な土壌が適する。根こぶ病に弱い。

品種　早生、中生、晩生の品種ができ周年栽培が可能となった。春まきは青帝、夏まきは長陽、秋まきは武帝など。

畑の準備　種まきの2週間前に堆肥、カキガラ、ミネラル肥料を施し深く耕す。種まきの1週間前にけいふんと基肥化成を施して耕し、畦立てをする。

畦立ては通路を含めて畦幅100㎝とし2条まき、120㎝で3条まきとする。

施肥・畦立て　《3条まきの場合》

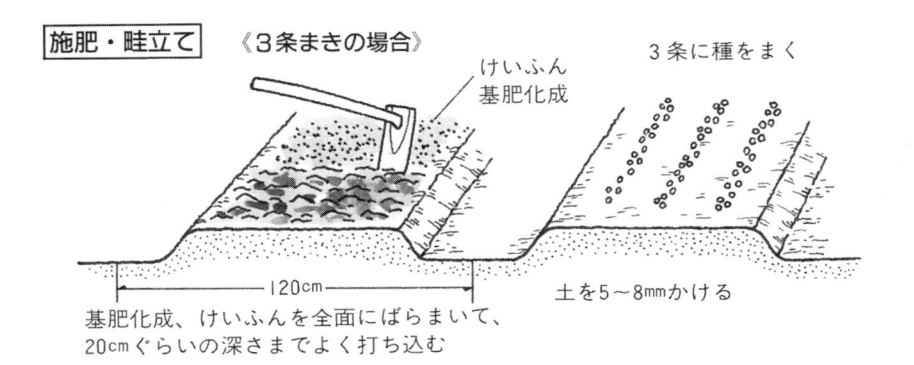

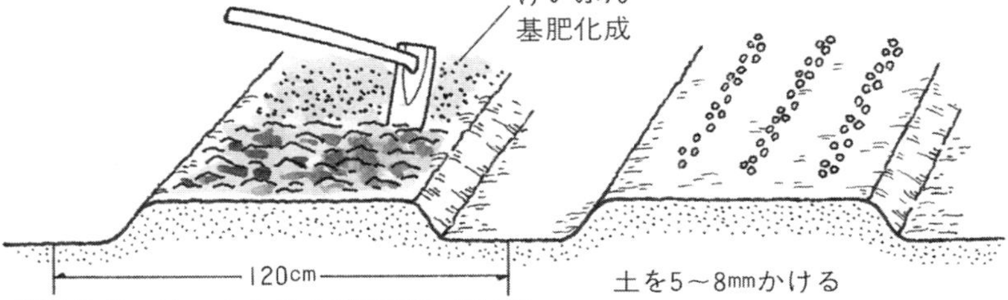

基肥化成、けいふんを全面にばらまいて、20cmぐらいの深さまでよく打ち込む

間引き

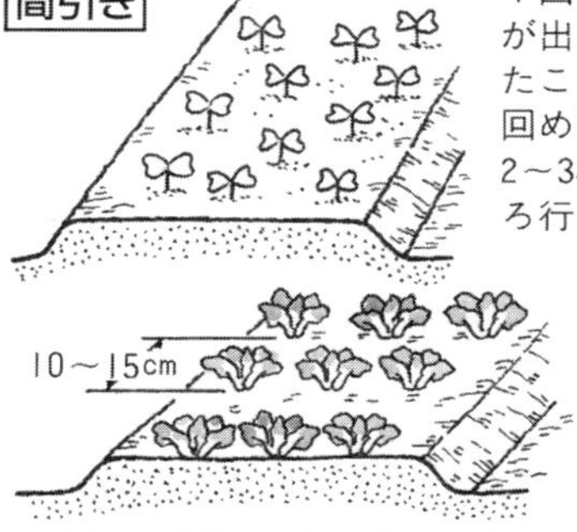

3回めの間引きは本葉4～5枚のころ行い、株決めをする

収　穫

草丈20～25cmのころが収穫適期

種まき　まき溝をつくり、まき肥として500倍の液肥をたっぷり施し、種をまいて軽く土をかける。

乾燥防止には切りわらをまくが、近年はわらの入手が困難で、寒冷紗をかける場合が多い。

間引き　芽が出そろったら間引きを行う。２回めは本葉２～３枚のころ株間５cm程度に、３回めの株決めで本葉４～５枚時に株間10～15cm間隔に仕上げる。

間引き・株決めは早めがよい。

中耕・追肥　基肥が十分施してあれば追肥の必要はないが、追肥をする場合は早めに行う。

中耕も早めに行い、後半の生育は一気に仕上げる。水やりや病害虫防除にも注意し、順調な生育をはかることが重要である。

害虫防除　アブラムシ、アオムシなどの防除。

収穫　草丈20～25cm、１株の重量100～150ｇ程度で収穫する。後半の生育が早いので遅れないこと。

なばな

〔アブラナ科〕春を呼ぶ野菜として人気があり、最近需要が多くなってきた品目である。

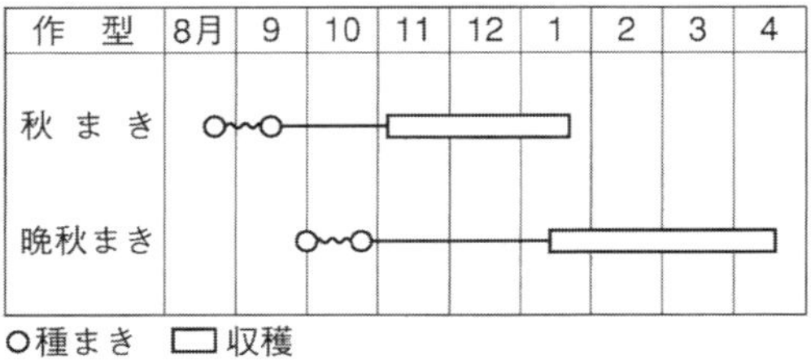

肥料（1a＝100㎡当たり）

基肥	施肥量	追肥	施肥量
堆肥	200kg	追肥化成	6kg
苦土石灰	10	1回め	3
ミネラル肥料	6	2回め	3
けいふん	65		
基肥化成	6		

畑の準備

全面に施用し深く耕す

畦立て

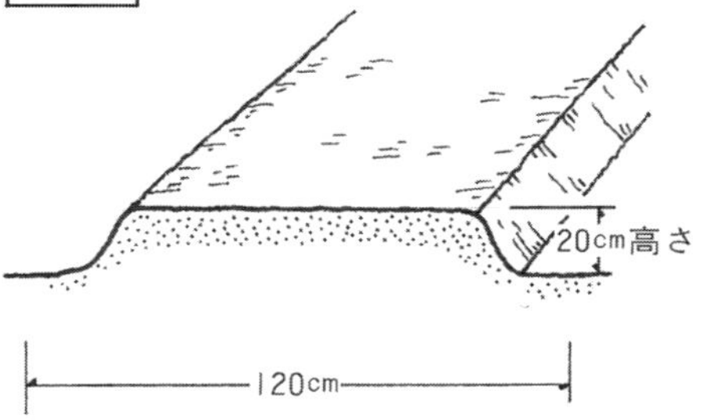

排水をよくするために、畦の高さは20cm以上とする

営農指導員からのアドバイス

①排水性のよい畑をつくる。

②肥切れさせない。

③収穫に合わせた適期種まき。

特性　低温に強く、冬場若干の氷点下にあっても枯れない。生育適温は15〜21℃。９月上旬種まきで10月中旬に花芽分化する。土壌水分の高い水田裏作では生育がよいが、乾燥状態になると生育は停滞ぎみになる。

作型　主に年内に収穫する秋まきと、年明けから収穫を開始する晩秋まきの２つの作型が主流である。

畑の準備　肥沃で肥切れしにくい粘質土壌が品質が高く、収量も多い。しかし、湿害に弱く、排水対策を十分にとれる畑または水田がよい。基本的には幅120cm前後、高さ20cm以上の畦をつくる。

肥料　完熟堆肥、苦土石灰などをできるだけ早めに全面に施しておく。基肥は基肥化成を１週間前までに畦土に混ぜる。追肥は、肥切

種まき

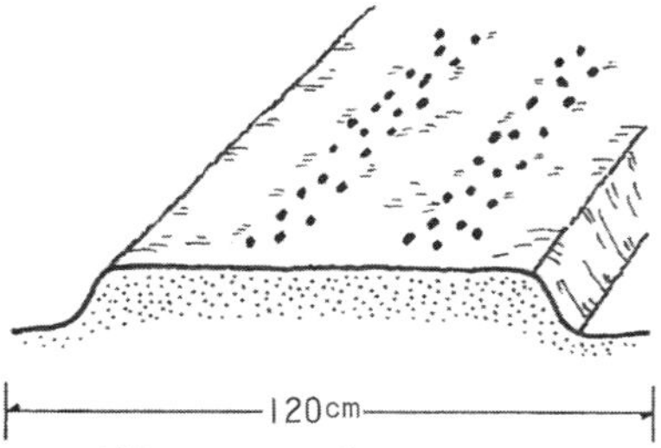

畦幅120cmで2条まきとする

間引き

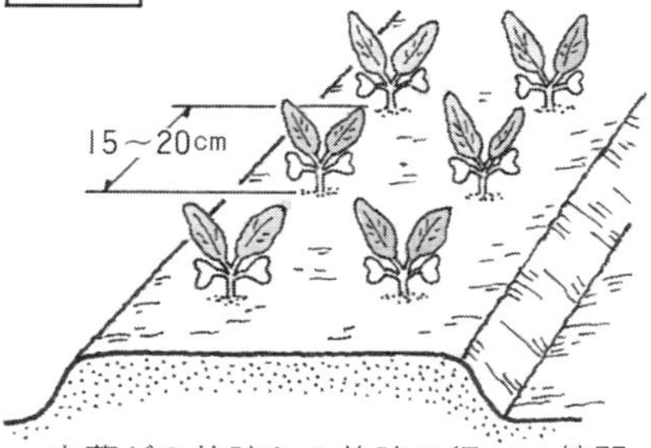

本葉が3枚時と5枚時に行い、株間15～20cmに仕上げる

《間引く株》

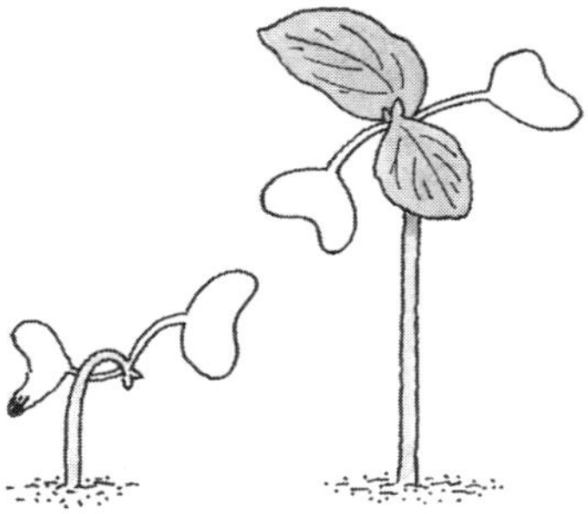

発芽不良や奇形株　　大きすぎる株

収　穫

花蕾の中心部が盛り上がり始めたころが収穫適期

れさせないよう、2～3回に分けて施す。

種まき　畦幅120cmとし、2条まき。間引きで本葉2～3枚時に株間3～5cm、本葉4～5枚時に15～20cmの最終株間とする。間引くのは生育の悪い株、奇形株、生育のよすぎる株で、平均的な株にそろえる。

収穫　葉の間から花蕾がのぞき、集合している花蕾の中心部が盛り上がり始めたころが収穫適期。

収穫したなばなを出荷する場合の荷造りは、上から花蕾がすきまなく見えるように7cm角、長さ11～12cm、1束200gに四角に束ね、包装する。

1束当たり本数は、主茎で10～16本程度、孫枝などでは30～50本ほどになる。この調整作業は、1箱20束つくるのに2時間以上かかることがある。

温度が上昇すると開花し始めるため、収穫適期を逸しないこと。

にら

〔ユリ科〕中国西部原産の多年草。日本へは８世紀ころ渡来し、薬草などとして利用された。

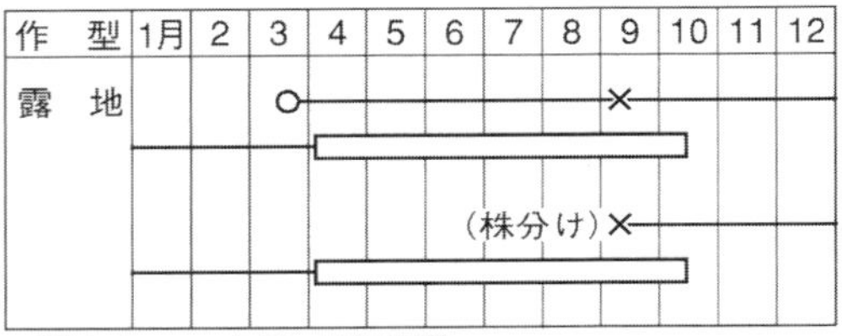

○種まき　×定植　▭収穫

肥　料　（1a＝100m²当たり）

基　肥	施肥量	追　肥	施肥量
堆　　肥	300kg	追肥化成	6kg
ミネラル肥料	10	4月中旬	3
カキガラ	15	9月中旬	3
けいふん	65	（定植2年め以降に）	
基肥化成	10		

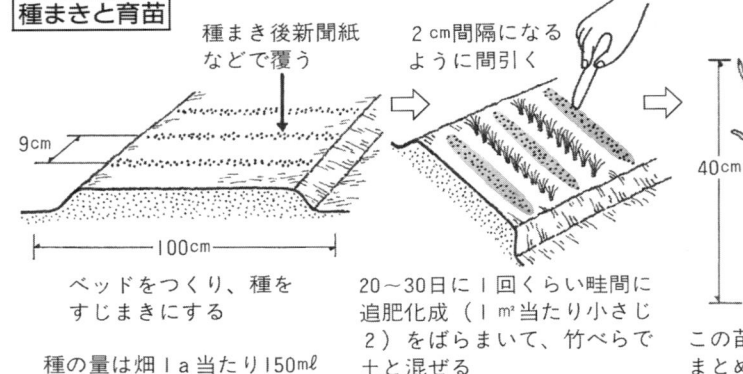

種まきと育苗

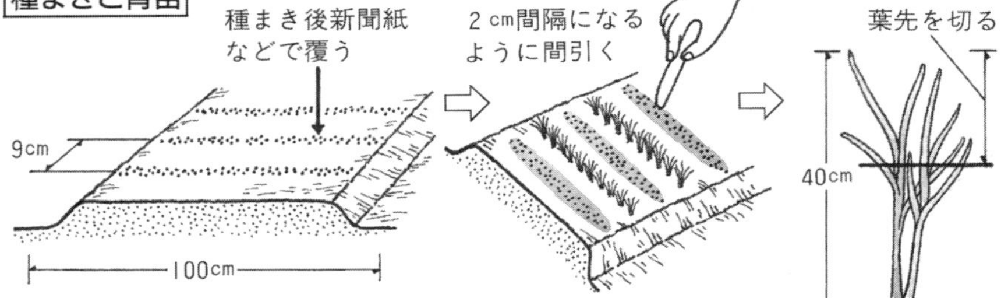

ベッドをつくり、種をすじまきにする

種の量は畑１a当たり150mℓ

20～30日に１回くらい畦間に追肥化成（１m²当たり小さじ２）をばらまいて、竹べらで土と混ぜる

この苗を4～5本ずつまとめて定植する

営農指導員からのアドバイス

①完熟堆肥を十分に施す。

②収穫後は礼肥を施す。

③夏場は水やりで乾燥を防ぐ。

特性　生育適温は20℃前後で、秋になって気温が下がると生育が遅くなり、冬は休眠に入る。基本的な作型は露地栽培であるが、ハウスやトンネルを利用すると周年栽培ができる。多年性であるが、株が古くなると収量・品質が落ちるので、株分けして充実させる。

品種　葉が広く、やわらかく、生育が早くて多収で収穫調整の容易な品種が好まれる。

種まき・育苗　育苗床は、１aつくるのに10m²必要である。種まきの１週間ほど前に、１m²当たりカキガラ150g、基肥化成50gをやり、幅100cmほどの畦をつくる。

種まきの半日前に十分水をやり、9cm間隔にすじまきする。さらに5mmくらい土をかけ軽く押さえて水をやり、新聞紙などで芽が出る

畑の準備

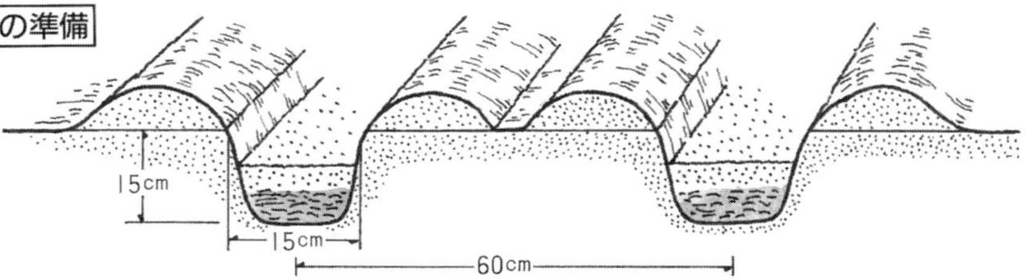

定　植　植え溝の片側に苗を植える

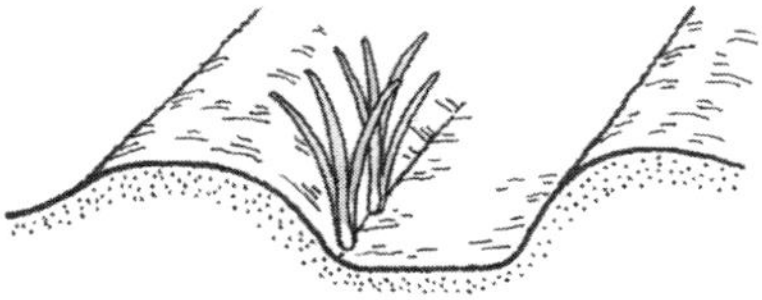

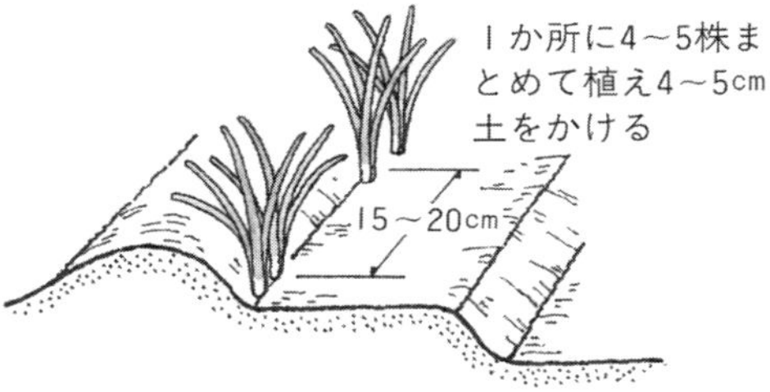

1か所に4～5株まとめて植え4～5cm土をかける

株分け

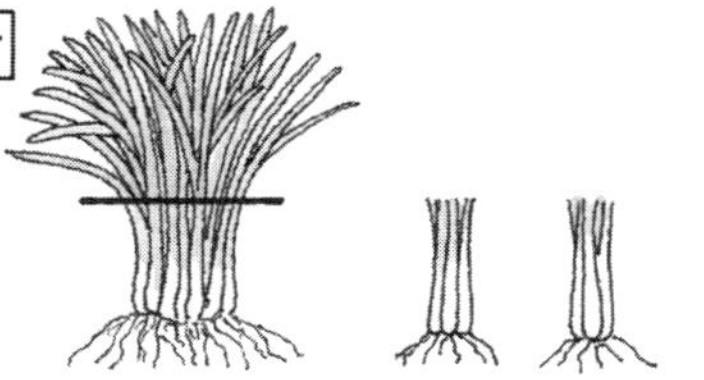

株をそのままにして収穫し続けると品質が悪くなるので、2～3年ごとに株を掘り上げて5～6本ずつまとめて植える

収　穫

草丈が30cmぐらい伸びたころ、株元から刈り取って収穫する。収穫したら礼肥をまき鍬で中耕する。刈り取り後、20日ぐらいで次の収穫ができる

まで覆う。10～15日で出芽する。4～5cmくらいに伸びたころ、2cm間隔になるように間引く。

畑の準備・定植　土壌への適応性は広いが酸性土壌を嫌うためpH6.0～6.5になるようカキガラを施す。堆肥なども入れる。定植2週間前くらいに基肥化成を施し、畦幅60cm、株間15～20cm、植え溝15cmを標準として4～5本ずつまとめて定植する。

株分けの場合は、4月か9月に株を掘り上げて5～6本ずつに切り離したものを植える。

管理　定植後2～3週間で活着する。活着後20～30日おきに土戻しを行う。追肥は定植2年め以降に行う。7～8月には花芽が伸びてくるので、これを早めに摘み取り株の充実をはかる。

収穫　植えつけた翌年の4月から10月下旬まで順次収穫できる。収穫は葉の温度が低い時間帯に行い、鮮度を保つようにする。

にんにく

〔ユリ科〕中央アジア原産といわれるが明らかではない。日本では西暦918年の『本草和名』にある。

作　型	9月	10	11	12	1	2	3	4	5	6
普　通	◇～	◇―	―	―	―	―	―	―	―	□

◇植えつけ　□収穫

肥　料　（1a＝100㎡当たり）

基　肥	施肥量	追　肥	施肥量
堆　肥	200kg	追肥化成	
苦土石灰	10	植えつけ後40日	2kg
ミネラル肥料	6	3月上旬	2
ようりん	10		
けいふん	60		
基肥化成	15		

種球の準備

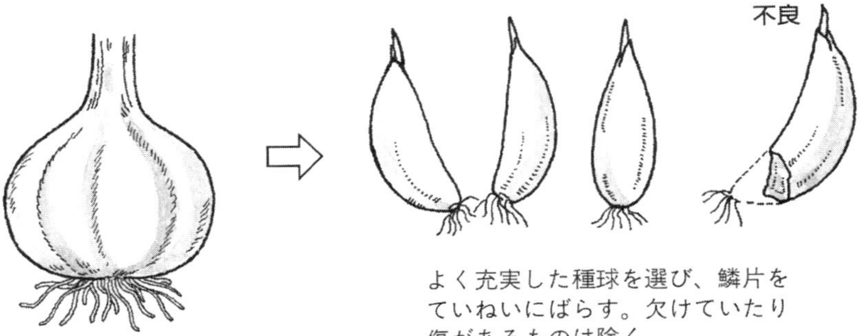

よく充実した種球を選び、鱗片をていねいにばらす。欠けていたり傷があるものは除く

営農指導員からのアドバイス

①水はけのよい粘質土が適する。

②鱗茎肥大期に乾燥させない。

③春に出る蕾を摘み取る。

特性　生育適温は15～20℃で、冷涼な気候を好む。耐寒性、耐暑性ともに強いほうではなく、低温で凍寒害を受け、夏には葉が枯れて休眠に入る。春にとう立ちして花が咲くが実はつかないので、鱗片を種球として使う。

品種　各地方にある在来種がいちばん適している。暖地系は壱州早生、佐賀大ニンニクなど。寒地系は福地ホワイト、六片種など。

畑の準備　植えつけの２～３週間前に基肥を施し深く耕す。リン酸肥料を少し多くやるように注意する。

植えつけ　通路を含む畦幅120㎝とし、３条植えで株間15㎝とする。

種球は傷や病気のない、大きさ４～８ｇの鱗片を選び、鱗片の基部を欠かないようていねいにばら

畑の準備

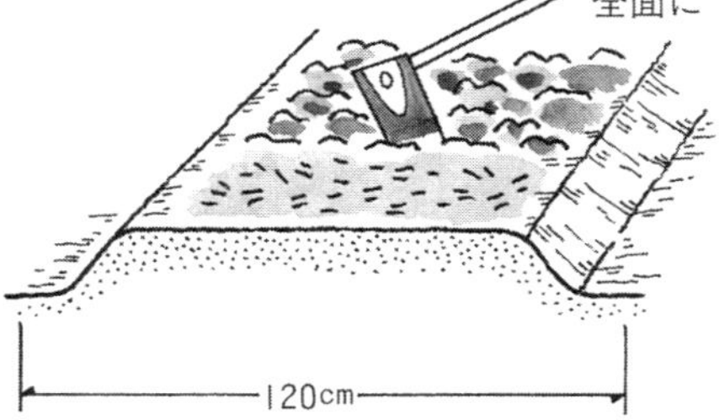

植えつけ

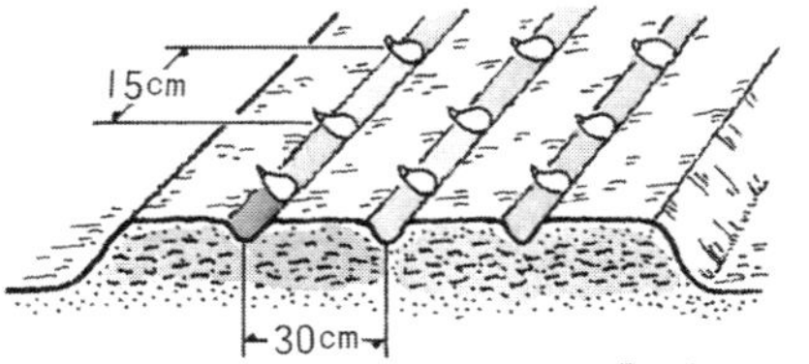

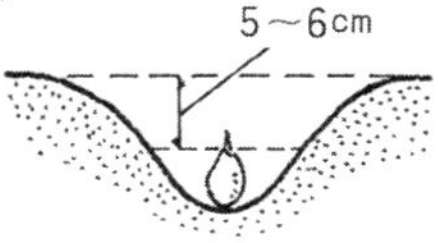

15cm間隔に種球を植えて5～6cmの厚さに土をかける

わき芽かき

2芽以上出てきたら、1芽にする

蕾摘み

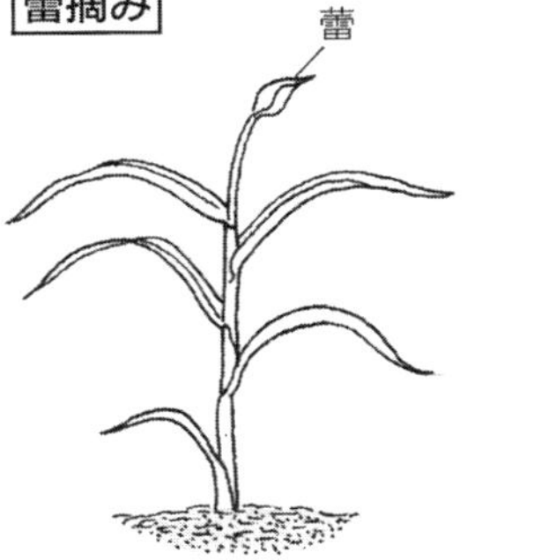

春になるととう立ちしてくるので、葉の先端より長く伸びだしたころ、摘み取ってしまう

貯　蔵

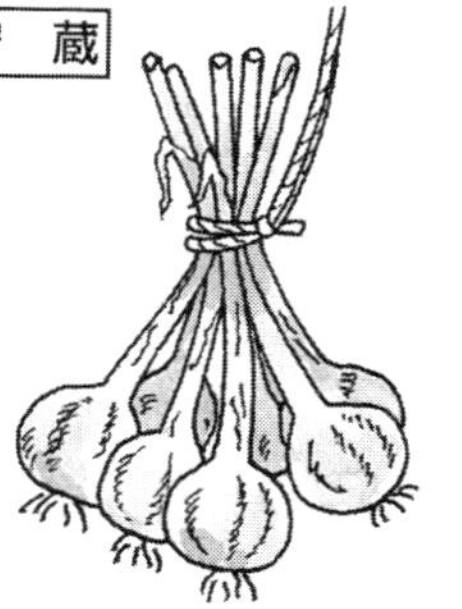

葉の先端を切り取って束ね、風通しのよいところへ吊るす

して植える。植えつける深さは5cm程度がよい。

芽かき　草丈が15cmくらいに伸びてきたら、1株から2本以上の芽が出ている株は1本にかき取る。

蕾摘み　春になり、とうが立ってくるので摘み取る。ただし、あまりとうの小さいうちに摘み取ると玉割れが多くなるので、蕾が葉の先端より伸びたころに摘み取るとよい。

追肥　植えつけ後40日ころと3月上旬の2回、追肥化成を施す。

水やり　春の鱗茎肥大期には乾燥させないことが収量増加になるが、過湿は病害発生の原因になるので、水はけをよくすることで病害の発生を抑える。

収穫　株全体の葉が2分の1から3分の2くらい黄色くなり、枯れたころが収穫適期である。

収穫したらできるだけ早く乾燥させる。乾いたら葉を切って束ね風通しのよいところに吊るす。

はくさい

〔アブラナ科〕原産地は北・東ヨーロッパで、中国で改良され日本へは明治の初めに導入された。

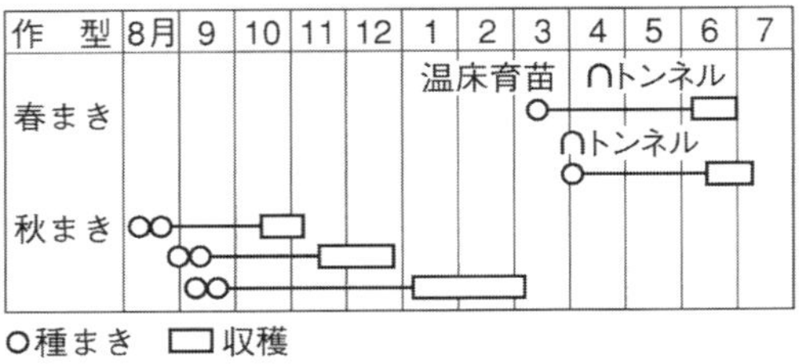

肥　料　（1a＝100㎡当たり）

基　肥	施肥量	追　肥	施肥量
堆　肥	200kg	追肥化成	
苦土石灰	8	本葉3枚	3kg
ミネラル肥料	6	本葉6枚	3
カキガラ	8	結球始め	4
けいふん	30		
基肥化成	10		

畑の準備

育　苗

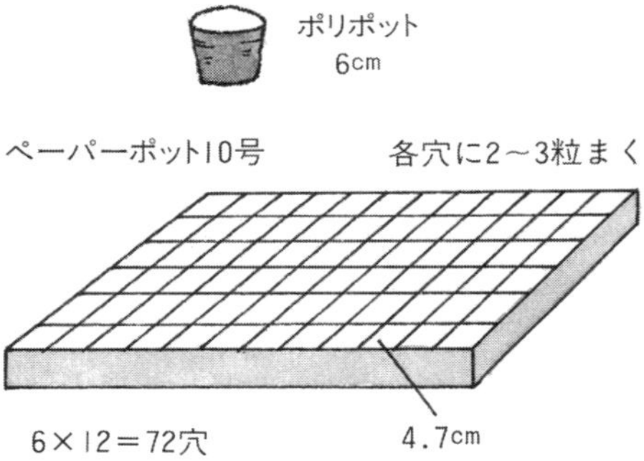

営農指導員からのアドバイス

①種まき時期が遅れないこと。

②肥料を切らさず大きな葉に。

③結球期以後、畑を過湿にしない。

特性　冷涼な気候を好み、生育適温は20℃であるが、幼苗期は25℃くらいでもよい。結球適温は15～16℃で、5℃以下になると生育は停止する。最低気温が15℃以下になると花芽分化し、葉数がふえなくなる。したがって、種まきの時期が遅れると、葉数不足で結球の締まりが悪くなる。

結球期には十分な日照がないと、結球が進まなくなる。

短期間に旺盛な生育をするため根は深く広く伸びる。

品種　60～70日タイプは黄久娘65、黄ごころ65、無双。70～80日タイプは彩明、黄久娘80、黄ごころ75、ＣＲ黄健75、大福75。95日タイプは晩輝、ほまれ２号。春まきは野崎交配１号・２号、無双。

畑の準備　作付けの１か月前には

肥料

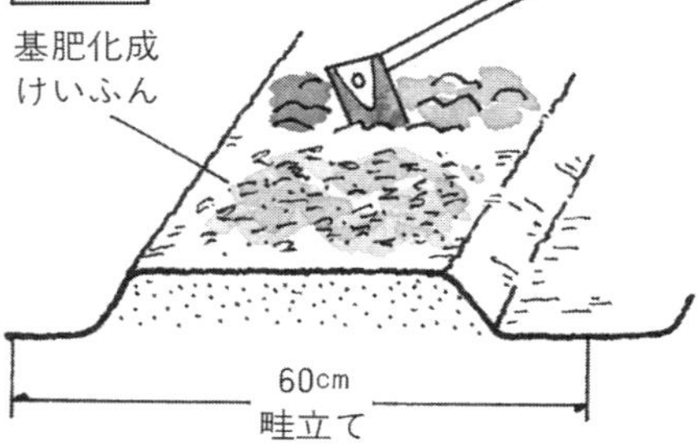

作付け1か月前に堆肥などを施し、2週間前には基肥化成などを入れ60cmの畦を立てる

定植

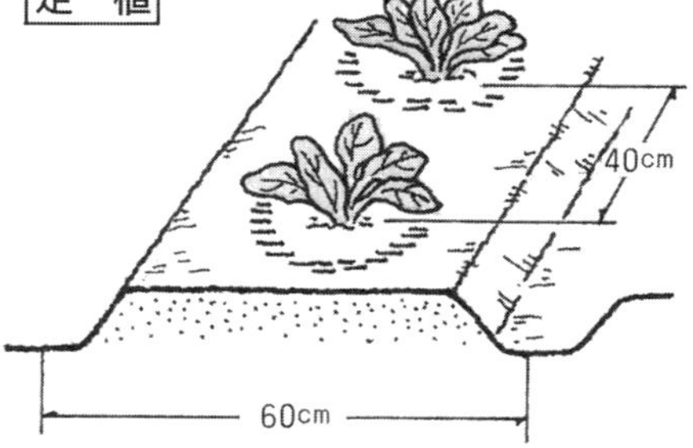

本葉が4〜5枚になったら40cm間隔に植えつける。じかまきの場合は、本葉6枚で1本にする

中耕

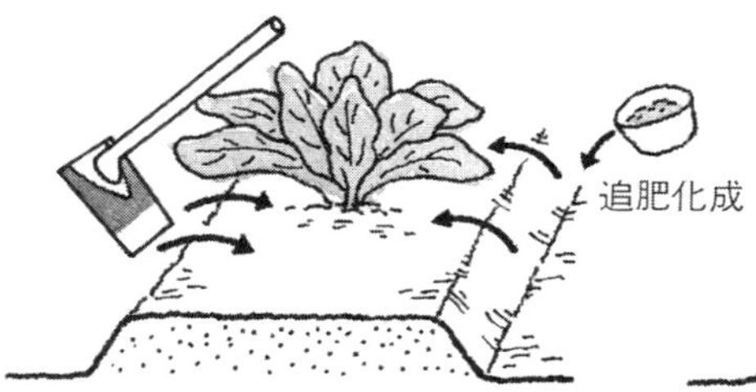

本葉10枚くらいまでに最後の中耕をして、畦を整える

追肥

畦全面が葉で覆われる前に球肥としてところどころに肥料をばらまく

堆肥、ミネラル肥料、カキガラ、苦土石灰を施し深く耕す。

作付けの2週間前に基肥化成などを施し、60cmの畦を立てる。

じかまき栽培　まきすじをつくり、500倍に薄めた液肥を施す。転作田はホウ素欠乏症が出やすいので、ホウ砂を1a当たり150g施す。種まき、土かけ後、寒冷紗で覆う。

育苗栽培　ペーパーポットかポリ鉢に育苗用の土を入れて種を2〜3粒まく。ポットの大きさによるが、本葉4〜5枚で定植する。ホウ砂の量はじかまき栽培と同じ。

管理　間引きは2〜3回行い、本葉6枚で1本に株決めする。1日に2枚の葉ができるので、追肥、水やりに努め、葉が地面を覆う前に最後の中耕をしておく。

病害虫防除　病害では軟腐病、ベト病、白斑病。害虫ではヨトウムシ、コナガ、アブラムシなどの防除をする。

収穫　最近は少し早めに行われる。

パセリ

〔セリ科〕原産地はヨーロッパ中南部およびアフリカ北岸といわれ、和名は「オランダセリ」。

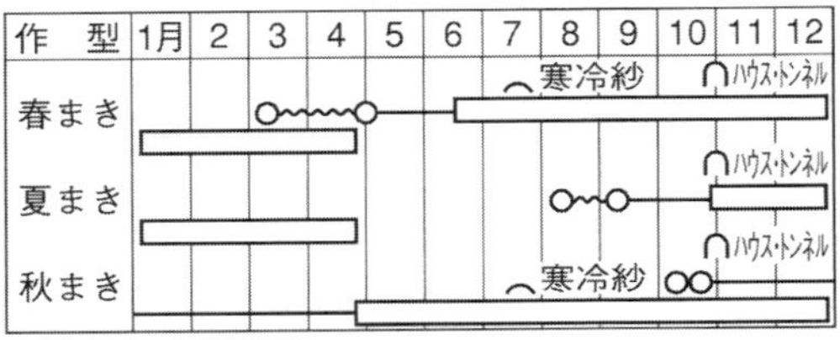

○種まき　□収穫

肥　料　（1a＝100㎡当たり）

基　肥	施肥量	追　肥	施肥量
堆　肥	200kg	追肥化成	20kg
ミネラル肥料	8		
苦土石灰	20		
基肥化成	15		

畑の準備

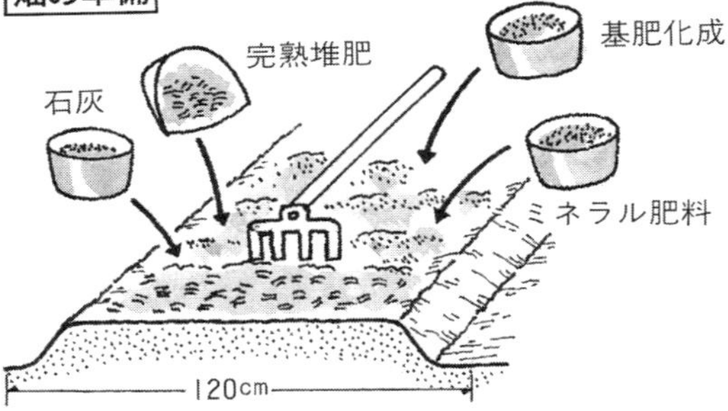

畦全面に堆肥と肥料を施し、15～20cmの深さによく耕す

種まき

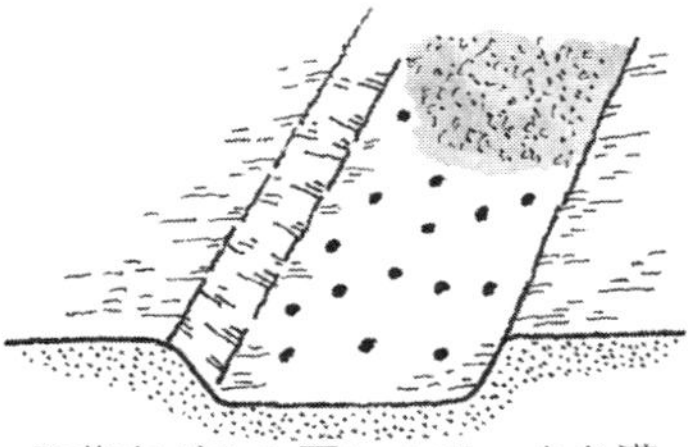
発芽率がやや悪いので、まき溝全面にまんべんなく種をまいたら、薄く土をかける

営農指導員からのアドバイス

①直根が深く入るので深く耕す。

②湿害に弱いので排水に努める。

③寒さより暑さに注意する。

特性　生育適温は15～20℃。高温・乾燥に弱く、25℃以上では生育が鈍り、28℃以上になると病気の発生が多くなる。逆に低温にはかなり耐え、最低気温５℃でも生育する。

根はまっすぐ下に伸びるので、深く耕した排水のよい有機質豊富で肥沃な畑が適している。また、土壌 pH は6.0～6.5が適している。

品種　縮み葉系と広葉系とがある。縮み葉系のＵＳパラマウントが低温期にもよく生育する。

畑の準備　種まき２週間前に堆肥、苦土石灰、ミネラル肥料、基肥化成を施し、耕しておく。

畦の高さは、畑の排水条件によって調整する。畦幅は120cm程度とする。

種まき　まく種の量は１ａ当たり

間引き

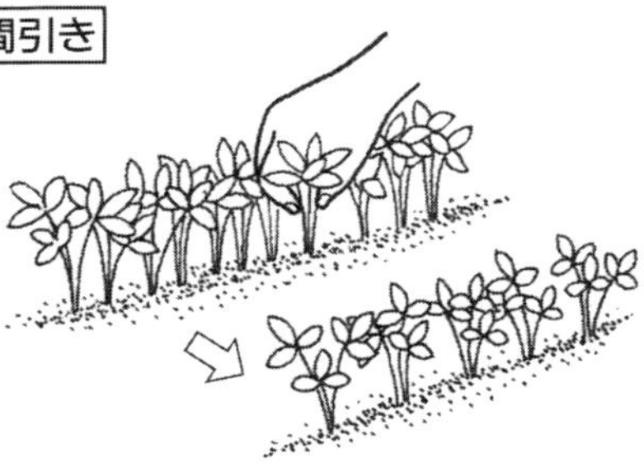

本葉3～4枚と6～7枚のときの２回行う。最後の株間は18cmくらいにする

害虫防除

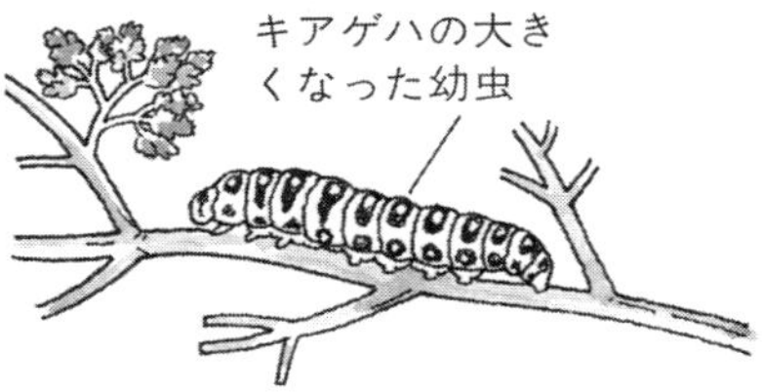

キアゲハの幼虫は葉を食べつくすこともある。春、秋の発生期に殺虫剤を散布するか、毎日捕殺する

トンネル栽培

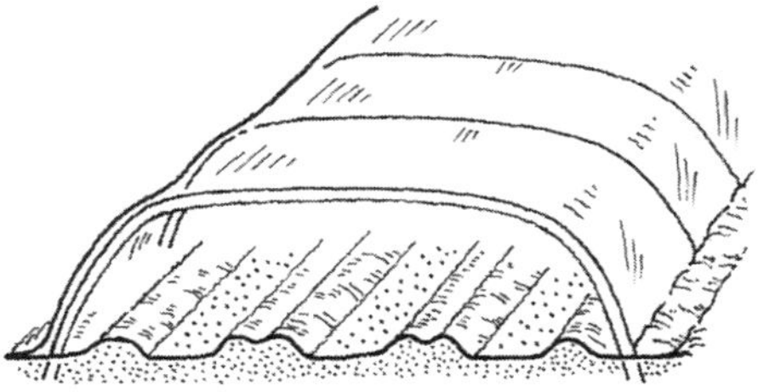

1.8m幅のビニールで作ったトンネル内に３条まく

収　穫

葉数が15枚以上になったころから、下のほうから順次かき取り利用する。葉は１株に７枚くらい残しておく

150～200mℓで、すじ間30～40cmの３条まきとする。パセリは発芽率がやや悪いので、種をまいた後薄く土をかけて水をやり、切りわらか寒冷紗をかけておくとよい。

間引き　本葉３～４枚時と６～７枚時の２回行い、生育のよい株を最終的に18cm間隔に残す。

管理　間引き後、畦間を軽く中耕し根の伸びを促す。本葉が10枚ころになると株元からわき芽が出てくる。わき芽を残すと主枝の葉が小さくなり品質が悪くなるので早めにかき取る。

追肥　１回めの追肥は最終間引きした後に、２回めは収穫が始まるころに行う。その後は、生育状況を見ながら20～30日おきに行う。

病害虫防除　キアゲハの幼虫が葉を食べ尽くすことがある。見つけしだい防除する。うどんこ病も発生すれば防除する。

収穫　本葉15枚以上になれば収穫開始。葉は１株に７枚程度残す。

広島菜

〔アブラナ科〕約350年前、参勤交代の際に京都より種を持ち帰り、改良され現在の菜となった。

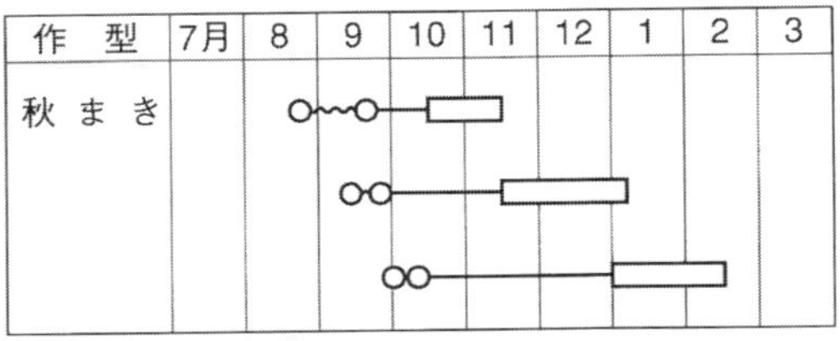

○種まき　□収穫

肥　料　　(1a＝100m²当たり)

基　肥	施肥量	追　肥	施肥量
堆　　肥	300kg	追肥化成	
苦土石灰	20	1回め	4kg
ミネラル肥料	10	2回め	4
けいふん	20	3回め	5
基肥化成	15		

畑の準備

全面に施用し深く耕す

畦立て

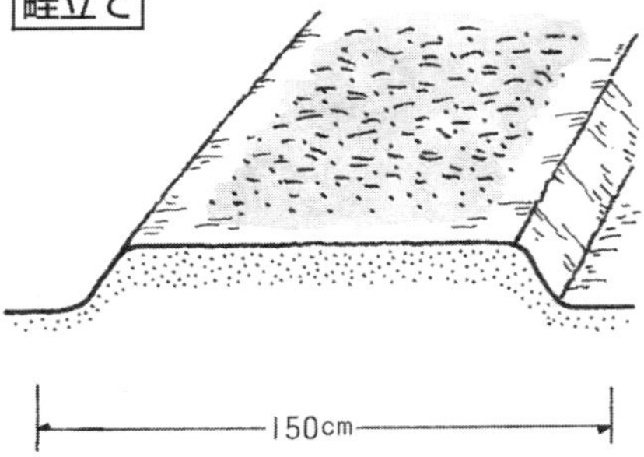

排水の悪い畑は高畦にする

営農指導員からのアドバイス

①最後まで力のある土づくり。

②間引きが遅れないこと。

③収穫目標に合わせた種まき。

特性　別名「日でり菜」と呼ばれているように乾燥に強い。発芽から幼苗期に多湿条件下におかれると育たない。花芽分化は低温によって起こる。

日本三大菜漬の１つ広島菜漬の原菜。繊維がやわらかく漬物としては歯切れ、香りがよく、独特なピリッとした苦みが特徴である。

品種　古くから生産者個々により自家採種されてきたため、主だった品種はない。しかし近年、一代交配の種が販売されたり、土壌性の病害に抵抗性を持たせた系統の開発も行われている。

作型　漬物として利用するため11～12月どりの秋まきの作型が最も多く、特性からもこの作型が最適である。

畑の準備　深く耕し排水のよい肥

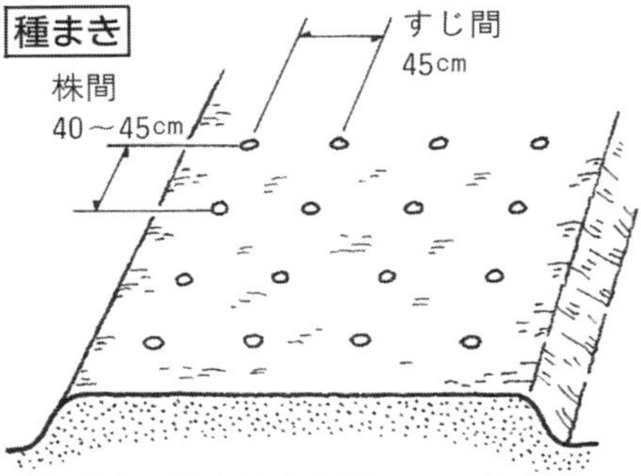

すじまきの場合はすじ間45cm、点まきの場合は株間40〜45cmとする

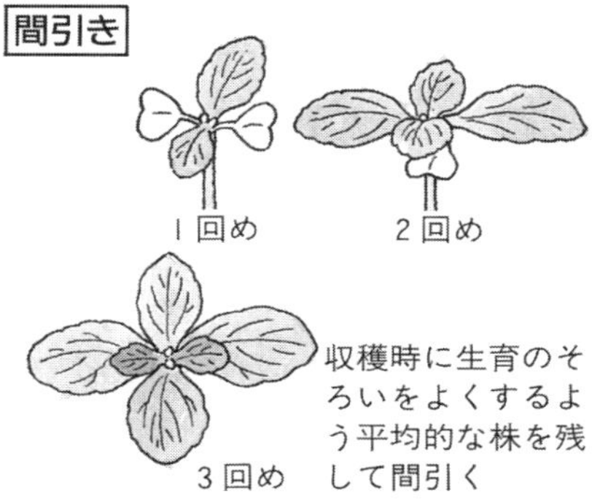

《間引く株》

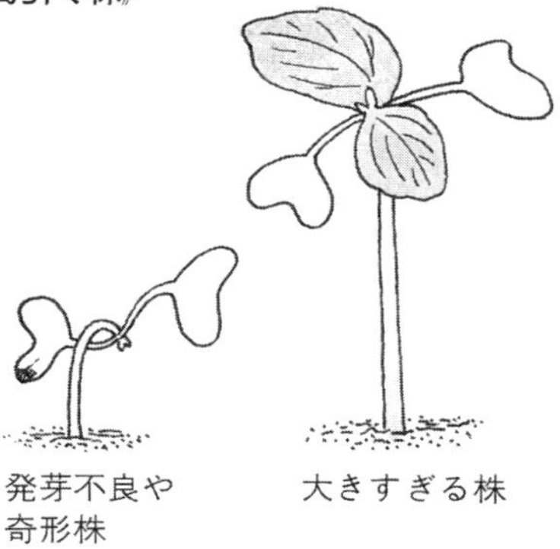

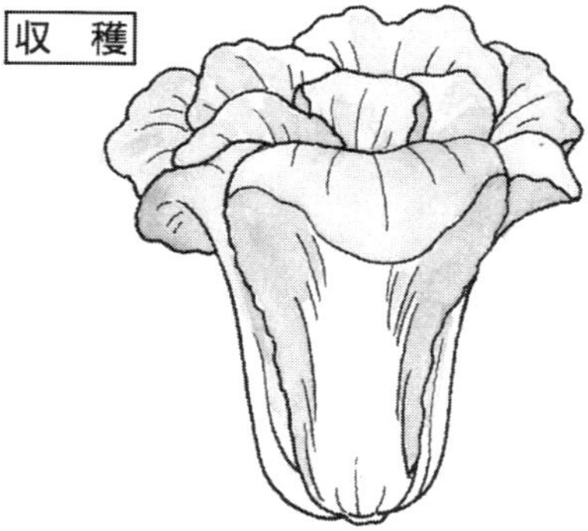

重さ1.5〜2kg、草丈45〜60cmになったら収穫し、漬物にする

沃な土壌が最適なので、良質な堆肥をできるだけ多く施す。

排水の悪い畑では高畦にする。

種まき　すじ間45cmのすじまきまたは株間40〜45cmの点まきを目安とし、作業のしやすさや畑の条件を考えてまく。

間引き　2〜3回に分けて行う。最終的な生育のそろいを左右する作業となるため、正確に行う必要がある。

ポイントは、平均的に育っている株を残し、生育の不良な株と生育のよすぎる株を間引くこと。

中耕・追肥　各間引き作業の際に同時に行うとよい。目安としては、1回めを本葉1.5〜2枚、2回めを3〜5枚、3回めを5〜6枚のときに行う。3回めの最終間引きの際に切りわらを敷くとよい。

収穫　1株1.5〜2kg、草丈45〜60cm程度になったものを収穫し、漬物に利用する。浅漬けや本漬け（古漬け）などの漬け方がある。

ふだんそう

〔アカザ科〕南ヨーロッパ原産で「トウチシャ」と呼ばれ、中国から渡来したといわれる。

作型	3月	4	5	6	7	8	9	10	11	12
春まき		○─	──	□						
夏まき					○─	─□	□			
秋まき							○─	──	□	□

○種まき　□収穫

肥　料　（1a＝100㎡当たり）

基　肥	施肥量	追　肥	施肥量
堆　　肥	120kg	追肥化成	4kg
ミネラル肥料	6	本葉4枚ころ	2
苦土石灰	15	本葉6枚ころ	2
けいふん	65		
基肥化成	10		

特　性

酸性の土壌では育ちが悪く、不ぞろいになる

排水不良の畑では立枯病が出やすい

種まき

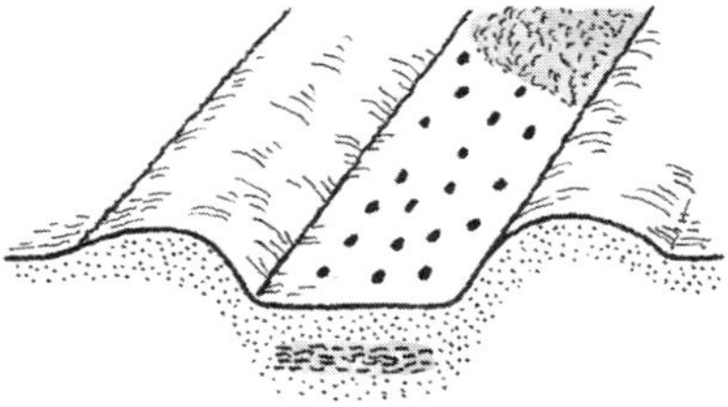

種まきして１cmくらいの厚さに覆土する

営農指導員からのアドバイス

①土壌の中和は必ず行う。

②厚まきは避ける。

③一度に多数かき取らない。

特性　生育適温は15～20℃であるが、耐暑性、耐寒性ともに強いので周年栽培ができ「不断草」と呼ばれる。青物の不足する春先から夏場にかけて、主にほうれんそうの代わりとしてつくられる。

土壌は粘質壌土が適し、pH6.0～6.6の範囲でよく生育する。

花芽分化・とう立ちは、ある程度栄養生長が進んで高温長日条件下におかれた場合に促進される。

品種　市販されている白茎種が主体であるが、赤茎種もある。

畑の準備　種まき２週間前に堆肥、苦土石灰、ミネラル肥料、けいふん、基肥化成を全面に施して畦を立てる。

直根性であるが、側根の発生が旺盛なため、根は比較的浅いところに広がる。このため畑を深く耕

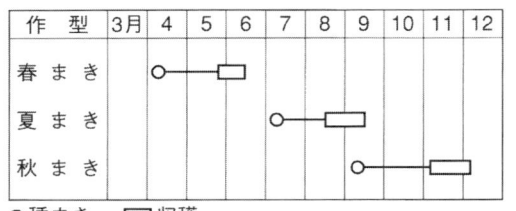

追　肥

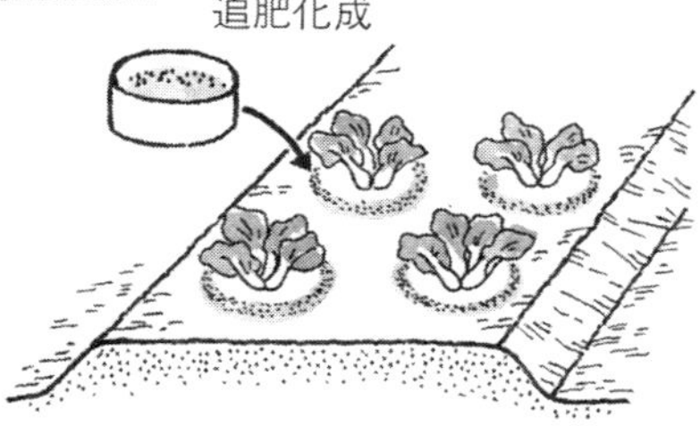

本葉４枚ころ株のまわりに追肥する

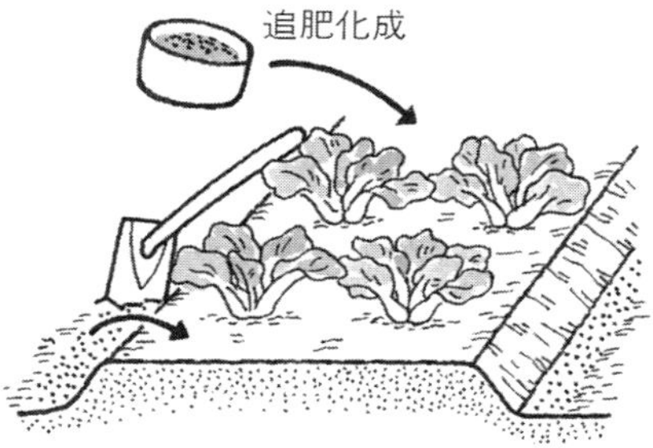

本葉６枚ころ畦の両側に追肥をし、通路の土をやわらげながら畦に土を寄せる

収　穫

草丈15～20cmで収穫する

かき葉収穫の場合は開いた葉を３枚は残すように

す必要はない。畦幅は120cm程度。

種まき　一般的にはじかまき栽培が行われる。１a当たりの種の量は700～800mℓで、じかまきの場合は幅20cm程度のまき溝を浅くつけ、水を十分やった後やや粗めにまく。土は薄くかけ、乾燥防止のため切りわらをまき溝の上面に敷いておく。

間引き　発芽後２～３回間引きをする。最終的な株間は、抜き取り収穫で20cm程度、かき取り収穫で35cm程度を基準とする。

管理　中耕は間引き後除草を兼ねて行うが、土寄せは軽く株元へ寄せる程度でよい。高温乾燥期には早朝か夕方に適宜水をやる。

追肥　生育を見ながら行う。

病害虫防除　ほうれんそう同様、立枯病が出やすいので、発芽後は畦を乾きぎみに管理する。

収穫　草丈15～20cmで収穫する。かき葉収穫の場合は開いた葉を３枚は残すようにする。

ブロッコリー

〔アブラナ科〕紀元前から栽培されていたケールが原種。キャベツと異なり花を食べる。

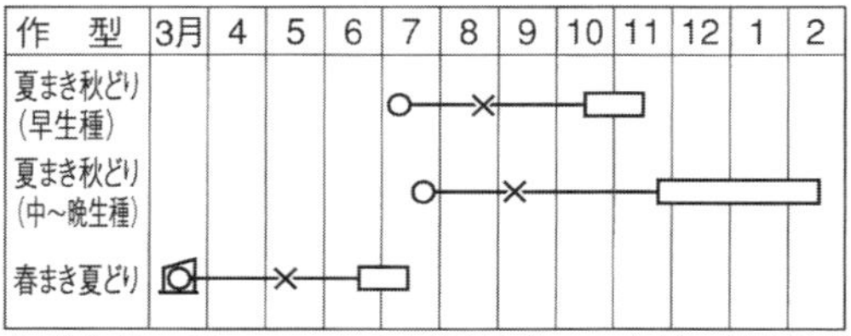

○種まき　フレーム内加温育苗　×定植　収穫

肥　料　（1a＝100㎡当たり）

基　肥	施肥量	追　肥	施肥量
堆　肥	150kg	追肥化成	9kg
ミネラル肥料	8	1回め	3
カキガラ	15	2回め	3
けいふん	40	3回め	3
基肥化成	12		

畑の準備

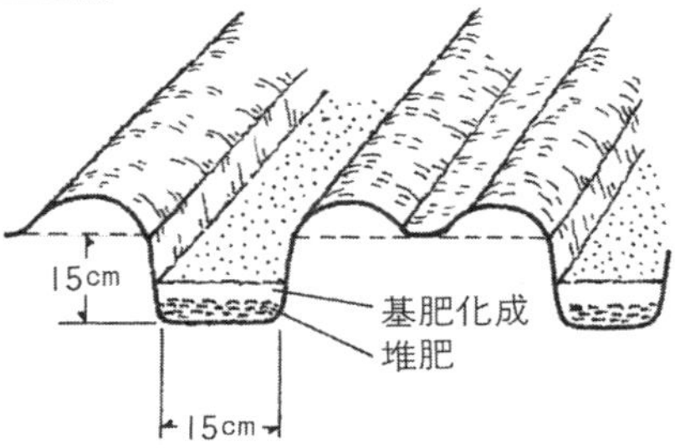

定植１か月前に石灰質肥料を施す

鉢上げ

本葉2～3枚のとき７cmポットに植える

営農指導員からのアドバイス

①肥培管理で大きな苗をつくる。

②高温での異常花蕾を避ける。

③花蕾がよく締まっているうちに収穫する。

特性　他の葉茎菜類とは異なり、花蕾を食べるため、花芽分化が必要となる。茎の先端につく頂花蕾を一般的に収穫するが、側枝の先端につく側花蕾を収穫することもできる。生育適温は10～20℃と冷涼な気候を好み、花蕾はある程度の苗が低温にあうとつくられる。

吸水力は強いが、根群が浅いため、病害の防除も併せ過湿にならないようにする。

春まき栽培では、低温のため茎葉が充実する前に花芽分化が起きる。生育適温も短いため、適期の収穫と、頂花蕾を主とした収穫が望ましい。

夏まき栽培は、寒冷紗などで高温を避けるとともに、側花蕾の収穫も見込んで追肥をやる。

追肥・土寄せ

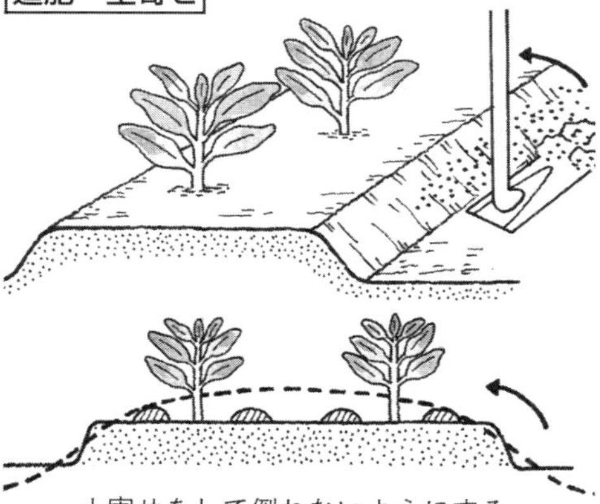

土寄せをして倒れないようにする

収　穫

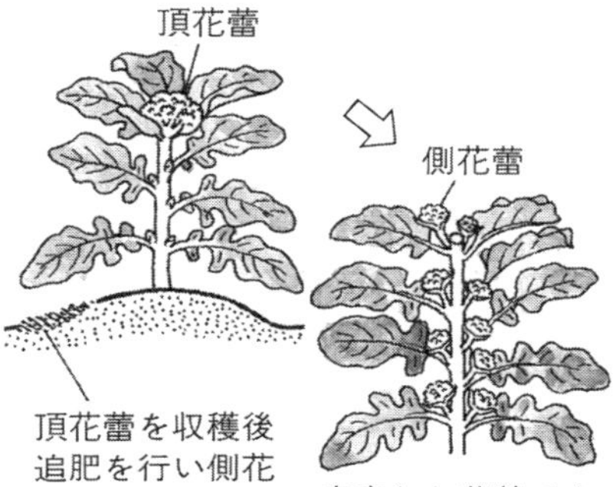
頂花蕾
側花蕾
頂花蕾を収穫後
追肥を行い側花
蕾の育ちを促す
安定した草勢で充
実度が高いと長期
間収穫できる

花蕾の異常の原因

ボトニング

小さい

幼苗期に低温にあったもの

リーフィー

小葉が出る

畑の準備　定植１か月前に石灰質肥料を施し、生理障害と根こぶ病の予防に努める。畦幅140cm、高さ30cmの高畦にして、被覆資材を用いるときは基肥全量を施す。

種まき　１ａ当たり500本の定植をする。６mℓの種をすじまきかセル育苗とする。鉢上げは本葉２～３枚時に７cmポットに行い、湿度管理に注意する。下葉へも光がよく入るよう、株の間隔を広げることも重要である。

定植　種まき後30日で葉が５～６枚開いたときに株間35cmの千鳥に２条植えする。植え穴には害虫防除の粒剤を入れておく。

定植後の管理　定植２週間後に１回めの追肥を行い、中耕、土寄せする。花蕾が大きくなる時期に２回めの追肥を行い、３回めは頂花蕾の収穫最盛期に行う。

収穫　収穫の適期は花蕾の外側の蕾がゆるんだころ。花蕾がよく締まっているうちに収穫する。

ほうれんそう

〔アカザ科〕原産地は中央アジアで、日本には16世紀に中国から伝わり、洋種はアメリカから来た。

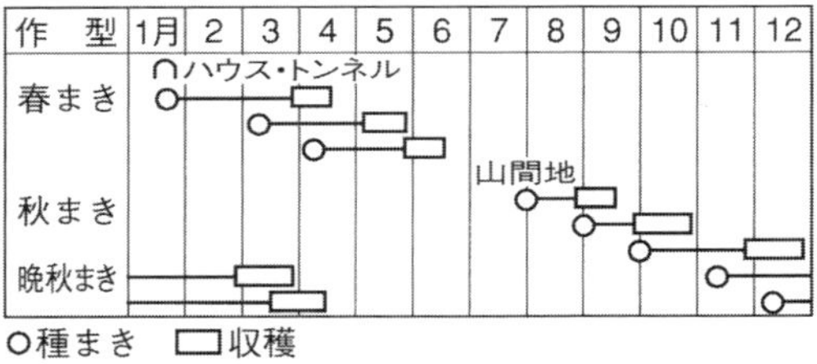

肥　料　(1a＝100㎡当たり)

基　肥	施肥量	追　肥	施肥量
堆　肥	200kg	追肥化成	4kg
ミネラル肥料	6		
苦土石灰	10		
基肥化成	10		

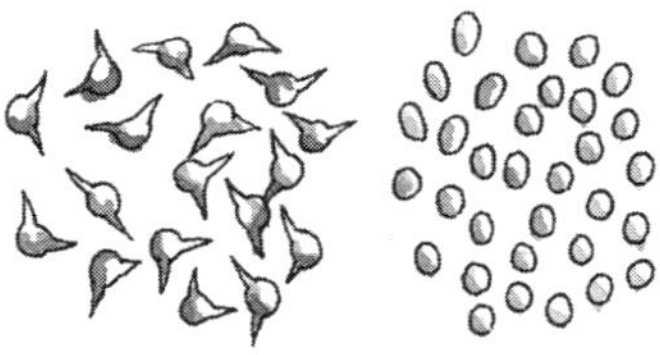

角種子　丸種子

種子は刺の有無によって角種子と丸種子の2つに分けられ分類の目安となる

畑の準備

地力増強と酸性改良のため、種まきの1か月前くらいにけいふんを全面に施す

営農指導員からのアドバイス

①まず土づくりから。

②ほうれんそうは根を育てる。

③収穫期まで子葉が残るように。

特性　他の野菜と比べると、耐寒性はきわめて強く、0℃以下でも生育し、氷点下10℃前後の低温にも耐える。しかし高温にはきわめて弱く、25℃以上になる夏場には育てにくい。

土壌への適応性は広いが、根は50〜60cmくらいまで伸びるので、表層が厚く、地力のある畑が望ましい。

また、野菜のなかでは酸性土壌に弱いほうで、pH5.0以下では生育障害が起きる。日長には敏感で、時期に合わない品種をつくると、とう立ちする。

畑の準備　地力増進と酸性改良の目的で、手間はかかるが、1か月前くらいにけいふんを全面に施し、20cmくらいの深さに耕す。そして約1週間前に基肥をやる。

種まき

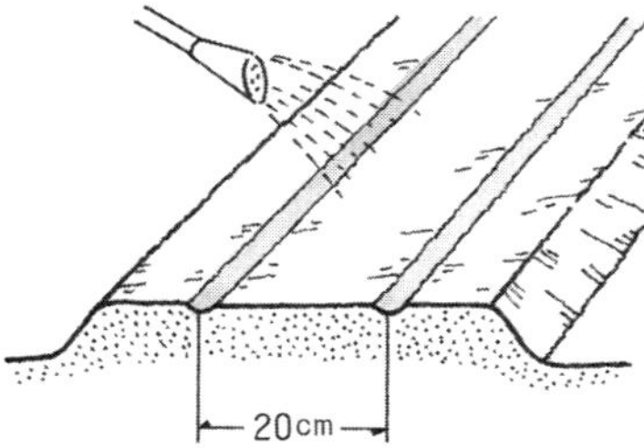

種をまく前にたっぷり水をやる。
種は20cmの間隔ですじまきする

間引き

〈1回め〉

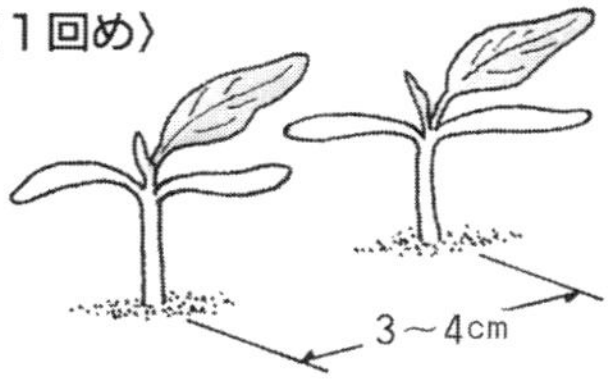

本葉2～3枚のころ

〈2回めの間引き〉

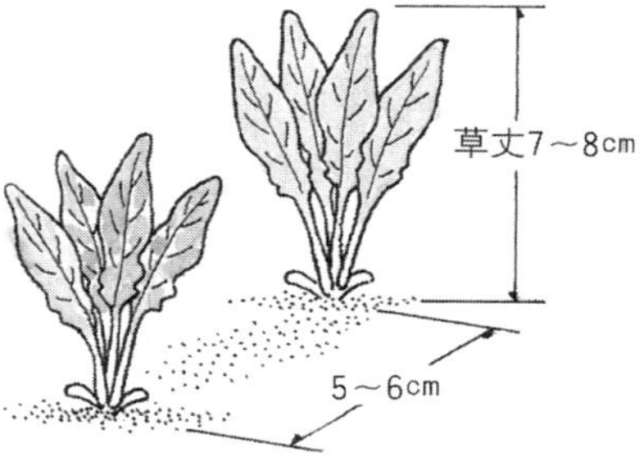

本葉5～6枚のころ

収　穫

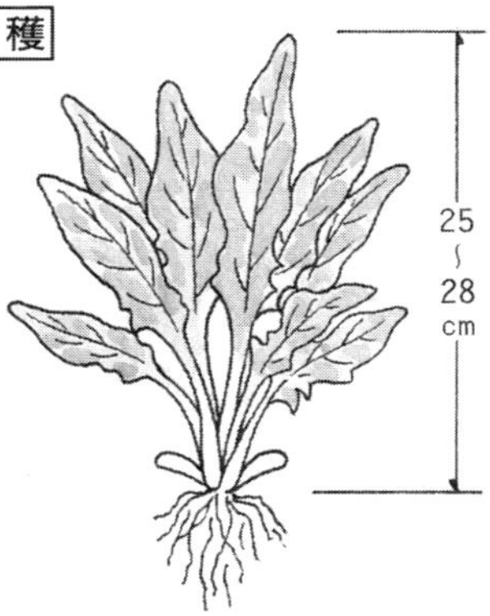

ほうれんそうの収穫適期は短いので早めに全部収穫する

排水条件の悪い場所は、高畦にするのが望ましい。

種まき　露地、ハウス栽培に関係なく、発芽をそろえるためにたっぷりと水をやる。その後、20cm間隔ですじまきする。土は種がわずかにかくれる程度に浅くかける。

しかし、土が乾きすぎると発芽にむらが出るため、こまめに水をやる。

間引き　2回に分けて行うとよい。1回めは本葉2～3枚のころ、2回めは5～6枚のころに行う。

追肥　間引き後、畦の間に肥料を施し、除草を兼ねて中耕を行うとよい。

追肥をしても生育がよくない場合は、畑のpHが低い可能性があるので、なるべく葉にかからないように炭カルを散布する。

収穫　日持ちをよくするために、収穫の約1週間前から畑を乾燥ぎみにしておく。草丈が25～28cmくらいが収穫適期である。

みずな

〔アブラナ科〕京都を中心に発達し、別名京菜と呼ばれ、深い切れ込みを持つ葉を多数つける。

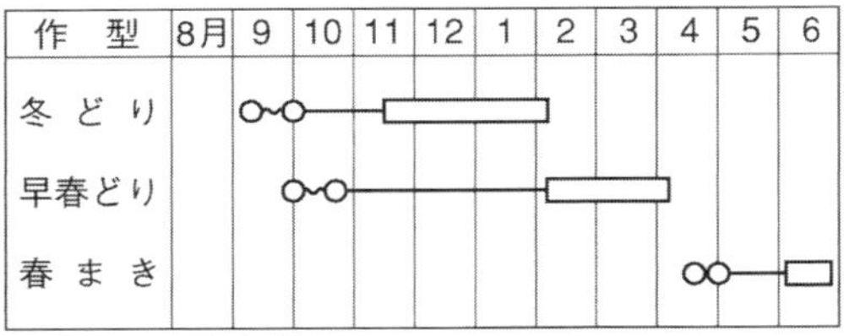

○種まき　□収穫

肥　料　（1a＝100㎡当たり）

基　肥	施肥量	追　肥	施肥量
堆　　肥	120kg	追肥化成	4kg
カキガラ	10		
けいふん	65		
基肥化成	10		

畑の準備

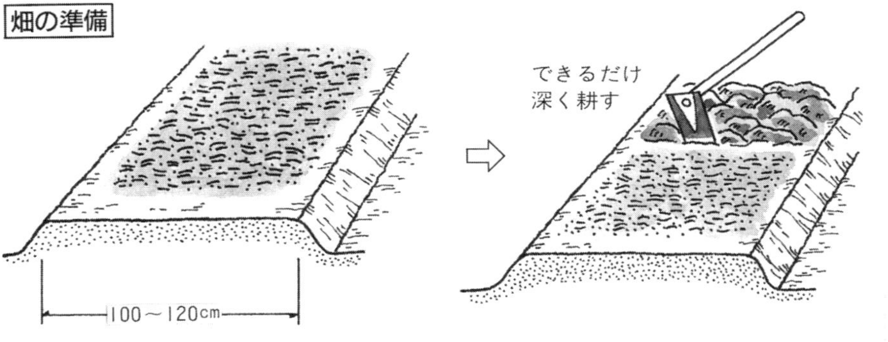

上の表の基肥を施す

営農指導員からのアドバイス

①石灰質肥料で酸度矯正を行う。

②堆肥を入れて土づくりをする。

③秋から冬にかけてつくると良質のものが収穫できる。

特性　生育適温は15～20℃で、冷涼な気候を好む。花芽分化は低温によって行われ、長日と気温の上昇により、とう立ちする。

土壌酸度はpH6.0～7.0が適しており、砂質土壌で水はけがよい畑を好む。

品種　千筋京水菜、京菜がある。

育苗　一般的にはじかまき栽培である。畦幅100～120㎝、株間35～40㎝で１か所に５～６粒の種をまく。

出芽後から２～３回間引きをして、本葉４～６枚のころ最終的に１本立ちとする。

畑の準備　定植の10日前までには、上の表の基肥を施して深く耕しておく。

追肥　草丈が20㎝ほどになったら、

種まき

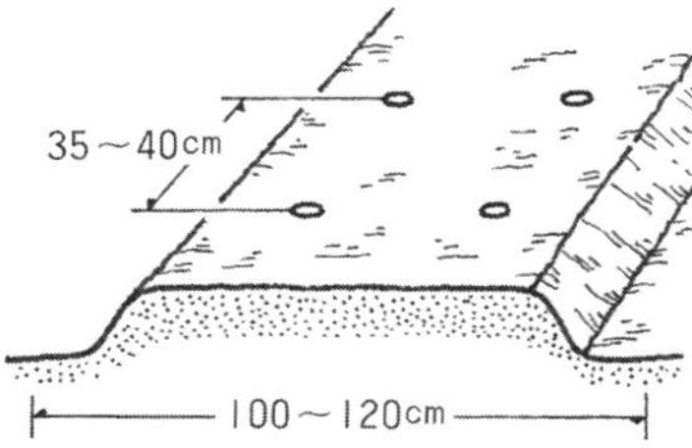

1か所に5～6粒まく。2～3回間引きをし、本葉4～6枚で1本にする

追　肥

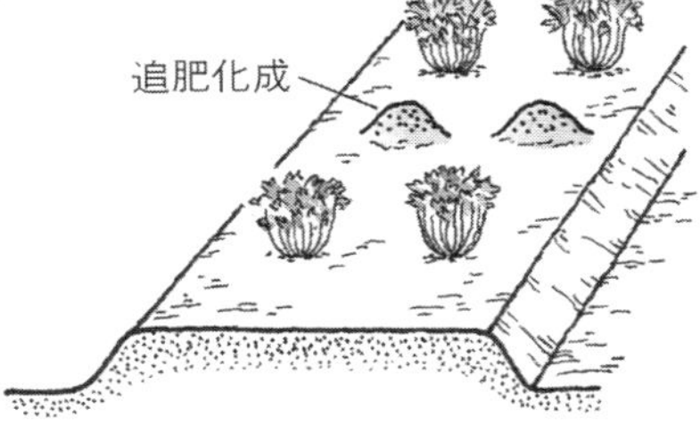

草丈20cmほどで追肥化成を施す

中耕・除草

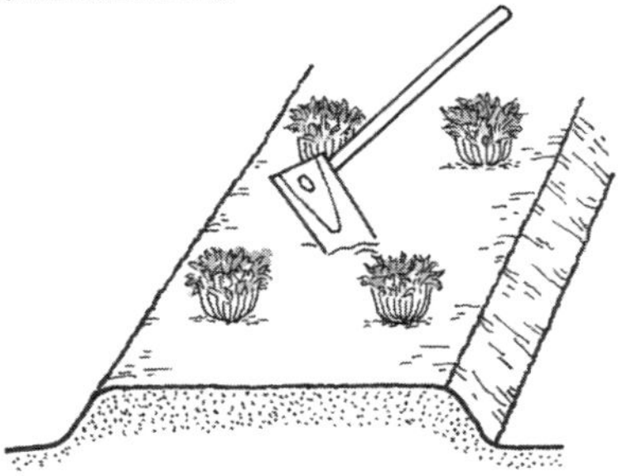

間引きのたびに行う

収　穫

寒さにあうたびにおいしさが増すが、草丈30cmくらいまでに収穫を終える

株元に１回だけ追肥をする。

中耕・除草　間引きのつど、中耕・除草を行う。

水やり　株の充実期までは水やりは控えめにし、それ以降は、株の肥大に合わせて量をふやして水をやる。

病害虫防除　ウイルス病にかかりやすい。他の病気にはかかりにくいが、ウイルス病にだけはかかりやすいので注意する。

　これはアブラムシが媒介するので、生育の初期から防除する。早まきするほどウイルス病にかかりやすくなる。

収穫　収穫時の大きさは非常に幅があり、収穫を遅らせるほど大きくなる。寒さにあうたびに、おいしさが増してくる。間引きをするころから適宜収穫し、草丈30cmくらいまでには収穫を終える。

　また、春先にとう立ちしてくるが、開花前の花茎も浅漬けや和え物として利用できる。

みつば

〔セリ科〕日本原産の多年草で、全国に自生も見られる。日本料理には欠かせない香辛野菜の1つ。

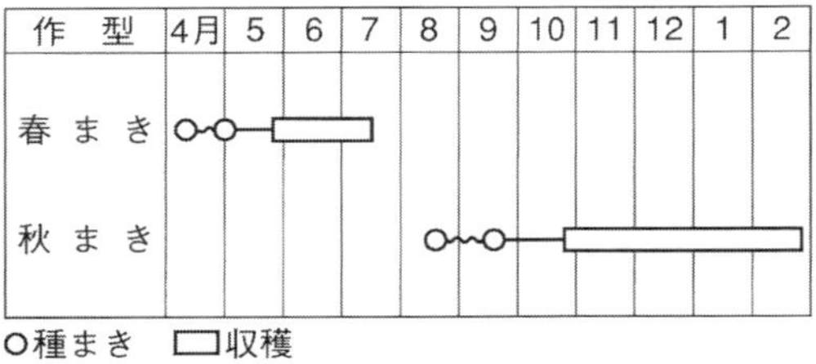

肥　料　（1a＝100㎡当たり）

基　肥	施肥量	追　肥	施肥量
堆　肥	200kg	追肥化成	3kg
カキガラ	10		
ミネラル肥料	8		
けいふん	30		
基肥化成	10		

畑の準備

多湿でよく生長するので、湿気の多い砂壌土が適している

基肥は種まきの2週間前までに施し深く耕す

営農指導員からのアドバイス

①暑さ寒さに弱い。

②乾燥には極端に弱い。

③肥あたりしやすい。

特性　発芽適温20℃、生育適温は15～20℃と冷涼な気候を好み、半日陰でも十分育つ。

低温で花芽分化し、高温長日でとう立ちする。

土壌 pH は6.0～6.5が適する。

品種　関西みつば、関西系白茎三ツ葉（青みつば）。

畑の準備　水分を好むので、湿気の多い砂壌土を選ぶ。種まきの2週間前に堆肥、カキガラ、ミネラル肥料を施して深く耕す。種まきの1週間前にけいふん、基肥化成を施し、耕して畦を立てる。

種まき　通路を含む畦幅は100～120cmで、4条まきとする。

種の量は1a当たり0.5～1ℓを必要とする。種は発芽しにくいので、一昼夜水に浸し、さらに1日陰干しした後でまく。厚く土を

種まき

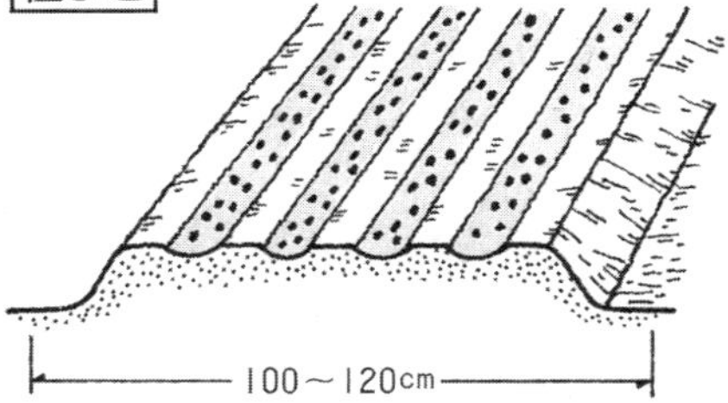

種は発芽をよくするため一昼夜水に浸たして陰干しした後にまく

間引き

《1回め》

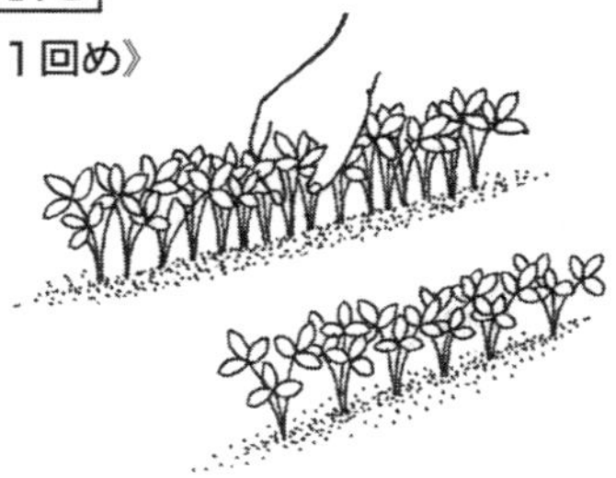

2～3cmくらいに伸びたころ間引き、株間2cmくらいにする

《2回めの間引き》

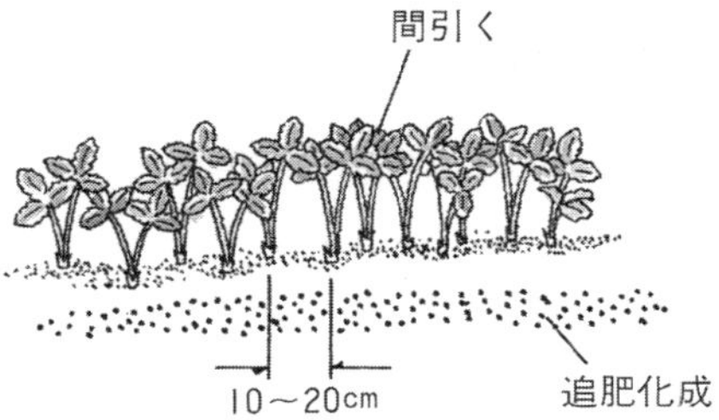

2回めの間引きで株間10～20cmにする

収　穫

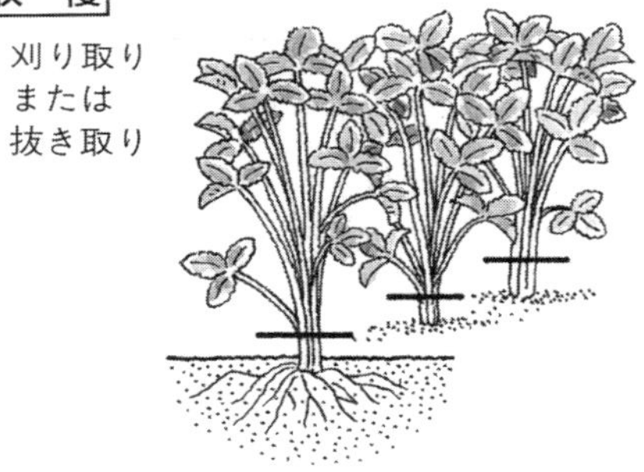

草丈30cm、本葉4～6枚のころが収穫適期

かけると発芽不良になるので、軽く土をかけ寒冷紗で覆う。

　秋まきは発芽するまで毎日水をやる。

管理　出芽ぞろい後、過密に生えているところを摘まみながら間引きする。間引きは2～3回行い、株間10～20cm程度にする。最近は水耕栽培の糸みつばが主流で、密植栽培が多い。

　夏は高温防止のため、寒冷紗で日よけをする。夏の水やりは夕方、日が落ちてから行う。

　多湿にしたほうが生育が早い。しかし、病害が出やすい条件になるので注意が必要である。

収穫　草丈が30cm前後、本葉4～6枚くらいで収穫する。

　市場流通は水耕栽培ものであるが、土耕栽培ものは本物の味、地方の味がする。

利用　みつばはミネラルやビタミンが豊富に含まれており、鍋物、お浸し、吸い物などに利用される。

みぶな

〔アブラナ科〕京都の壬生地方でつくられていたみずなの一変種といわれ、19世紀初めより栽培。

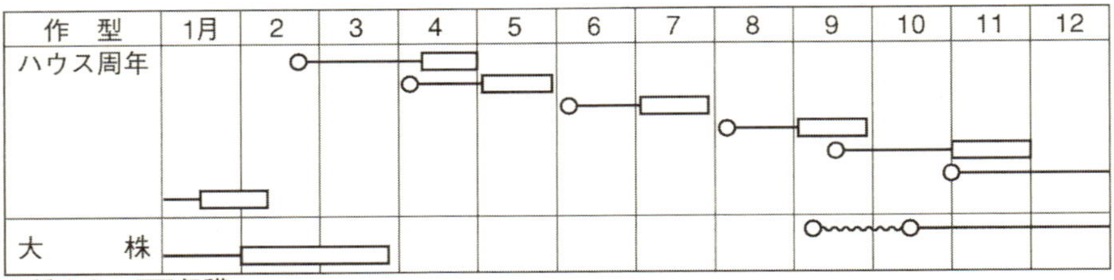

○種まき　□収穫

〈ハウス周年〉　（1a＝100㎡当たり）

基肥	施肥量	追肥	施肥量
堆肥	200kg	追肥化成	6kg
ミネラル肥料	10	2回に分けて追肥	
カキガラ	10		
基肥化成	15		

〈大株〉　（1a＝100㎡当たり）

基肥	施肥量	追肥	施肥量
堆肥	200kg	追肥化成	8kg
ミネラル肥料	10	2回に分けて追肥	
苦土石灰	20		
カキガラ	20		
基肥化成	15		

畑の準備

畑は排水のよい場所が適している

営農指導員からのアドバイス

①秋まきが栽培しやすい。

②追肥を切らさない。

③排水性のよい条件を整える。

特性　生育適温は12～18℃である。花芽分化は低温で促進され、発芽し子葉が出るころは特に低温によく感応する。土壌は排水条件のよい砂壌土が適する。

畑の準備　畑全体に石灰、堆肥をばらまいて耕しておく。

品種　大株用では晩性みぶな（黒葉系）、ハウス周年栽培ではそろいがよい京錦。

管理　ハウス周年栽培では、畦幅120～150cmの5～6条まき。間引きは本葉が開くころから1～2回行い、株間4～5cmとする。

低温期はビニールで保温を、高温期は換気とともに寒冷紗などで遮光を行う。ただし、4～9月まきでは露地栽培も可能である。また、4～10月の栽培では害虫の被害が多く、登録農薬も少ないので、

ハウス周年栽培

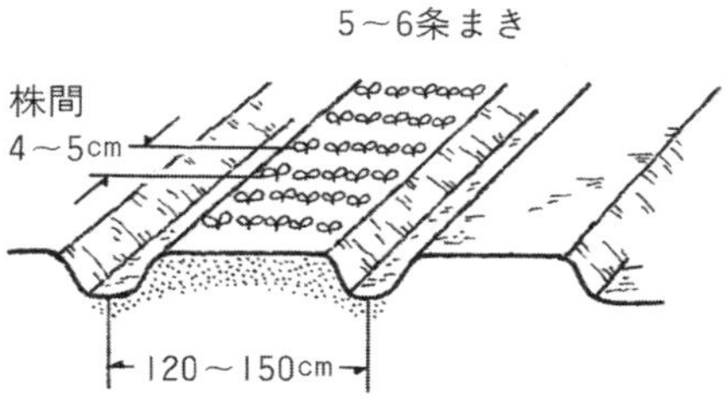

畦幅120～150cmに5～6条まきとする。間引きは1～2回行い株間4～5cmに仕上げる

大株栽培

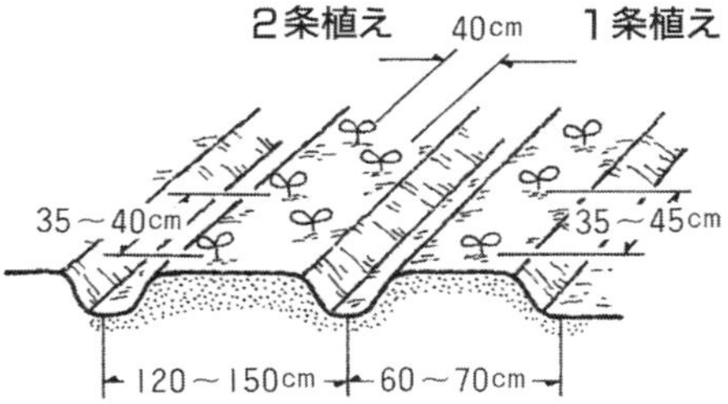

種はじかまきで、1か所に3～5粒まき、本葉3～5枚で1本にする

防　寒

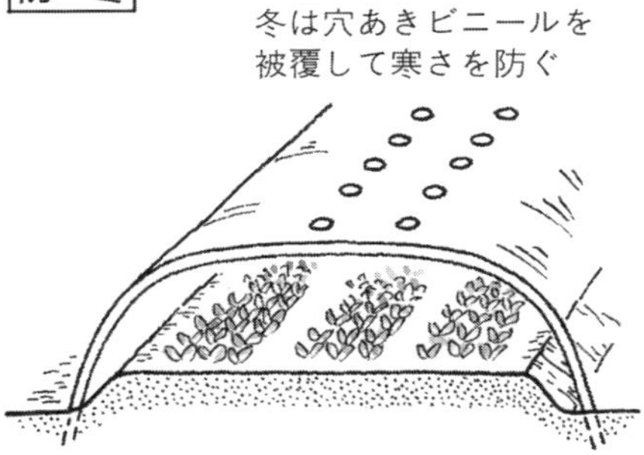

収　穫

1～1.5kgのころ株元から
切り取って収穫する

不織布などのトンネル栽培により耕種的防除を行う。

大株栽培はじかまきで行い、1条植えで畦幅60～70cm、株間35～45cm。2条植えで畦幅120～150cm、株間35～40cmの千鳥にする。

また、点まきとし、1か所に3～5粒まき、本葉3～5枚で1本に株決めする。水管理は、株の充実期までは少なめにし、その後は肥大に合わせて水やりの量を加減し、株の生育をコントロールする。

みぶなは繊維がやわらかいのが特徴で、肥切れすると繊維が硬くなる。また、春どりではとう立ちが早くなる。収穫期まで肥切れしないよう追肥をする。

収穫　収穫時の大きさは、大株栽培では1株当たり1～1.5kgで、株元から切り取って収穫する。春先には、開花前に摘み取り、浅漬けや和え物として利用する。ハウスの軟弱小物としては、長さ30～35cmで収穫する。

モロヘイヤ

〔シナノキ科〕中国南部が原産と思われ、アフリカで古くから栽培されている。

作型	3月	4	5	6	7	8	9	10	11	12
普通（露地）		○	×		▭	▭	▭	▭		

○種まき　×定植　▭収穫

肥　料　（1a＝100㎡当たり）

基　肥	施肥量	追　肥	施肥量
堆　肥	200kg	追肥化成	15kg
苦土石灰	10		
けいふん	65		
基肥化成	15		

種まき

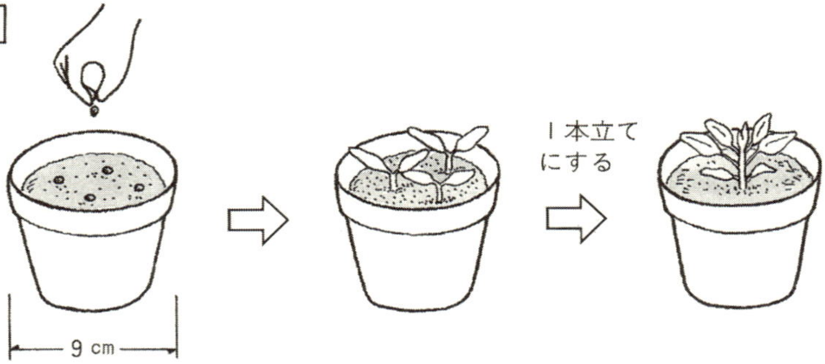

ポリポットに種をまき育苗する。高温を好むので、条件のよいところで管理する

営農指導員からのアドバイス

①肥切れさせない。

②摘心を繰り返し分枝をふやす。

③乾燥期には十分水をやる。

特性　種の発芽適温は25～28℃。高温を好み、夏の高温時に急成長し、放任しておくと200cm以上に伸びる。土質は特に選ばないが、湿り気を好むので、水田転作畑でよく生育する。花は日が短くなると開く。

モロヘイヤの種には毒性がある。人体への影響はわからないものの、家畜に対しては注意が必要である。

品種　品種の分化は不明であるが、主枝の伸びるものと、側枝のよく出るものとの2系統がある。

畑の準備　定植の2週間前に堆肥、苦土石灰、基肥化成を施し、150cmの畦をつくっておく。

種まき　地温の上がる遅まきならじかまきでよいが、苗床やポットを利用するのがよい。種の量は1a当たり2g。まき幅10cmのすじ

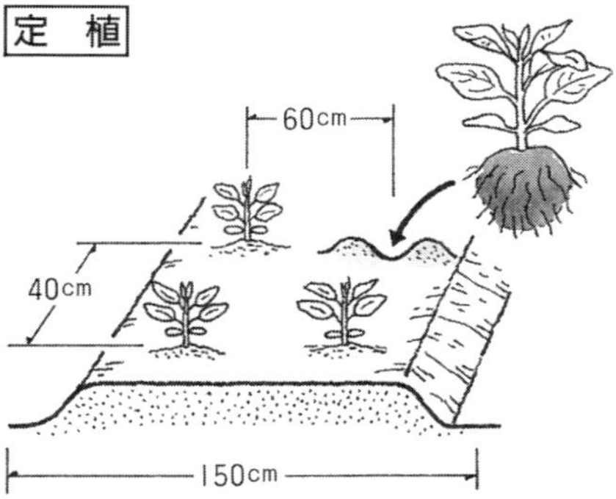

植えつけた後は水をやり活着を助ける

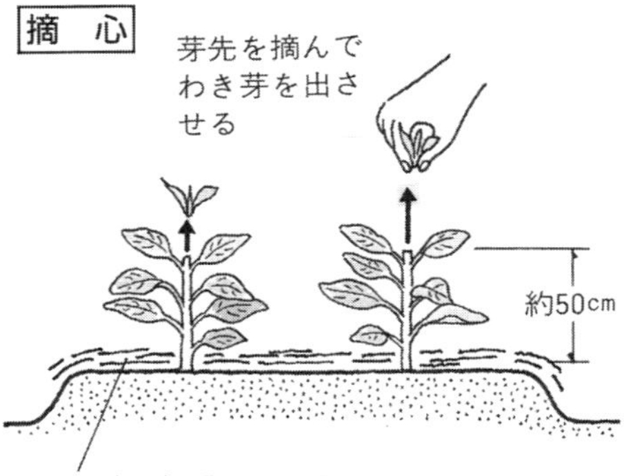

夏季の乾燥時には敷きわらをする

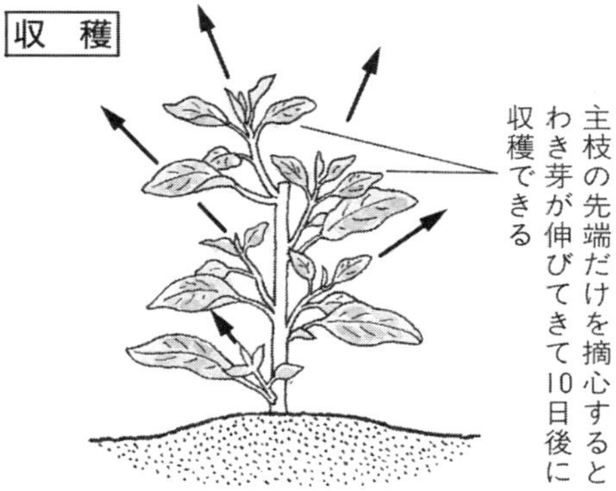

長さ25～28cm程度のやわらかい芽先
の部分を摘み取って利用する

まきとする。土をかけた後、水をやり寒冷紗をかけて発芽を促す。本葉２枚のころ7.5cmのポットに移植し、本葉４～５枚の苗に仕上げる。育苗期間は約30日。１ａ当たり350本の苗を準備する。

定植　畦幅150cm、すじ間60cm、株間40cmの２条植えとする。地温上昇と雑草防止のため黒色ポリマルチを利用するのもよい。活着後、草丈50cmのころ本葉５～６枚を残して摘心する。

追肥　収穫前より定期的に追肥を施す。追肥は１回につき１ａ当たり追肥化成２kg程度とする。

水やり　夏の高温には強いが、乾燥しすぎると肥効が落ちるので、適宜水をやる。

病害虫防除　葉ぶくれ病対策は健全に育てること。マメコガネ、アザミウマ、ハダニ、アブラムシなどを防除する。

収穫　葉が繁ってきたら、長さ25～28cmで摘み取る。

らっきょう

〔ユリ科〕原産地は中国で、日本では西暦800年代の終わりころから栽培の記録がある。

作　型	8月	9	10	11	12	1	2	3	4	5	6
1　年	×	×									□
2　年	×	×									
（3年子）											□

×定植　□収穫

肥　料　（1a＝100㎡当たり）

基　肥	施肥量	追　肥	施肥量
堆　肥	100kg	追肥化成	5kg
苦土石灰	4	11月	2
けいふん	65	3月	3
基肥化成	6	3年子栽培はさらに9、11、3月に追肥	

種球の準備

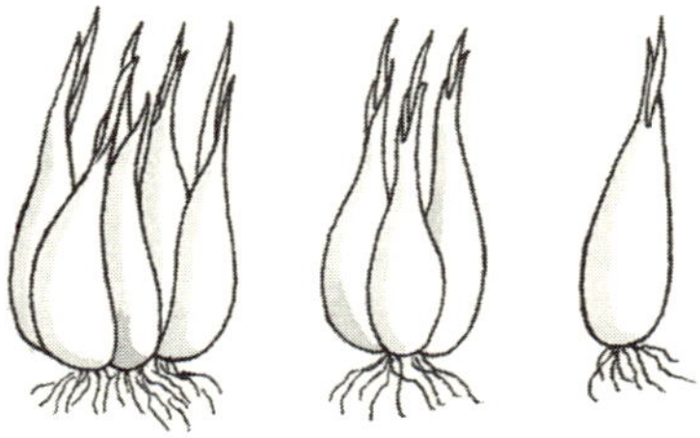

球をばらし、6g以上の大きめの球を選ぶ

畑の準備

定植2週間前に堆肥などを、1週間前に基肥化成を施し100cmの畦を立てる

営農指導員からのアドバイス

①土寄せをしっかり行う。

②深く耕しておく。

③早植えをしない。

特性　乾燥に強く、比較的低温に耐えるが、耐暑性は強くない。球の肥大は日長と温度条件が関係し、日長13時間以上、気温12℃以上で肥大する。分球芽も長日条件で多くつくられ、短日条件で抑制されるので、5月に分球芽を多くつくり、種球に内蔵させておくことが肝心である。

耐病性が強く塩害、風害、干害などにも強い。吸肥力も強いので、開墾地や砂丘地のやせ地でも栽培が可能であるが、砂丘地より植壌土や火山灰土での生産力が高く、球も大きくなる。粘質土では、球が丸くなる。

品種　一般にらっきょうと呼ばれているラクダ種と、小粒を目的とする花らっきょう栽培向きの玉らっきょうがある。

植えつけ

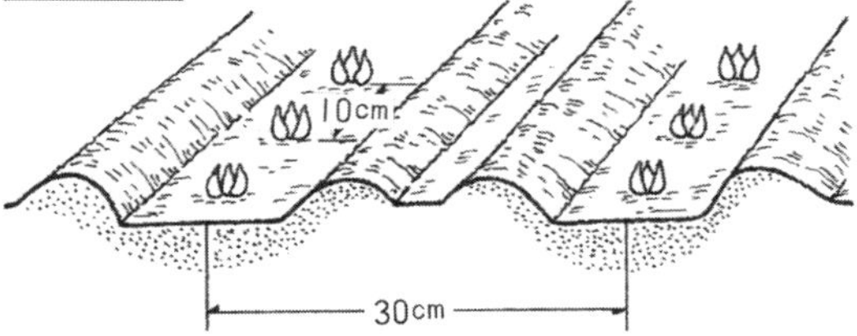

耕した畑に鍬で植え溝を掘り、
種球を立てて挿し込む

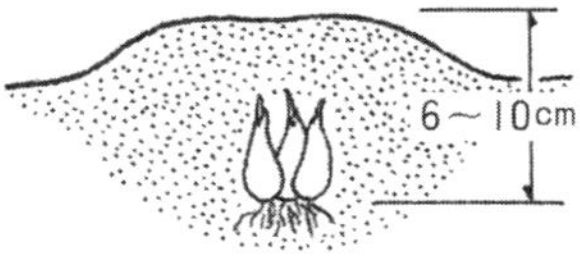

植えた後、鍬で6～10cmぐらいの厚さに土をかける

収　穫

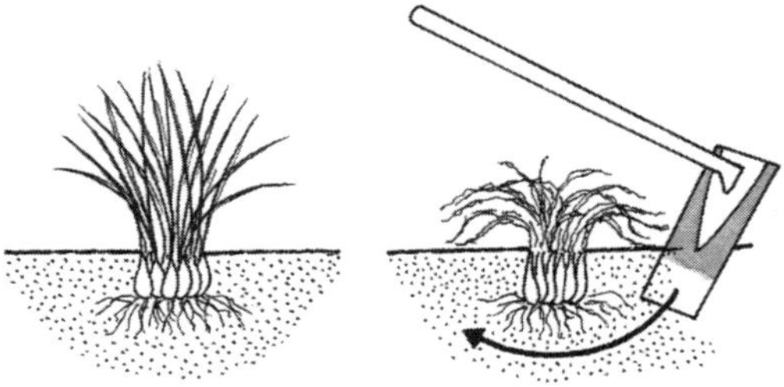

葉が枯れてきたら株ごと掘り起こす

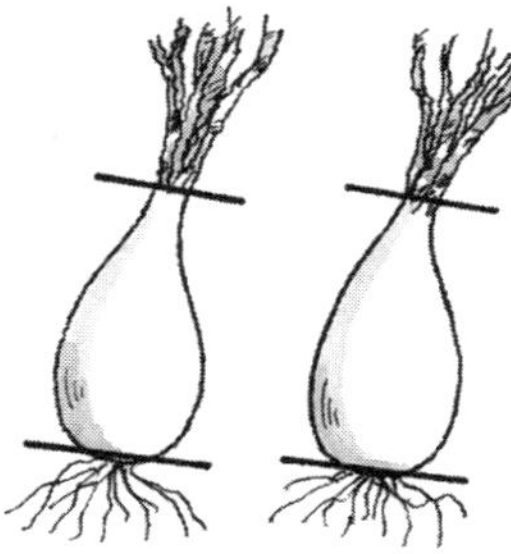

掘り起こしたらすぐ葉と
根を切り取る

種球の準備　1㎡当たりラクダで300ｇ、玉らっきょうで200ｇ必要とする。

畑の準備　植えつけ2週間前には堆肥、苦土石灰を施して深く耕しておく。1週間後に基肥化成を施し、100cmの畦を立てる。

定植　寒いところほど早く植えつけをする。地温が高いと芽の出が不ぞろいになるので、秋の降雨後、植えつけを行う。種球は6ｇ以上のよく締まったものを用い、土は6～10cmかける。

管理　乾燥しないよう適宜水をやる。収穫の1～2か月前には首が青くならないよう土寄せを行う。

収穫　5月下旬～6月上旬にかけて葉が黄ばんで枯れるようになってから株ごと掘り起こし、地上部と根をただちに切る。

　種球用はそのまま畑に残し、植えつけ2週間前に掘り起こして、風通しのよい日陰に薄く広げて乾燥させる。

リーフレタス

〔キク科〕原産地は広く地中海地方・近東・中央アジア・中国などといわれている。

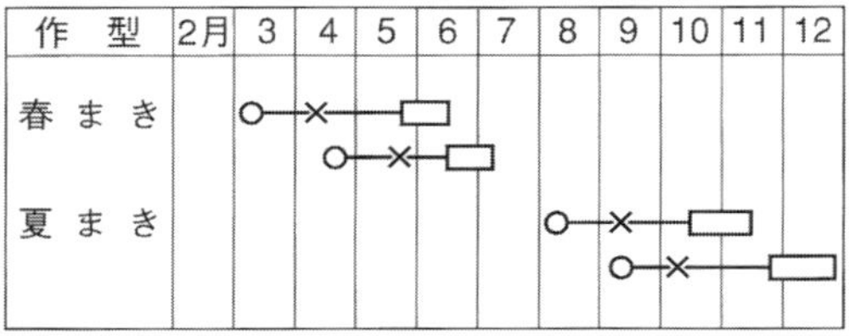

○種まき　×定植　▭収穫

肥　料　（1a＝100㎡当たり）

基　肥	施肥量
堆　　肥	200kg
ミネラル肥料	6
カキガラ	12
けいふん	65
基肥化成	10

種まき

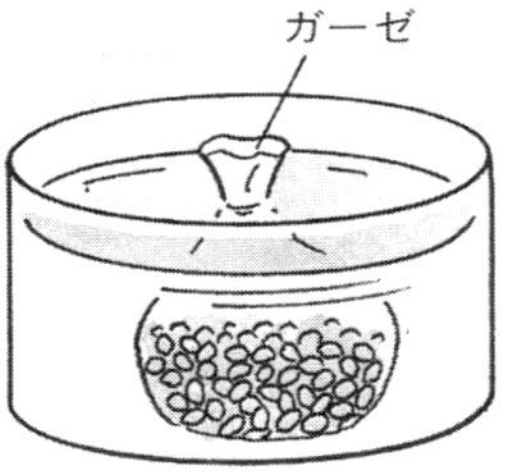

水に半日つけてその後冷蔵庫に2〜3日入れておくと発芽がそろう。レタスの種は非常に小さいので、浅い溝にていねいにまくよう努める

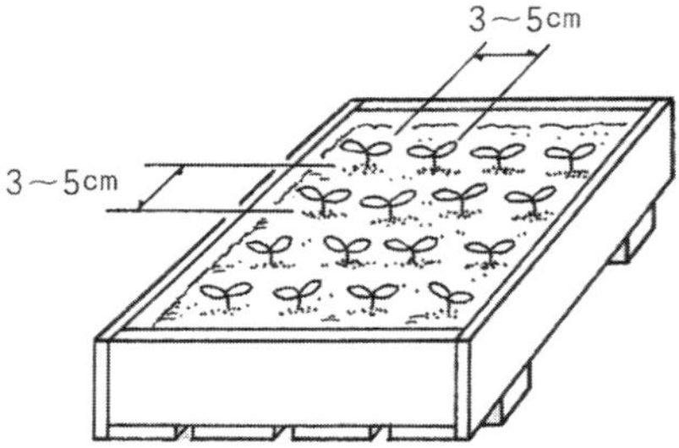

少しの場合は箱まきがよい。箱は雨がじかに当たらない、明るい場所に置く

営農指導員からのアドバイス

①種をまいたら土は薄くかける。

②土壌は弱酸性に調整する。

③過湿と乾燥に注意する。

特性　冷涼な気候を好み、発芽適温は18〜22℃、生育適温は15〜20℃である。

畑の準備　日当たりと排水のよい場所が適しているので、水田転作畑などを選ぶ。

定植10日前までに堆肥、カキガラ、基肥化成を施して深く耕した後、100〜120cmの畦を立て、マルチで覆っておく。

種まき　保湿性のよい培土を使用し、3〜5cmのすじまきにする。

種は光を好む性質があるので、土かけはしないか薄くする。その後は新聞紙をかけ、発芽するまで水やりを控える。

また、種を半日ほど水に浸し、冷蔵庫に2〜3日入れてからまくと、発芽がよくなる。

育苗管理　本葉1.5〜2枚になっ

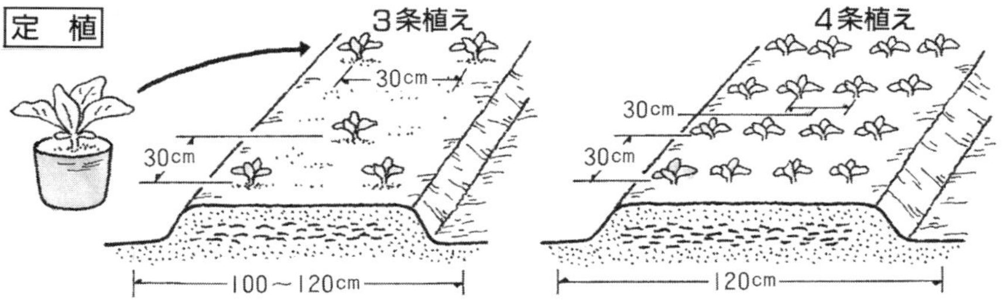

本葉4～5枚で植えつける。プラグ苗などは、
本葉2～2.5枚で植えつける。植えつけ前に十
分水をやっておく

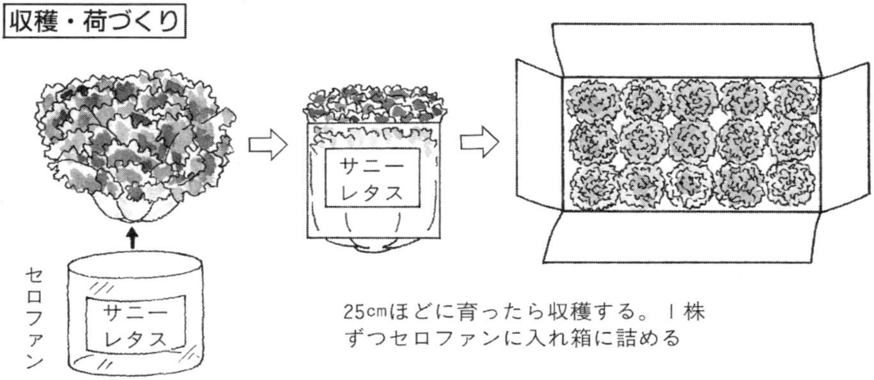

25cmほどに育ったら収穫する。1株
ずつセロファンに入れ箱に詰める

たころ、6cmのポットに移植し、本葉4～5枚で定植する。

プラグトレイやペーパーポットにまいた場合は、本葉2～2.5枚で直接畑に定植する。

定植　定植間隔はすじ間30cm、株間30cmとし、定植本数は1a当たり700～800本とする。

病害虫防除　病害では菌核病、軟腐病、灰色カビ病などが発生する。排水と通気をよくするようにし、病害が発生しないように環境をつくってやる。

また、枯れ葉などは早めに取り除き、畑を清潔に保つ。

害虫ではアブラムシ、ヨトウムシ、ネキリムシが発生するので各種薬剤で防除する。

収穫・荷づくり　草丈25cm、1株270g程度になったころに収穫する。1株ごとにセロファンに入れて箱に詰める。

褐変した切り口は再度切り戻し、タオルでふく。

レタス

〔キク科〕原産地はヨーロッパ中北部で、日本には明治時代以降アメリカやフランスから伝わった。

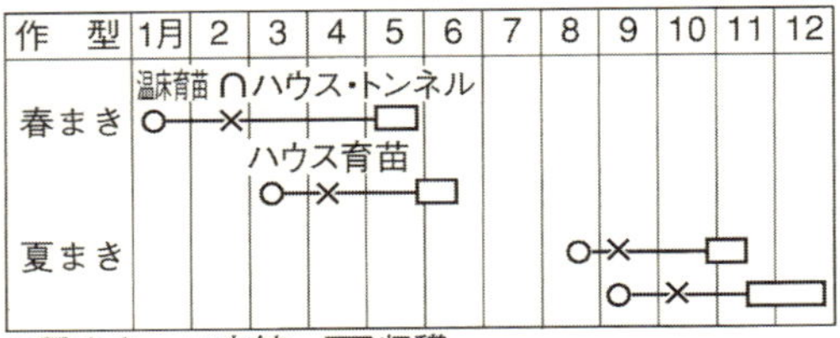

○種まき　×定植　□収穫

肥　料　（1a＝100m^2当たり）

基　肥	施肥量	追　肥	施肥量
堆　　肥	200kg	追肥化成	4kg
ミネラル肥料	6		
カキガラ	12		
基肥これだけ	15		

育　苗

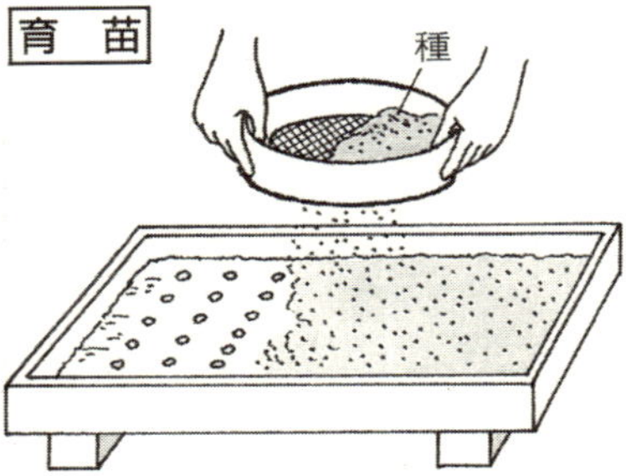

浅箱にすじまきする。風通しをよくするためにタル木などを下に置くとよい

マルチを張るタイミング

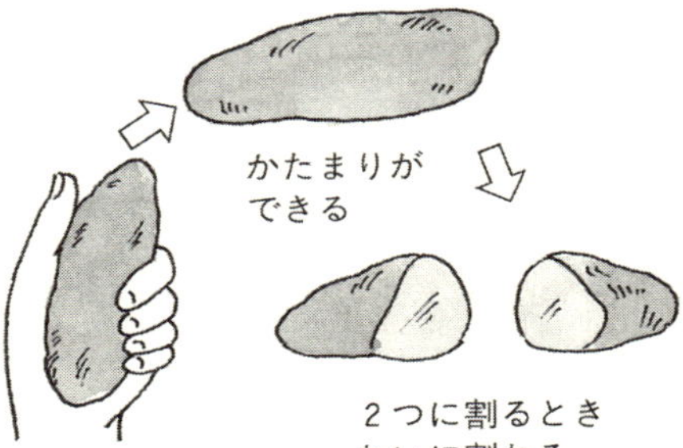

土を軽くにぎる

2つに割るときれいに割れる

営農指導員からのアドバイス

①適期に種をまく。

②結球期までに大きな葉をつくる。

③レタスづくりは土づくり。

特性　冷涼な気候を好み、寒さには強い。しかし、結球期に入ると凍害を受けやすい。また、酸性に弱いので、土づくりをしっかり行うことが大切である。

育苗　初夏どりなら3月中旬ころ、秋どりは8月中旬、春どりは11月に種をまく。

種は浅い箱に7～8㎝間隔にすじまきする。土を厚くかけすぎると発芽のそろいが悪くなるので、種が見えなくなる程度に薄くさっとかける。

その後、十分に水をやり、発芽適温である20℃前後で温度管理を行う。発芽後、本葉2～3枚になったら9㎝くらいのポットへ移植する。

畑の準備　定植の1週間くらい前に基肥を全面に施す。45㎝の畦を

定　植

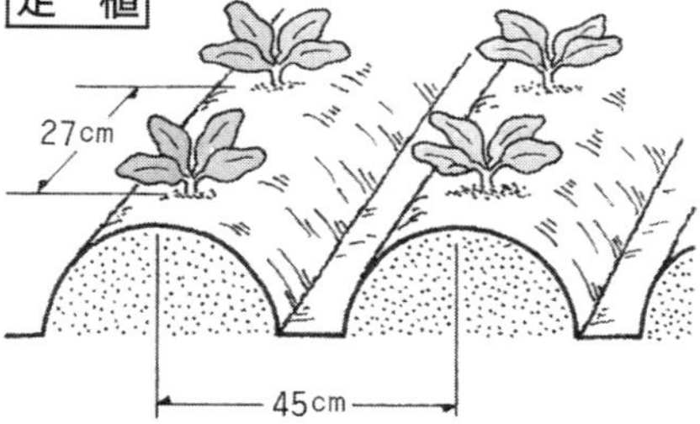

本葉が5～6枚になったころ
定植し水を十分にやる

病害虫防除

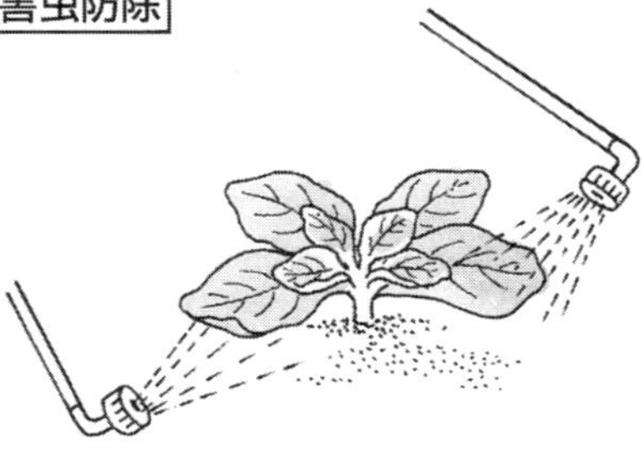

アブラムシや菌核病が発生し
やすいので薬剤散布を入念に

収　穫

玉レタスは、頭を押さえてみて球が
軽く締まったころに収穫する

サラダナは中心の葉が
巻いてきたら収穫する

つくり、雑草防除と地温確保のためマルチを張るとよい。マルチを張るタイミングは、土が湿っているとき。

定植　苗が本葉５～６枚になったら畦間45㎝、株間27㎝間隔で定植する。

定植後、活着促進のため株元に水を十分にやる。

追肥　定植後15～20日ころに液肥を使って追肥を行うか、畦間のマルチを破り、追肥化成を施す。

水やり　レタスは他の野菜と比べて水分を必要とする作物なので、早朝、葉に露がかかっていなければ水をやる。

水やりは、結球期まで積極的に行うようにする。

収穫　収穫適期は、春まきの場合は定植後60日前後、秋まきでは80日前後が目安となる。

球の頭を軽く押さえ、７～８割が結球したころに収穫する。裂球が早いので注意する。

わけぎ

〔ユリ科〕原産地は日本で、よく株別れするからわけぎと呼ばれている。香りはねぎより強く、薬味にも使われている。

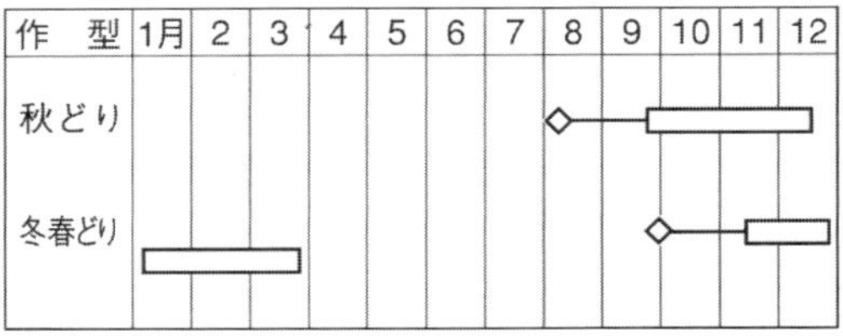

◇定植　▭収穫

肥　料　（1a＝100㎡当たり）

基肥	施肥量	追肥	施肥量
堆肥	200kg	追肥化成	5kg
ミネラル肥料	6	植えつけ1か月後から2回に分けて追肥	
苦土石灰	10		
けいふん	50		
基肥化成	10		

植えつけ（初冬どり）

浅植えすると株元がぐらつき、まっすぐに育たない

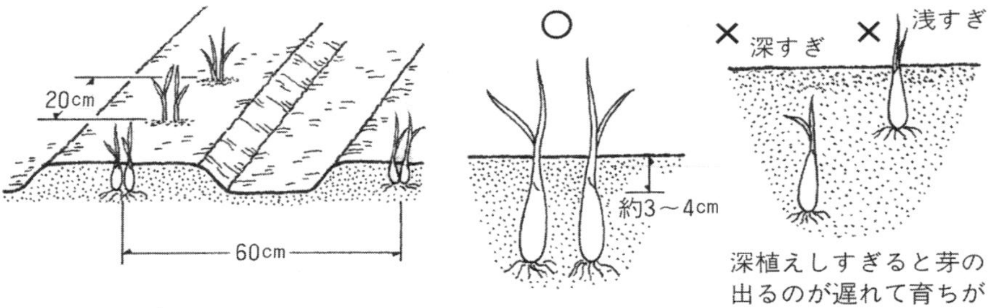

2〜3球に分けたものを株間をとって植える

葉先が少し地上に出るくらい

深植えしすぎると芽の出るのが遅れて育ちが悪い。特に低湿地では注意する

営農指導員からのアドバイス

①植えつけ時期を守り、追肥をして肥切れさせない。

②充実したよい種球を選ぶ。

③高温の時期に乾燥させない。

特性　生育温度は15〜20℃と冷涼な気候を好む。寒さ暑さにも比較的強く、0℃近くでも少しずつ生育する。

土壌の適応性は広いが、有機質に富み、多湿、高温条件では根腐れを起こしやすいので、高畦にして栽培する。乾燥すると鱗茎の肥大が早まって品質が悪くなる。

品種　木原早生、寒しらず（早生種）、木原晩生１号（晩生種）。

畑の準備　１ａ当たり堆肥200kg、苦土石灰10kgを施して耕す。基肥化成を10kg施した後、畦を立てる。けいふんなど家畜糞を多くやると根が傷つくことが多いので、早めに施用する。

植えつけ　種球の皮をはいで１〜２球に分けて植える。秋どりです

収　穫

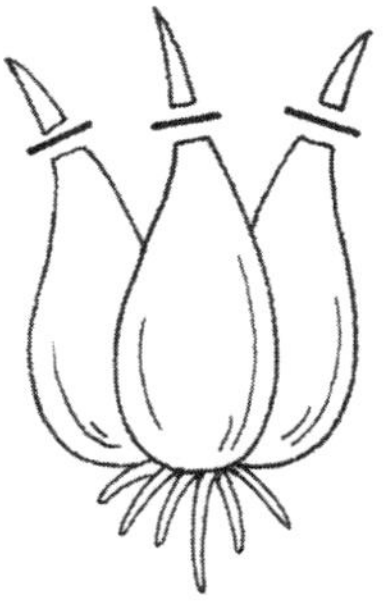

先端の部分を少し取ると、芽が出やすい

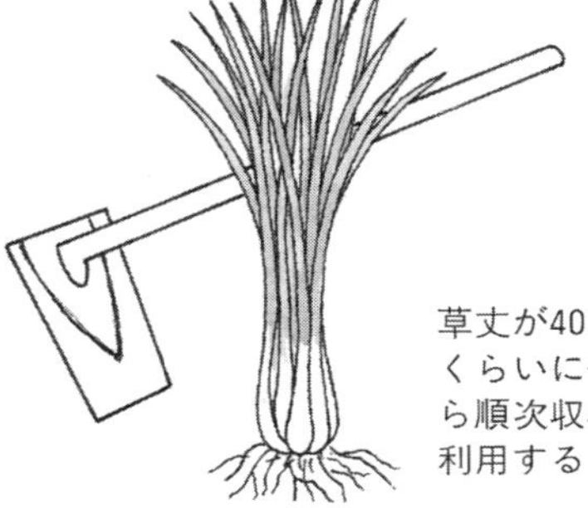

草丈が40～50cm
くらいに伸びた
ら順次収穫して
利用する

種球の保存

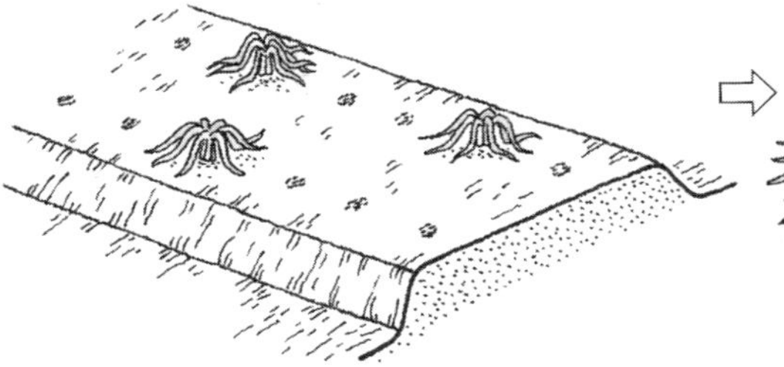

地上部が枯れる

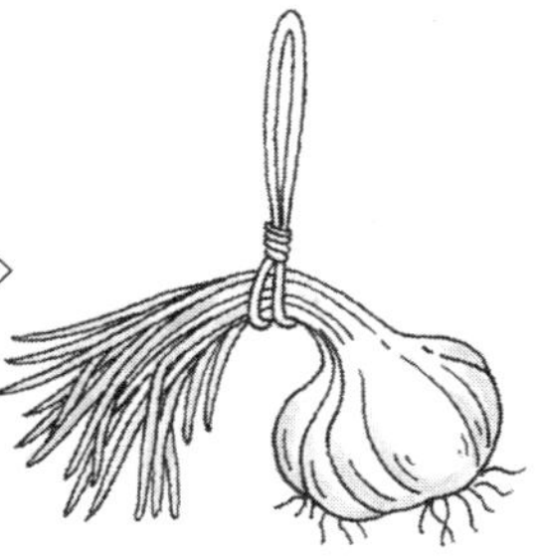

風通しのよい涼しい
場所に吊るす

じ間25～30cm、株間15～20cm、初冬どりですじ間60cm、株間20cm、春どりではすじ間60cm、株間25～30cmとする。深植えしすぎると萌芽が遅れて育ちが悪い。特に低温地では注意する。

管理　植えつけ1か月後、草丈15～20cmのころに、追肥を1a当たり2～3kgすじ間にやり、その後軽く土寄せをして軟白部をつくる。土寄せが厚いと地際部が病害にかかりやすくなるので注意する。

8～9月の高温時には適宜水をやり、土を乾燥させないようにする。2回め以降の追肥は生育の状態を見ながら随時施す。

収穫　草丈40～50cmくらいで順次収穫する。いたんだ外葉や鱗茎部の古い表皮を取って整える。

種球の保存　来年用の種球は、地上部が枯れてから収穫し、陰干しした後、軒下の風通しのよい涼しいところに吊るし、乾かして保存する。

小かぶ

〔アブラナ科〕ヨーロッパや中央アジアの原産で古くから日本人に親しまれている。

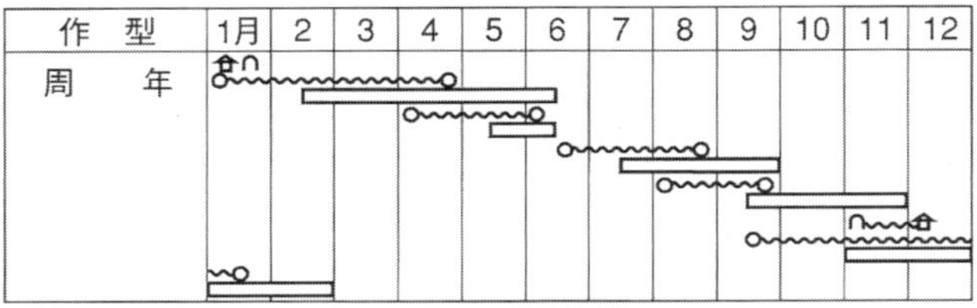

○種まき ⌂ハウス ∩トンネル □収穫

肥料（1a＝100㎡当たり）

基肥	施肥量
堆肥	300kg
カキガラ	10
ミネラル肥料	10
基肥化成	15

畑の準備

肥料を施したら、120cm幅の平畦をつくり、種は4～5条まきとする

種まき

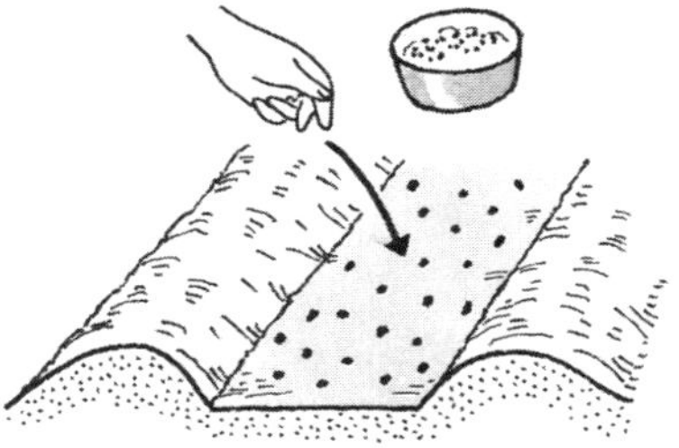

まき溝は平鍬などで浅くつくり、すじまきまたは点まきする

営農指導員からのアドバイス

①生育後半の水は少量多回数で。

②良品生産は雨よけ栽培で。

③収穫時期は早くとも遅すぎず。

特性　冷涼な気候を好み発芽適温、生育適温は15～20℃。土壌の適応性は広く、特に火山灰土や沖積層の有機物に富む砂壌土がよく、土壌の適応性もpH5.5～7.5と幅広い。花芽の分化は発芽後12℃以下で行われ、その後の高温でとう立ちするので春どり春まき栽培には遅くとう立ちする系統の品種を栽培する。追肥の遅れや生育後半の急激な水やり、凍結、地温上昇でかぶが裂ける。

品種　アジア系、ヨーロッパ系とその中間型がある。アジア系は葉が立性で無毛、全緑色系の白かぶ、ヨーロッパ系は切れ葉で有毛、開張性、根は赤紫や淡緑色が多い。

畑の準備　堆肥、カキガラ、ミネラル肥料は種まき15日前までに施し、土を細かくして深く耕す。

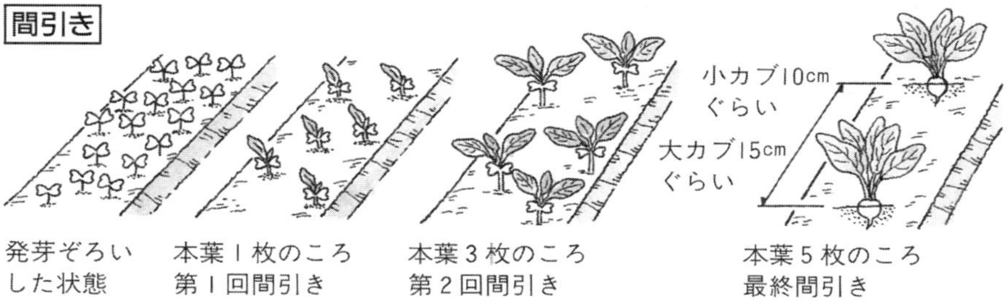

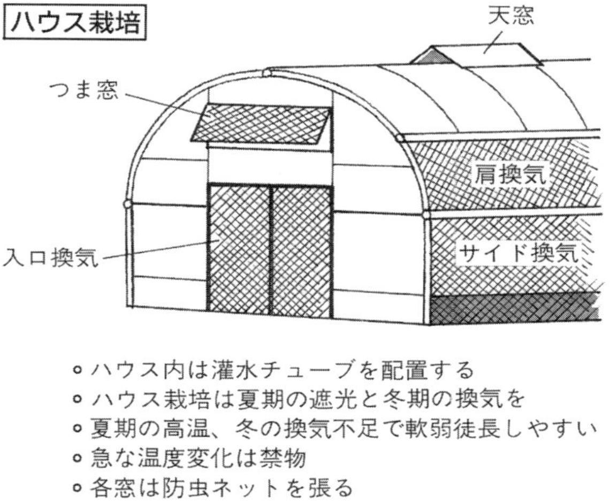

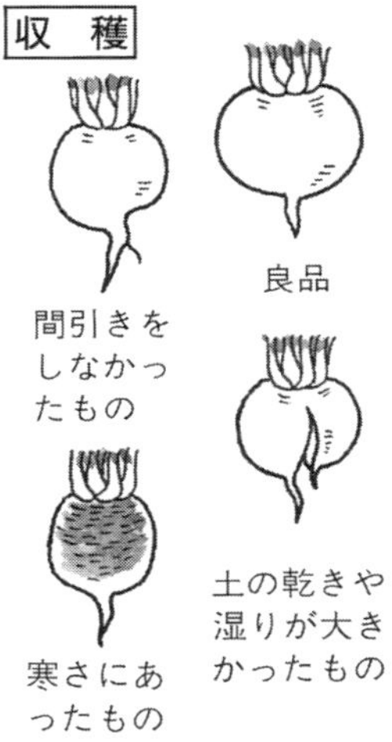

種まきの７日前までには基肥化成を施し深く耕す。排水良好な畑に幅120cmの平らな畦をつくり、４〜５条まきとする。

種まき　１ａにまく種の量は約80mℓ。まき溝は平鍬などで浅くつくり、水をやった後、すじまきまたは点まきする。土は約１cmかけ軽く押さえておく。

管理　種まき後２〜３日で発芽し始める。２〜３回に分けて間引きをしながら、８〜10cmにする。肥料は冬まき、秋まき、春まき、夏まきの順に寒い時期ほど多く施す。種まきから本葉５〜６枚までは特に土壌の湿度を適正にして発芽をそろえることで、一斉収穫ができ、品質が向上する。

収穫　夏まきで種まき後25〜30日、秋冬まきで50〜60日、春まきで30〜40日して、根径３cm程度のものから収穫する。葉はビタミンＡを豊富に含んでいるので、根とともに食用として利用する。

ごぼう

〔キク科〕シベリアやヨーロッパに野生しており、日本には薬用として入ってきた。

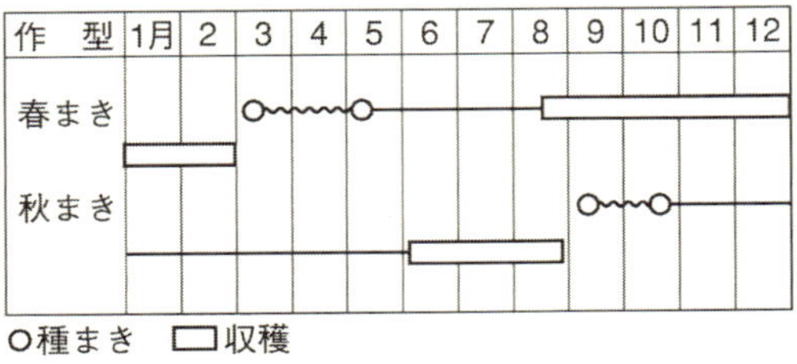

肥料　（1a＝100㎡当たり）

基肥	施肥量	追肥	施肥量
カキガラ	15kg	追肥化成	8kg
ミネラル肥料	10	1回め	4
ようりん	4	2回め	4
基肥化成	6		

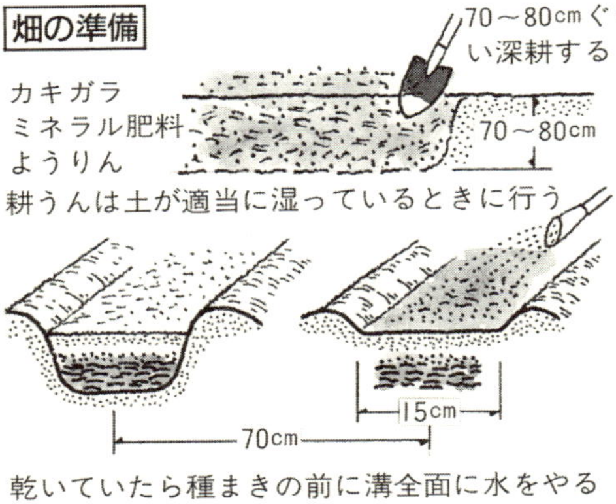

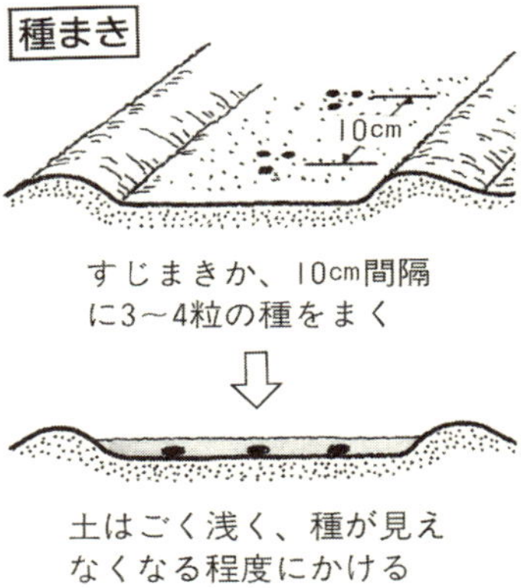

営農指導員からのアドバイス

①種まき後の土は薄くかける。

②肥切れは「す入り」のもと。

③土は砂質で外観が粘質土で香りと肉質のよいものができる。

特性　日当たりよく深く耕した砂壌土が適する。土壌のpHは6.5～7.0を好む。連作を嫌い、4～5年は同種のものをつくらない。一般的に3月上旬まきでその年の8月上旬～翌年2月ころまで収穫でき、10月中旬まきでも翌年6月上旬～8月中旬まで収穫できる。

春秋の早まきで生育が進みすぎてからの低温、長日でとう立ちするので、まき時期に合わせて品種を選ぶことが大切である。

品種　長根種、短根種があり、長根種には春秋両用の柳川理想や常盤大長。短根種には家庭菜園向きのサラダむすめなどがある。

畑の準備　直根性なので深く耕しているほどよい。種まきの15日前までにカキガラ、ようりん、ミネ

間引き

間引きはとても大事な作業。
最終株間は10～13cmにする

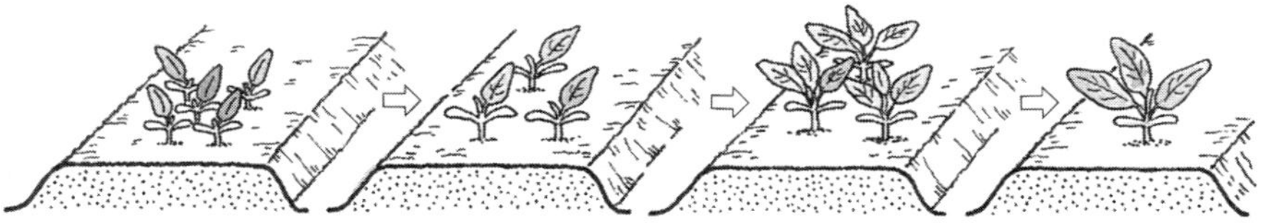

本葉1枚のころ間引いて3本にする
本葉3～4枚のころ1本にする

よい株の見分け方

葉が上に向かって
伸びているもの

葉が広がって育ち
の遅いものと勢い
がよすぎるもの

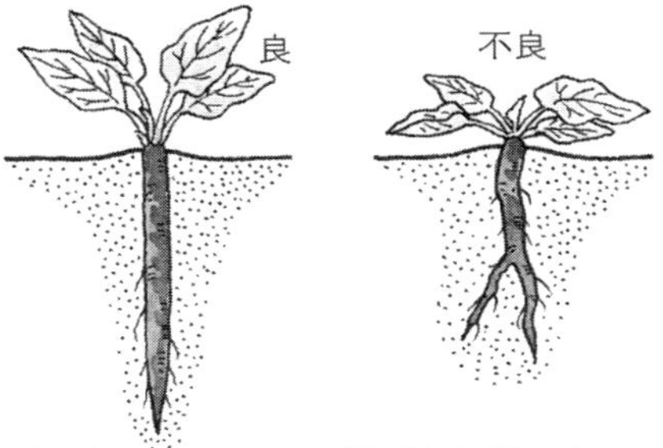

根がまっすぐに
伸びている

根がまた根や変形に
なって太っていない

貯　蔵

遅くまで利用したいときは、
しん芽の部分をえぐり取って
土に埋めておくと長くもつ

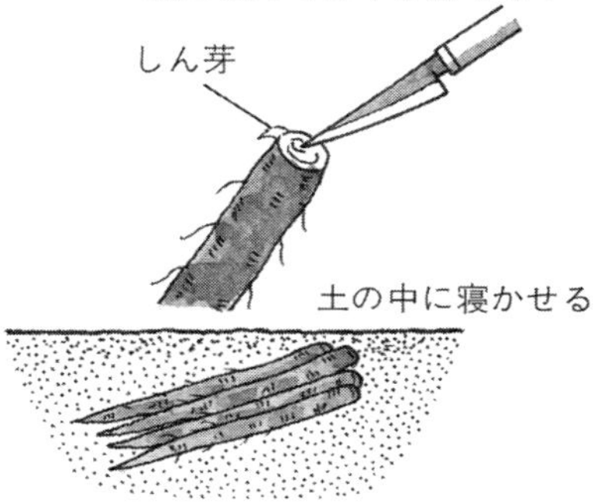

ラル肥料を施し、深く耕す。

良品生産のコツは、土の塊がないよう細かくすることである。

種まきの7日前には基肥化成をやって耕し、畦を立てる。

種まき　1aに育てる種の量は約200mℓで、一晩水に浸して当日水切りしてまく。まき溝は平鍬などで浅くつくり、水をやってすじまきまたは点まきし、薄く土をかけて軽く押さえる。その後、切りわらをまき、十分に水をやる。

水は、本葉2枚くらいまで切らさないようにする。

管理　本葉2枚以降から水は少々控えめにする。間引きは本葉1枚ころと3～4枚ころに行い、最終株間は10～13cmにする。

追肥は、除草と中耕・土寄せを兼ねて、本葉2～3枚ころと5～6枚ころに施す。

収穫　根径が1.5～2.0cmになったら掘り取る。貯蔵する場合、土の中深く横に寝かせておく。

だいこん

〔アブラナ科〕原産地は中央アジア。日本へは中国から伝わり、自然条件に合った品種が分化した。

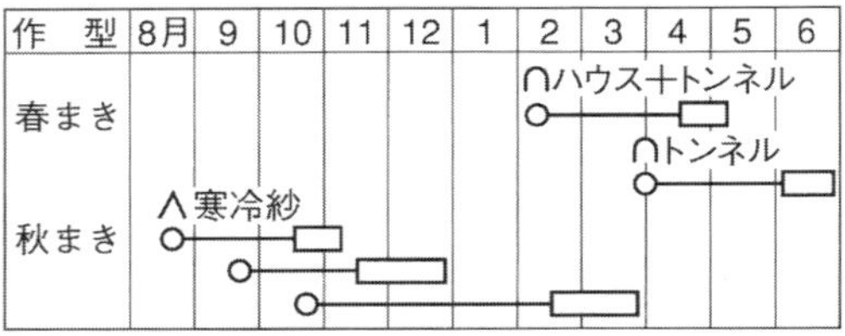

○種まき　□収穫

肥　料　（1a＝100㎡当たり）

基　肥	施肥量	追　肥	施肥量
堆　　肥	200kg	追肥化成	
ミネラル肥料	6	春まき（1回）	4kg
カキガラ	10	秋まき（2回に）	6
基肥化成	10		

種まきの半月以上前に40～50cmの深さによく耕す。小石や大きな雑草の根などがあると良品ができないので、ていねいに取り除く

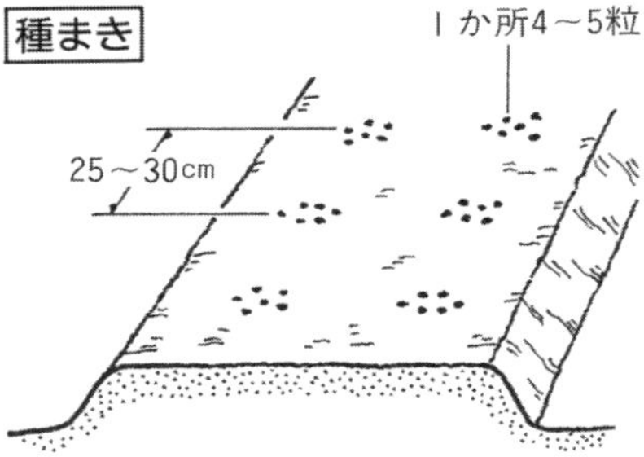

1cm程度土をかけ、軽く押さえてから十分に水をやる

営農指導員からのアドバイス

①できるだけ深く、細かく耕す。

②排水不良地では高い畦にする。

③完熟した堆肥を入れる。

特性　冷涼な気候を好み、発芽適温は15～30℃、生育適温は17～20℃。25℃以上では生育が衰え、低温化では生育抑制と思わぬとう立ちの危険性がある。20℃以上の高温に当てると低温感応を打ち消す作用がある。

花芽は低温や長日条件で形成が促進される。

できるだけ深く耕したやわらかい土壌が適している。pHは5.8～6.8がよく、酸性には強い。連作すると土壌病害や生理障害がふえるので、連作を避ける。

品種　秋・冬どりでは宮重のほか、理想、大蔵、三浦などの在来種が、春・夏どりでは春みの早生、夏みの早生が主流で、時無青首系の品種もある。

畑の準備　種まきの半月以上前に

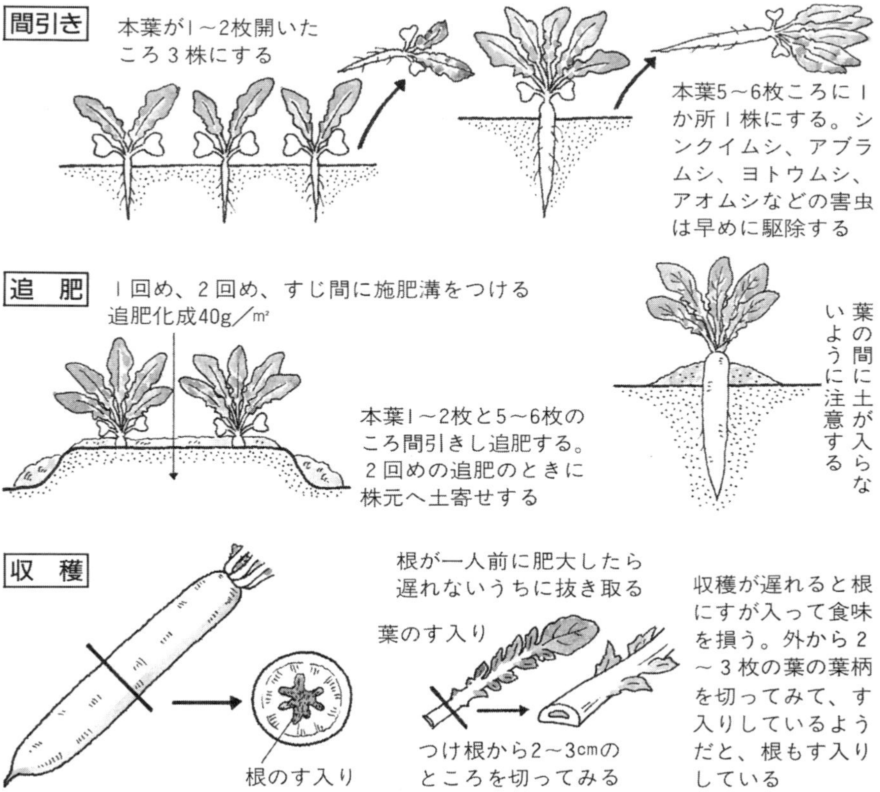

間引き
本葉が1～2枚開いたころ3株にする
本葉5～6枚ころに1か所1株にする。シンクイムシ、アブラムシ、ヨトウムシ、アオムシなどの害虫は早めに駆除する
追　肥
1回め、2回め、すじ間に施肥溝をつける
追肥化成40g／㎡
本葉1～2枚と5～6枚のころ間引きし追肥する。2回めの追肥のときに株元へ土寄せする
葉の間に土が入らないように注意する
収　穫
根が一人前に肥大したら遅れないうちに抜き取る
葉のす入り
根のす入り
つけ根から2～3㎝のところを切ってみる
収穫が遅れると根にすが入って食味を損う。外から2～3枚の葉の葉柄を切ってみて、す入りしているようだと、根もす入りしている

カキガラをまき、40～50㎝の深さによく耕しておく。根が伸びるところに小石や未熟有機物などがあると変形やまた根の原因になるので、長根種の栽培では特に入念に耕しておく。

また、排水の悪いところや耕土が浅く、粘土の多い土壌では高畦にする。

種まき　畦幅120㎝、2条植え、株間25～30㎝。1か所に4～5粒ずつ点まきする。

間引き　本葉1～2枚のころ3株に、本葉5～6枚のころ1株になるように間引く。

追肥　間引きに合わせて、すじ間に肥料をやる溝をつくり、追肥化成を施す。

また、2回めの追肥のときに、株元へ土寄せを行う。

収穫　収穫が遅れると、だいこんに「す」が入り、食味を損なうので、十分太ったものから、適期に収穫していく。

にんじん

〔セリ科〕原産地は中央アジア・アフガニスタン付近で、日本には中国を経て渡来した。

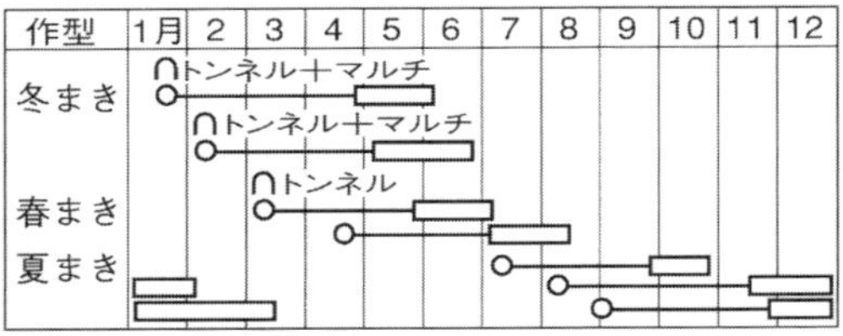

○種まき　□収穫

肥　料　（1a＝100㎡当たり）

基　肥	施肥量	追　肥	施肥量
ミネラル肥料	6kg	追肥化成	9kg
カキガラ	10		3kgずつ3回
基肥化成	12		

畑の準備

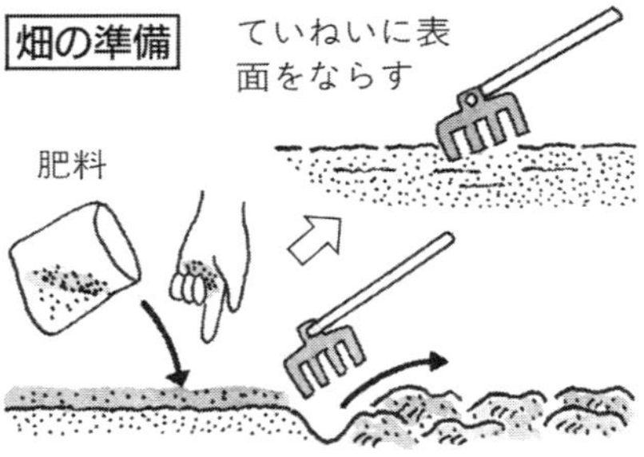

できるだけ早くミネラル肥料などを施し、ごろ土のないよう、ていねいに耕す

種まき

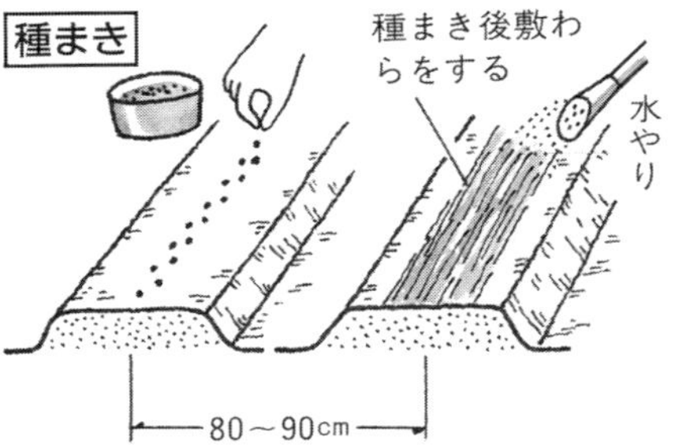

平鍬で押した上に、すじまきをして薄く土をかける。わらやもみがらを敷いて、乾きがひどいときは水をやる

営農指導員からのアドバイス

①コート種子で発芽率を高める。

②適期に間引きをする。

③中耕・土寄せを行う。

特性　発芽温度、生育適温とも15～25℃で、冷涼な気候を好む。寒さには比較的強いが、3℃以下になると根の部分の肥大が停止し、本葉3～5枚のころに10℃以下だと、花芽分化する。逆に、高温になると根部が崩れ、表皮が粗くなる。

種の発芽率は一般に低い。光に当たると発芽しやすいため、土は薄くかけるほうがよい。深く耕して、有機物を多く含んだ排水と保水のよい土壌が適している。

pHは6.5程度がよい。

品種　春まきで時無五寸、新黒田五寸、夏まきで夏播鮮紅五寸、秋まきで向陽五寸、いなり五寸などがある。

畑の準備　できるだけ早く、ミネラル肥料と苦土石灰またはカキガ

間引き

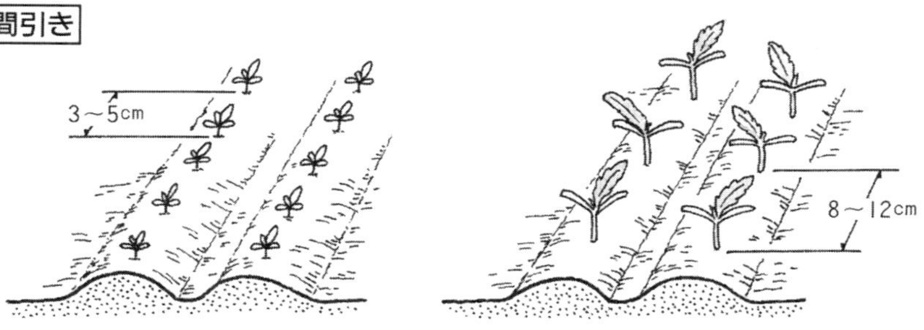

1回め
本葉2～3枚ころ

2回め
本葉6～7枚ころ

2回めの間引きで株間が8～12cm
になるようにする

追　肥

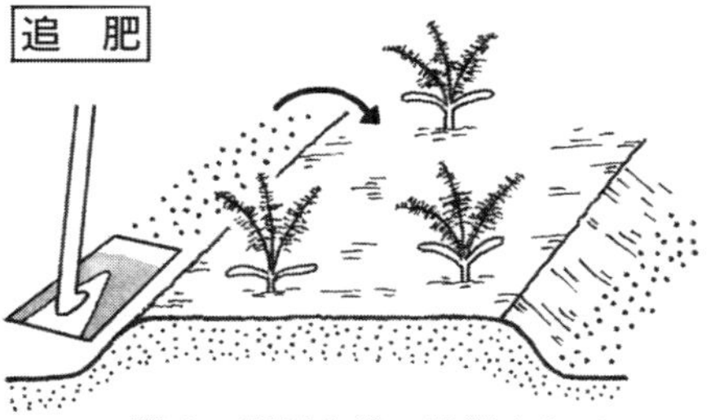

2回めの間引き後、追肥をして
土寄せをする

収　穫

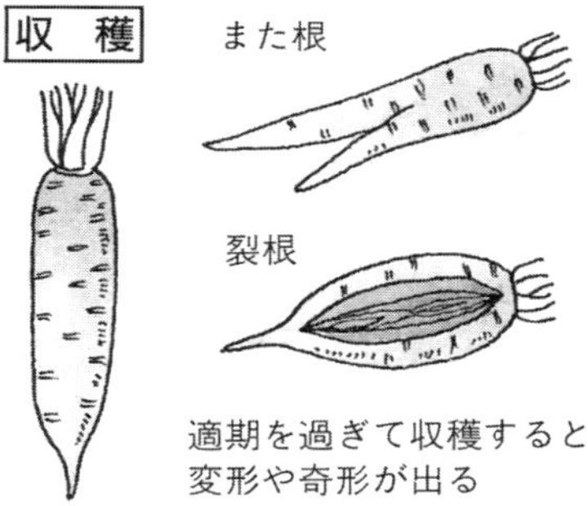

適期を過ぎて収穫すると、
変形や奇形が出る

ラを畑全面に施し、よく耕す。

基肥化成は、種まきの1週間前までに、全面に施用し、よく耕す。念入りに細土する。

種まき　畦幅は2条まきで80～90cm、1条まきで40cm。種の量は1a当たり60～100mℓ。土かけはごく薄くし、寒冷紗や敷きわらで日よけをする。水やりで湿度を保ち、発芽をよくする。

間引き　2～3回行う。

1回めは本葉2～3枚のころに密生した部分を3～5cm間隔に間引く。最後は、本葉が6～7枚のときまでに、8～12cm間隔になるように間引く。

追肥　間引きの後に施す。

2回め以降の追肥の後の土かけは、肥料を覆うだけでなく、土寄せを兼ねて行う。

収穫　収穫が遅れると過熟になって、根が裂けたにんじんが多くなるので、適期に収穫することが大切である。

葉ごぼう

〔キク科〕ヨーロッパ北部、シベリアに野生種があるが、日本へは中国を経由して伝来した。

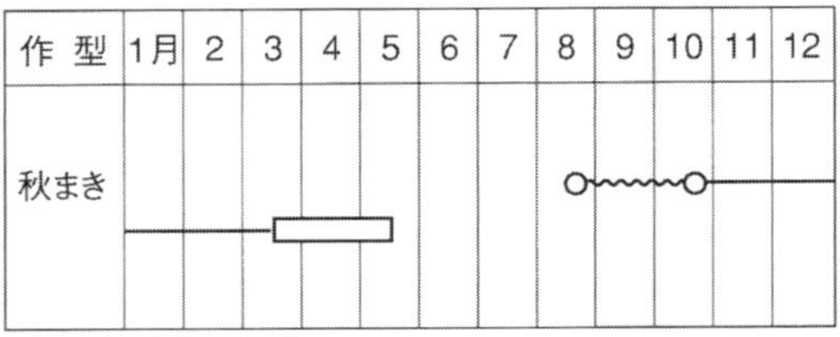

○種まき □収穫

肥料　(1a＝100㎡当たり)

基肥	施肥量	追肥	施肥量
堆肥	150kg	追肥化成	5kg
ミネラル肥料	10	寒肥	2
苦土石灰	20	萌芽直後	3
基肥化成	10		

種子の準備

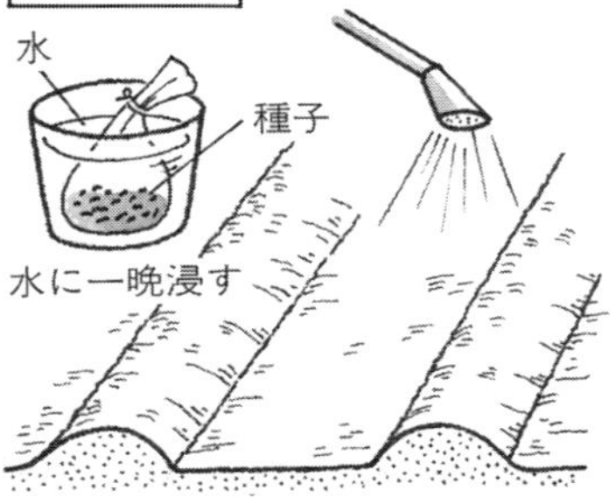

種まきの前に、まき溝は十分に水をやっておく

種まき

一昼夜水に浸けた種を水切りし、１か所に６～７粒まく

種は好光性なので、種がやっと見えなくなるくらい浅く土をかける

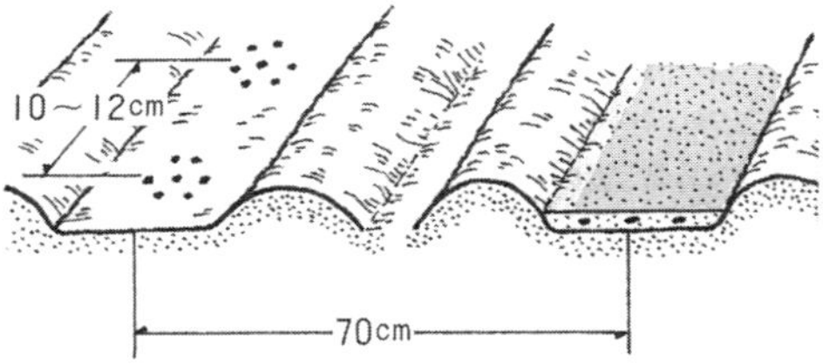

営農指導員からのアドバイス

①畑はできるだけ深く耕す。

②排水のよい場所を選ぶ。

③４～５年間は連作しない。

特性　生育適温は20～25℃で、やや高温を好む。花芽分化、とう立ちは、根が一定の太さ以上になったものが低温にあうと起こる。土壌はpH6.5～7.5が適する。葉ごぼうは耐湿性が非常に弱いので、地下水位の高い畑や水はけの悪いところでは栽培しないようにする。また、連作を嫌うので、４～５年は同じ場所に作らないほうがよい。

品種　若い根と葉柄を食べるので、葉柄が長くやわらかい品種または葉ごぼう専用品種を選ぶ。

畑の準備　深く耕して水はけのよい場所を選ぶ。種まき２週間前に堆肥、苦土石灰、ミネラル肥料、基肥化成を施し、深く耕す。２条まきの場合は畦幅120㎝、１条まきの場合は畦幅70㎝程度が基準。

種まき　１ａ当たりの種の量は

間引き　間引きはよいごぼうをつくるのにとても大事な作業

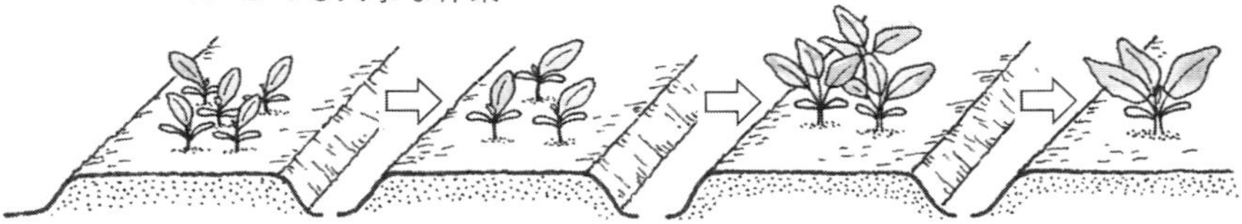

本葉１枚のころ間引いて３本にする

本葉4～5枚のころ１本にする。株間は5～6cmにする

追　肥

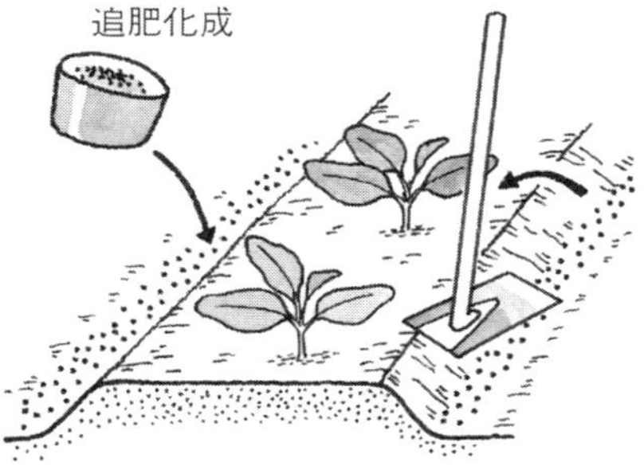

本葉2～3枚と5～6枚のころの２回追肥をし、軽く中耕して土を寄せる

収　穫

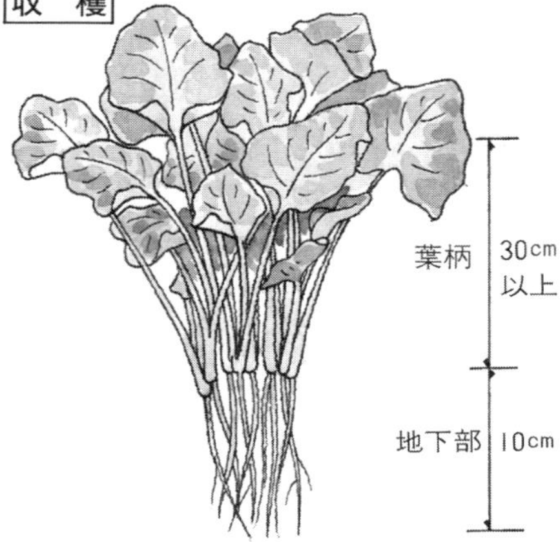

450mℓ。種まき前に一昼夜水に浸け、乾いた布などで水切りしてまくと発芽がそろう。葉ごぼうの種は発芽に光が必要なので、土は薄くかけること。生育初期は乾燥に弱いので、本葉１枚ころまでは十分に水をやる。その後の水やりは控えめにして管理する。

間引き　本葉１枚のころと４～５枚のころに行う。最終的には株間を５～６㎝にする。間引きは、生育がよすぎるものや葉柄が開いているものを対象とする。

管理　２月からトンネルをかけて、収穫の時期を早め、長く収穫できるようにする。

追肥　生育期間が長いので、肥切れに注意する。

本葉２～３枚のころと５～６枚のころ、畦の肩やすじ間に溝をつくり追肥をやる。そして軽く中耕して土寄せをする。

収穫　地下部が10㎝、葉柄が30㎝以上になったころから収穫する。

さつまいも

〔ヒルガオ科〕原産地はメキシコを中心とする熱帯アメリカで、日本へは16世紀に導入された。

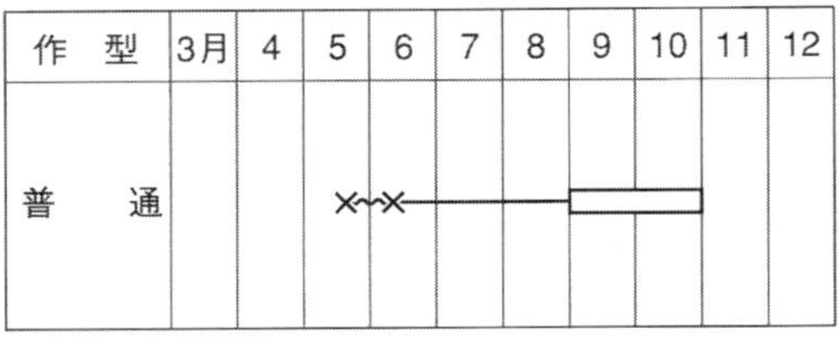

×定植　▭収穫

肥　料　（1a＝100㎡当たり）

基　肥	施肥量
堆　　肥	120kg
苦土石灰	3
けいふん	20
基肥化成	6
塩化カリ	1

畑の準備

基肥を施し、深く耕しておく

営農指導員からのアドバイス

①水はけのよい畑を選ぶ。

②チッソの施用は控えめにする。

③地温15℃以上で植えつける。

特性　生育温度は18～35℃で、適温は20～25℃である。また土性はpH5.0～7.0のやや酸性がよく、通気性、排水性のよい土が適している。

品種　食味のよい高系14号（鳴門金時）、ベニアズマ、ベニコマチなどがある。

畑の準備　苗の植えつけ10日前に堆肥、苦土石灰、けいふん、基肥化成を施し深く耕す。

畦づくり　畦幅90cm、高さ20cm以上の畦をつくっておく。

またポリマルチを使用すると、植えつけ時の地温が確保できるとともに、除草作業の省力化にも役立つ。

植えつけ　一般に5～6月ころ市販される苗を求めて植えつける。植えつけ方法は、普通栽培で船底

植えつけ

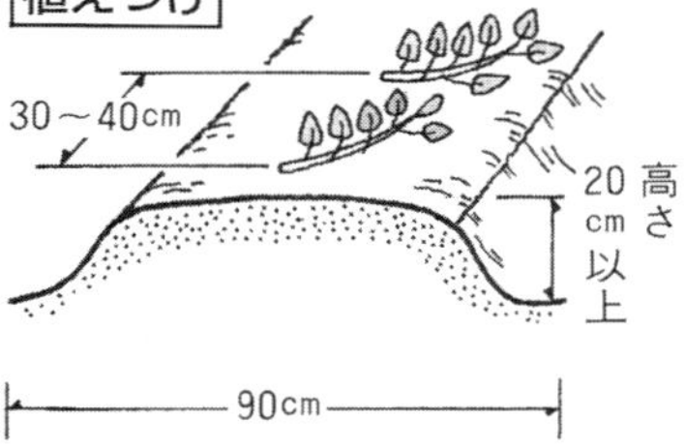

幅90cm、高さ20cm以上の畦に30～40cm間隔で苗を植えつける

〈植えつけ方法〉

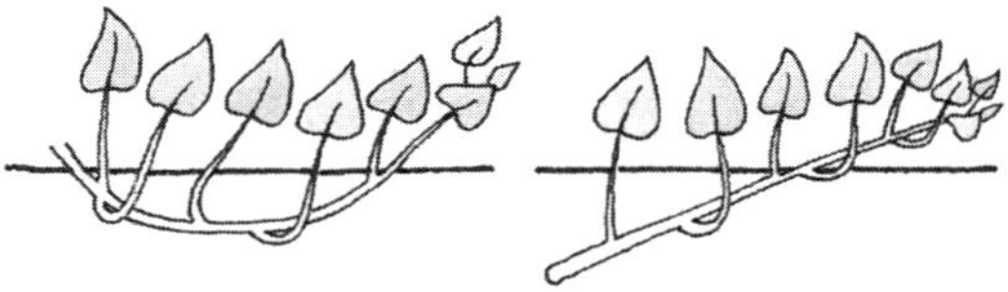

普通栽培の場合は舟底挿し

ポリマルチ栽培では斜め挿し

つる返し

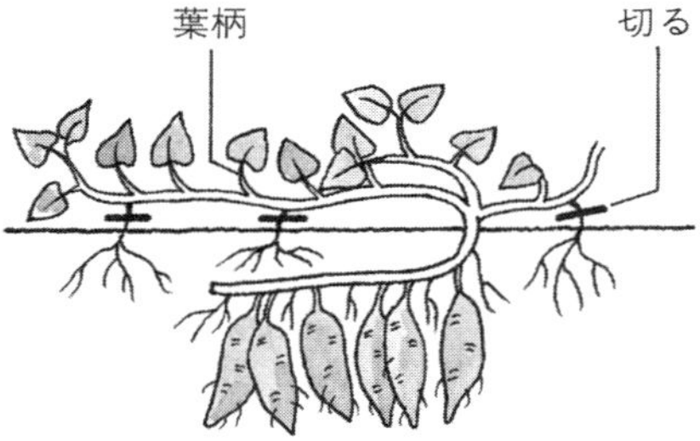

つるが100cmくらいに伸びたら、葉腋から根が出ないようにつるを返す。根が出ていたら切る

収　穫

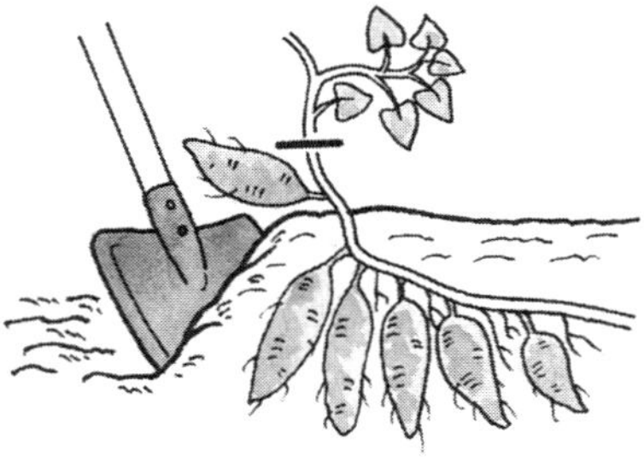

つるを株元から切り、ていねいに掘り起こす。霜の降りる前に全部収穫しておく

挿し、ポリマルチ栽培では斜め挿しをする。根がつくまでに葉焼けを起こさないよう、植えつけ直後から、寒冷紗などで日よけを工夫する。

つる返し　ポリマルチをかけていない場合は、つるが100cmくらい伸びたとき、つる返しを行い、葉腋から根が出るのを抑制する。

追肥　一般には行わない。

病害虫防除　根を食害するドウガネブイブイ幼虫にはさつまいも用の粒剤を使用する。使用時期は作付前に土壌混和する。

収穫　9月上旬ころから収穫できるが、遅く収穫するほど収量は増加する。

しかし、さつまいもは地温9℃以下になると、いもが腐敗するため、霜が降りる前に収穫を終える。また、葉柄も野菜として利用することができる。

さといも

〔サトイモ科〕原産地はインドや東南アジア。日本へは縄文時代後期に渡来したと推測されている。

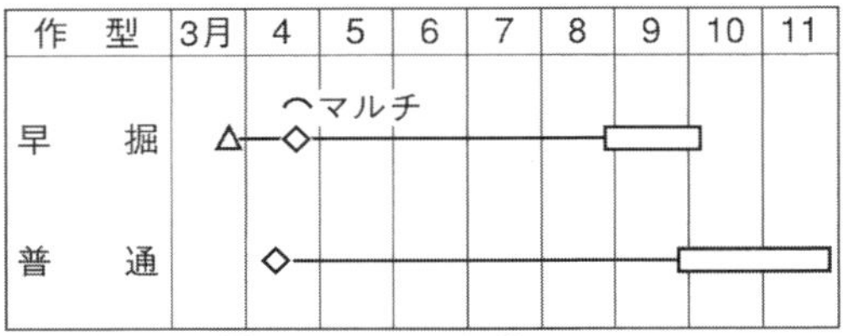

△芽出し　◇植えつけ　▭収穫

肥　料　（1a＝100㎡当たり）

基肥	施肥量	追肥	施肥量
堆肥	200kg	追肥化成	10kg
苦土石灰	12	草丈20～30cm	5
基肥化成	10	草丈50～60cm	5

種いもの準備

○

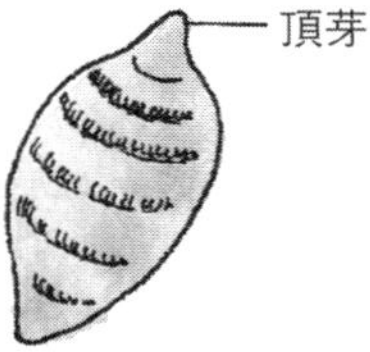

芽がいたんでいなくて頂芽が大きく、形のよい40～60gのもの。

×

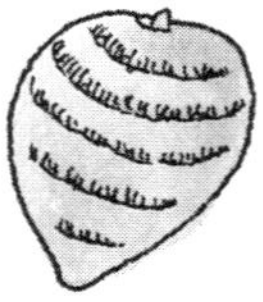

頂芽の小さいものや上部がへこんだものは除く

芽出し

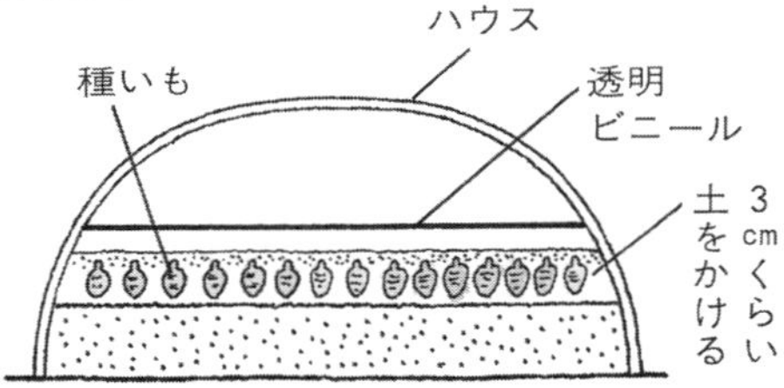

ハウス内に種いもを並べて芽を出させる

営農指導員からのアドバイス

①連作を避け３～４年輪作を。

②種いもは無病の40～60ｇ重。

③８～９月に乾燥させない。

特性　高温・多湿を好む作物で、乾燥や風に対しては弱い。生育適温は25～30℃で、出芽には15℃以上が必要。土壌酸度の適応性は広くpH4.0～9.0の範囲であれば生育差は見られない。

品種　早掘栽培用として石川早生、普通栽培用として大和がある。

種いもの準備　重さ40～60ｇで芽がいたんでなく、頂芽が大きい種いもを選び、１ａ当たり早掘栽培で340個、普通栽培で230個植えつける。

芽出し　早掘栽培は、ハウスの中に種いもを並べて３㎝くらい土をかけ、水をやって透明ビニールをかける。25日くらいして本葉１～２枚になった苗が植えつけ限度の大きさで、これ以上大きくなると植えいたみが出やすい。

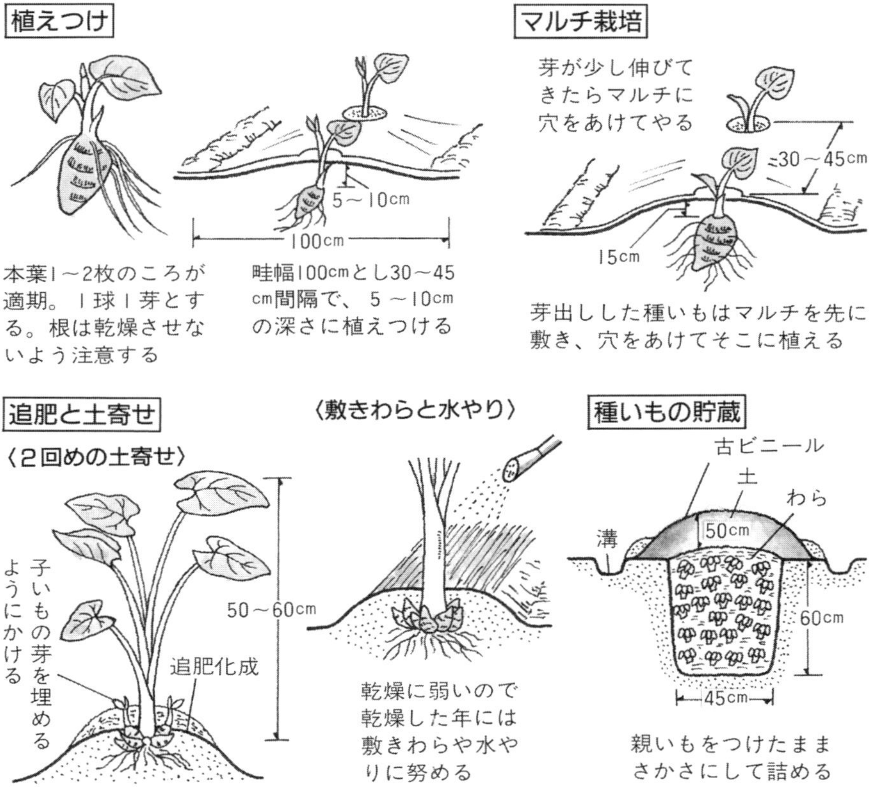

本葉1～2枚のころが適期。1球1芽とする。根は乾燥させないよう注意する
畦幅100cmとし30～45cm間隔で、5～10cmの深さに植えつける

芽出しした種いもはマルチを先に敷き、穴をあけてそこに植える

乾燥に弱いので乾燥した年には敷きわらや水やりに努める

親いもをつけたままさかさにして詰める

畑の準備　植えつけの１か月前には堆肥、苦土石灰を施して深く耕す。植えつけ２週間前に基肥化成をやる。マルチ栽培では肥料は全量基肥とし、１ａ当たり基肥化成20kgを施す。畦幅は100㎝。

植えつけ　地温が15℃以上になってから、株間は早掘栽培で30㎝、普通栽培で45㎝の１条植えとする。植えつけの深さは５～10㎝とするが、マルチ栽培では15㎝とやや深くする。

土寄せ　追肥を施した後に土寄せを行う。２回めの土寄せの後に、十分に敷きわらをする。

病害虫防除　６～７月のアブラムシ、乾燥した年のハダニやハスモンヨトウの発生に注意する。

収穫　早掘栽培は８月下旬から、普通栽培は10月上旬から収穫できる。霜にあわせるといもが腐敗しやすくなるため、貯蔵する場合は霜の降る前に収穫し、親いもをつけたまま貯蔵する。

ばれいしょ

〔ナス科〕南米チリが原産の一年草で、日本には16世紀末にオランダ船で長崎に伝来した。

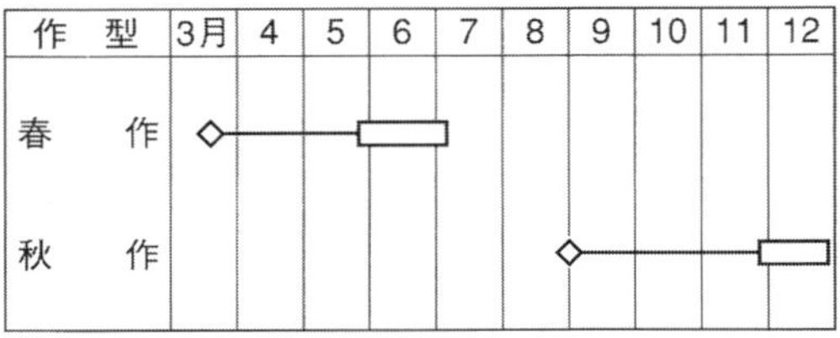

◇植えつけ　□収穫

肥　料　（1a＝100㎡当たり）

基　肥	施肥量	追　肥	施肥量
堆　肥	100kg	追肥化成	
カキガラ	6	春作(萌芽そろい)	3kg
基肥化成(春作)	10	秋作(萌芽そろい)	3
〃　(秋作)	12	着蕾期	3

畑の準備

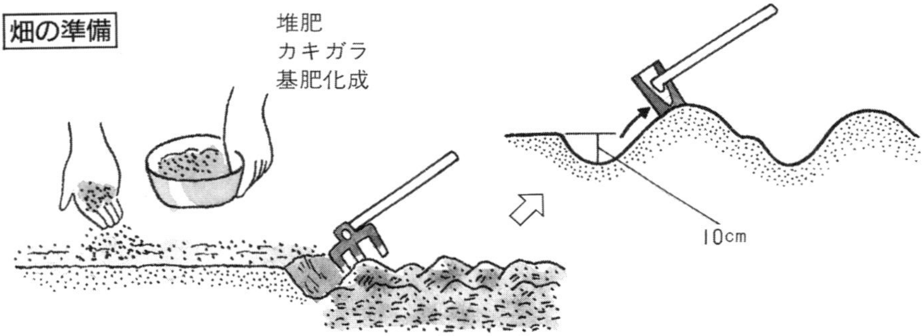

基肥を植えつけ10日前までに施し、幅60～70cmの畦をつくる

営農指導員からのアドバイス

①石灰質肥料の使用は控える。

②ナス科作物の連作を避ける。

③芽かきを行う。

特性　ばれいしょは冷涼な気候を好み、生育適温は10～23℃の範囲である。いもの形成適温は17℃で、29℃以上になると肥大できない。霜には弱く、氷点下1.5℃で凍死する。

最適土壌酸度はpH5.0～6.0である。

畑の準備　有機質に富み排水がよく、深く耕した畑が適している。

植えつけ10日前までに堆肥、カキガラ、基肥化成を施し、深く耕した後に幅60～70㎝の畦を立てておく。

植えつけ　植えつけの１～２日前に、種いもを35～50ｇの重さに切り、日陰で乾燥させる。秋作では腐敗防止のために２つ切りまでとする。切り口を下にし、５～６㎝の深さに植えつける。

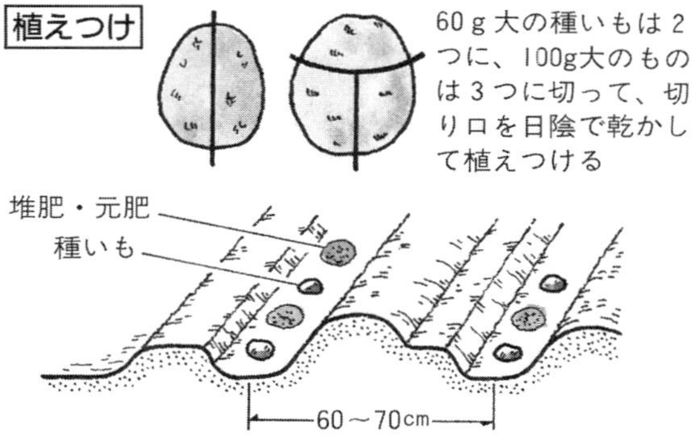

60g大の種いもは2つに、100g大のものは3つに切って、切り口を日陰で乾かして植えつける

種いもの切り口を下にして5〜6cm（マルチ栽培では10cm以上）の深さに植える

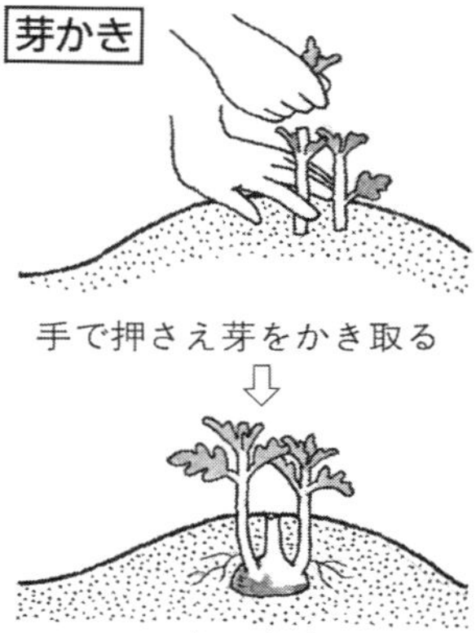

手で押さえ芽をかき取る

2本にする

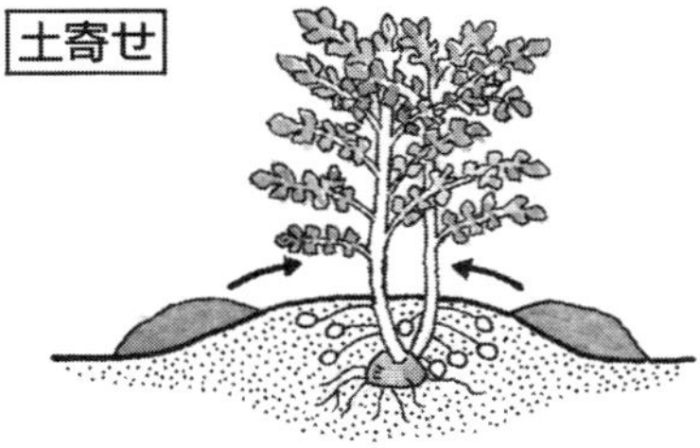

1回めは萌芽ぞろい、2回めは蕾が見え始めるころに行う

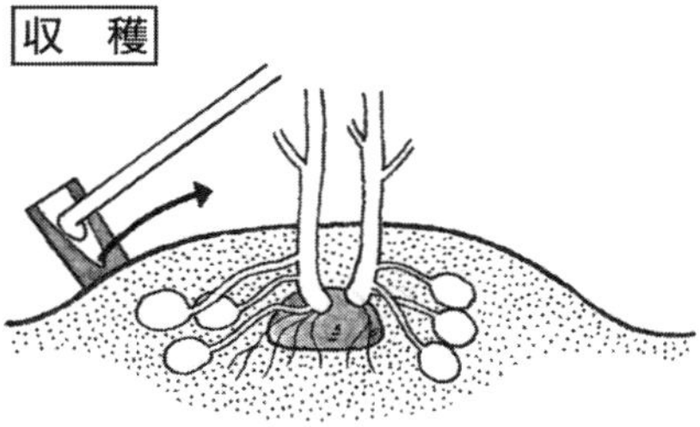

茎葉が黄色になったころ、晴天の日を見計らって収穫する

なお、マルチ栽培では10cm以上の深さに植えつける。

植えつけ間隔は30〜35cm。

管理　芽かきは芽が10cmくらいになるまでに行い、原則としてメークインは１本、デジマは放任、その他の品種は２本の芽にする。

土寄せは２回行い、１回めは萌芽そろい時、２回めは蕾が出るときに行う。

追肥　追肥は萌芽そろい時に施す。秋作では蕾が出るときに２回めを施す。マルチ栽培では、肥料は全量基肥として施す。

病害虫防除　病害では、６月中旬と10月中旬〜11月上旬に疫病が発生する。

害虫では、テントウムシダマシやアブラムシが発生するので、各種農薬で防除する。

収穫　目安として、春作の場合は茎葉が黄色くなるころから、秋作の場合は茎葉が枯れるころを目安にして収穫する。

やまのいも

〔ヤマノイモ科〕現在栽培されているものは、日本原産か中国から入ってきたといわれている。

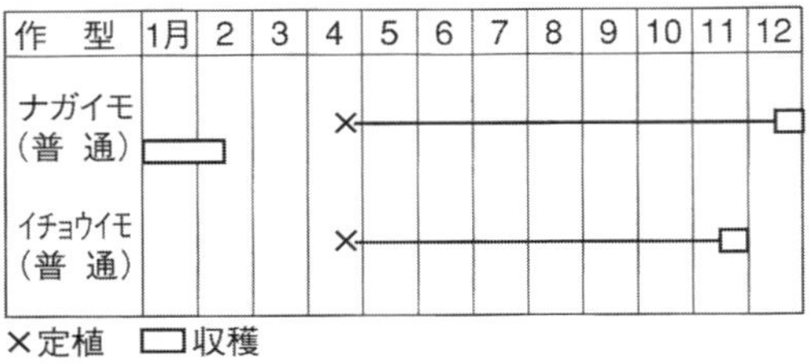

肥　料　（1a＝100㎡当たり）

基肥	施肥量	追肥	施肥量
堆肥	200kg	追肥化成	9kg
苦土石灰	5	つるが20cm	3
ようりん	4	7月上旬	3
		8月上旬	3

畑の準備

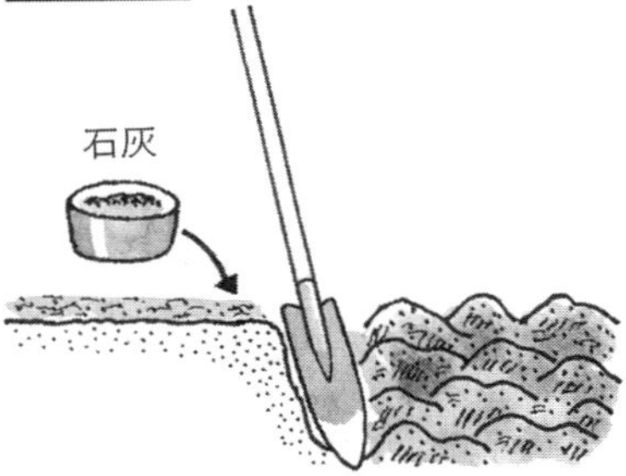

冬の間に全面に石灰をまいて、根の届く深さくらいまで耕しておく

種いもの準備

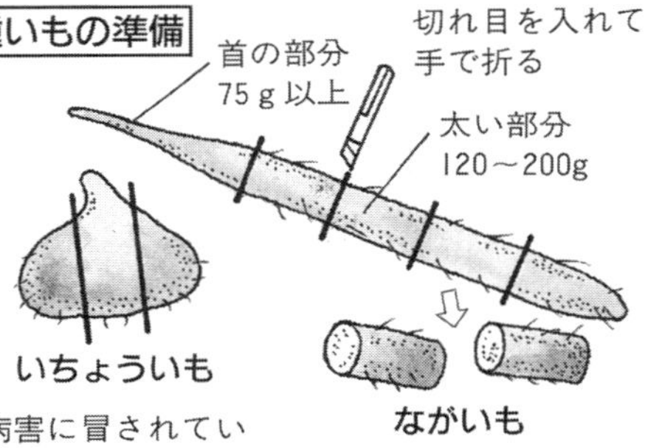

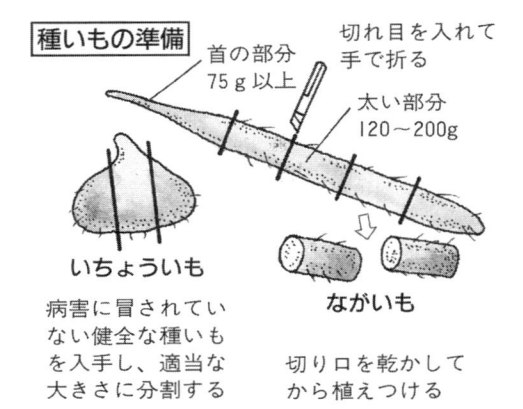

病害に冒されていない健全な種いもを入手し、適当な大きさに分割する

切り口を乾かしてから植えつける

営農指導員からのアドバイス

①堆肥は多く施す。

②畑は深く耕す。

③土壌の乾燥に注意する。

特性　地上部の生育適温は25℃前後で、根は15℃で出始める。

霜にあうと地上部は枯れる。

畑の準備　日当たりがよく、地下水位は低く、深く耕した畑を選定する。

植えつけ10日前までに堆肥、苦土石灰、ようりんを施して深く耕し、その後に80cm前後の畦を立てておく。

種いもの準備　種いもは、まず病気のないものを選ぶ。ながいもで120～200ｇ、いちょういもややまといもで50～60ｇの重さに切り、10～14日間、日陰で乾燥させ、コルク層をつくらせる。

定植　準備した種いもを直接植えつけてもよいが、芽が出るまでに日数を要するため、ビニールトンネルに仮植えし、25～30℃で15～

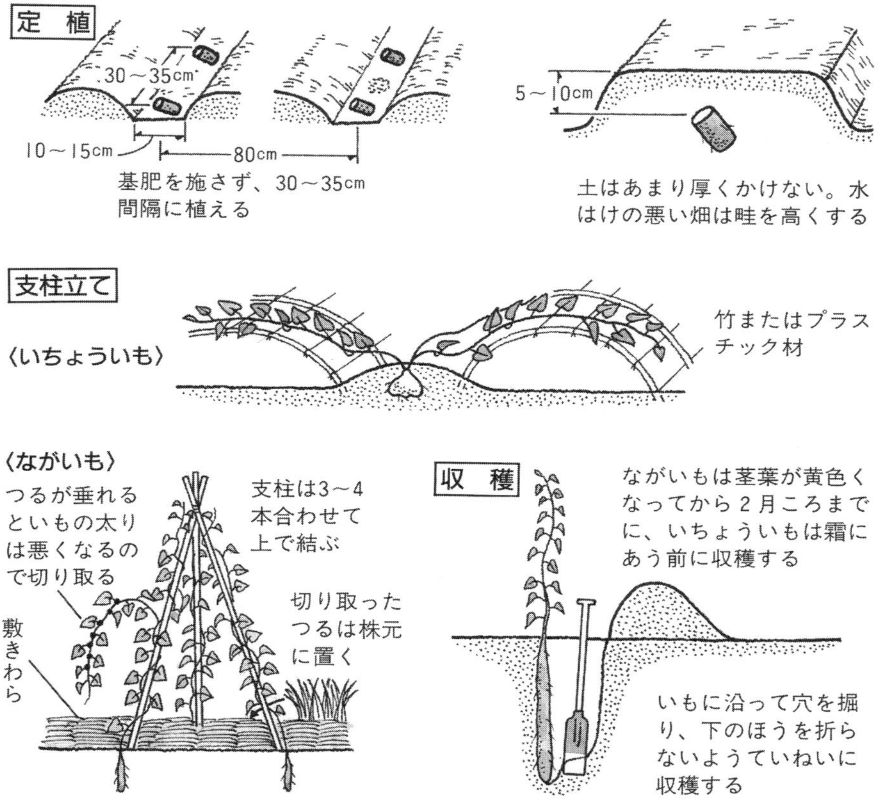
定 植
30～35cm
10～15cm
80cm
基肥を施さず、30～35cm
間隔に植える
5～10cm
土はあまり厚くかけない。水
はけの悪い畑は畦を高くする
支柱立て
〈いちょういも〉
竹またはプラス
チック材
〈ながいも〉
つるが垂れる
といもの太り
は悪くなるの
で切り取る
支柱は3～4
本合わせて
上で結ぶ
切り取った
つるは株元
に置く
敷きわら
収 穫
ながいもは茎葉が黄色く
なってから2月ころまで
に、いちょういもは霜に
あう前に収穫する
いもに沿って穴を掘
り、下のほうを折ら
ないようていねいに
収穫する

20日間管理する。あずき大に芽が出たものを定植するとよい。

定植間隔は株間30～35cmで、1条植えとし、植えつけの深さは5～10cmとする。

管理　種いもから出る芽は、くずいもがつくのを防ぐために、1本に整理する。

水やりは、生育期に当たる7～9月を中心に行う。

支柱立ては、つるが伸びすぎると作業が難しいので、芽が出た直後に行う。支柱は3～4本合わせて合掌に組み、上で結ぶ。

病害虫防除　病害では、ハシブ病や炭そ病が発生する。

害虫では、アブラムシやハダニが発生する。また、ネコブセンチュウによる被害も多いので、防除する。

収穫　未熟ないもはアクが出ることがあるため、いもが充実する11月ころから収穫するとよい。

貯蔵は3～5℃以上で行う。

タイム

〔シソ科〕原産地は地中海沿岸で別名タチジャコウソウともいう。細かい枝が茂る多年草。

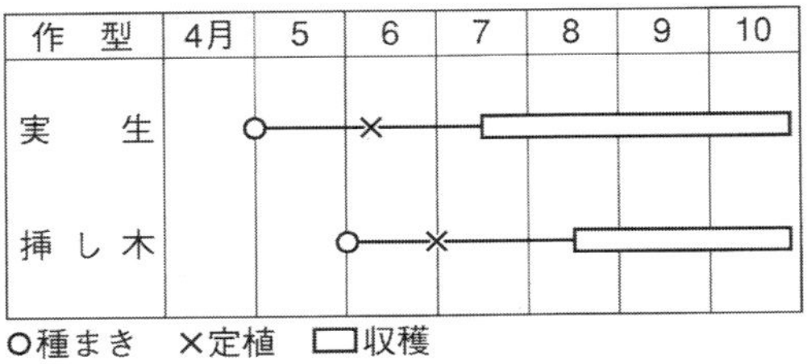

肥料　（1a＝100㎡当たり）

基肥	施肥量	追肥	施肥量
堆肥	300kg	追肥化成	4kg
苦土石灰	15		
ミネラル肥料	8		
基肥化成	10		

特性

草丈は15～30cm。若葉ややわらかい花穂を摘んで香料として使う

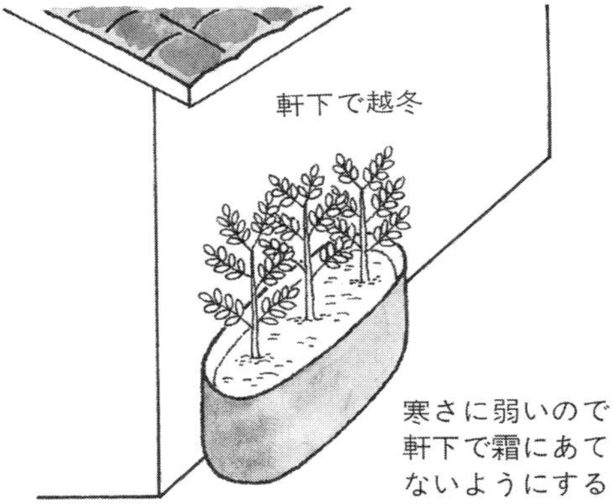

寒さに弱いので
軒下で霜にあてないようにする

営農指導員からのアドバイス

①過湿に弱い。排水のよい畑で。

②酸性土壌では生育が悪い。

③種をまいたら土はかけない。

特性　草丈は15～30cm程度で枝は横に張り、茎の基部（古い茎）は木質化する。香りの高い若葉や、やわらかい花穂を摘んで、肉料理などの香料として使う。

高温・乾燥には強いが、湿気に弱いので、梅雨が長引き土壌の通気性が悪くなると根腐れを起こす。酸性土壌では生育が悪い。

品種　種類が多く、日本で自生しているのはイブキジャコウソウであるが、クリーピングタイム、レモンタイム、ゴールデンタイム、シルバータイムなどがある。

殖やし方　繁殖の方法は、挿し木、株分け、実生である。

2年以上たつと古株で元気がなくなるので、株分けや挿し木で若返らせる。春から秋が適期。

挿し木は5～6月ころに充実し

種まき

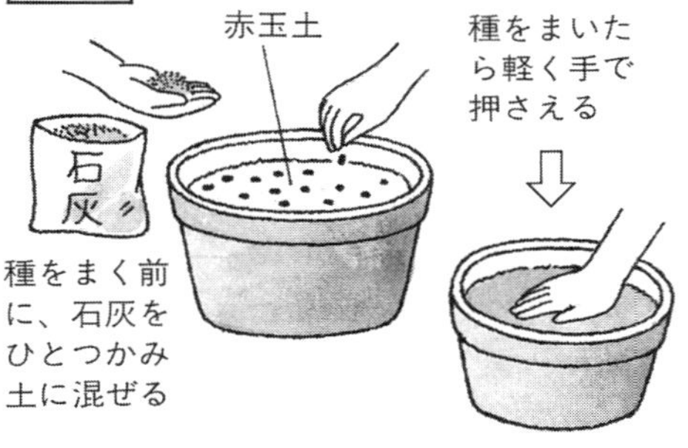
赤玉土
種をまいたら軽く手で押さえる
石灰
種をまく前に、石灰をひとつかみ土に混ぜる

間引き

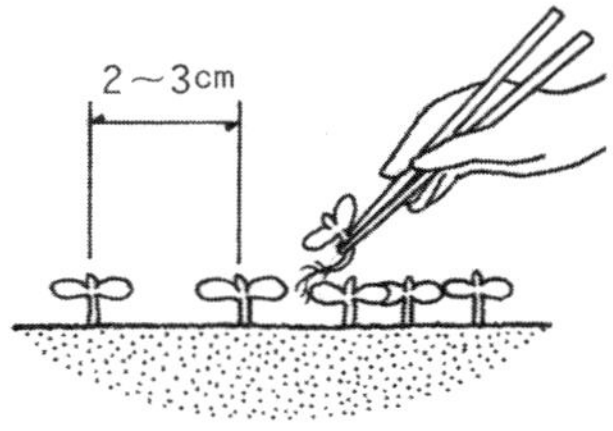
2～3cm

発芽後、2～3回間引きする

定　植

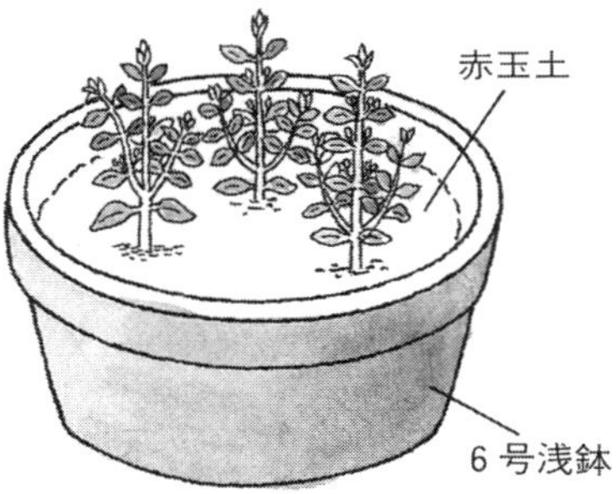
赤玉土
6号浅鉢

苗が4～5cmのとき定植する。6号鉢で1鉢当たり3本植える

追　肥

毎月1回、追肥化成を少量施す

た枝を5～6cmに切り、挿し木をして寒冷紗をかけておけば2週間で根が出てくる。

種まき・育苗　4～5月に育苗用土を育苗箱か鉢に入れ種をまく。種が小さいため土はかけず、軽く押さえる。

出芽後、株間2～3cmに間引いて、そろった苗を定植する。

定植　草丈4～5cmになると定植する。プランターに植える場合は650形で3～4本、6号鉢で3本くらい植える。

畑に植える場合は堆肥、苦土石灰、ミネラル肥料、基肥化成を施して耕す。畦幅80～90cm、株間は25～30cmに定植する。

追肥　プランターや鉢植えでは、毎月1回ずつ置き肥をする。

畑に植えた場合は、生育状況を見ながら、追肥化成を施す。

収穫　小枝が出て、しっかりした株になったら、開花直前に若枝を収穫し、陰干しして保存する。

バジル

〔シソ科〕インド、東南アジア原産の一年草。ハーブの王様と呼ばれ地中海沿岸で多く栽培される。

作型	1月	2	3	4	5	6	7	8	9	10	11	12
春まき				○	×		□	□				

○種まき　×定植　□収穫

肥　料　（1a＝100㎡当たり）

基　肥	施肥量	追　肥	施肥量
堆　肥	300kg	追肥化成	9kg
苦土石灰	15	定植後1か月	
ミネラル肥料	8	3kg×3回	
けいふん	40		
基肥化成	10		

畑の準備

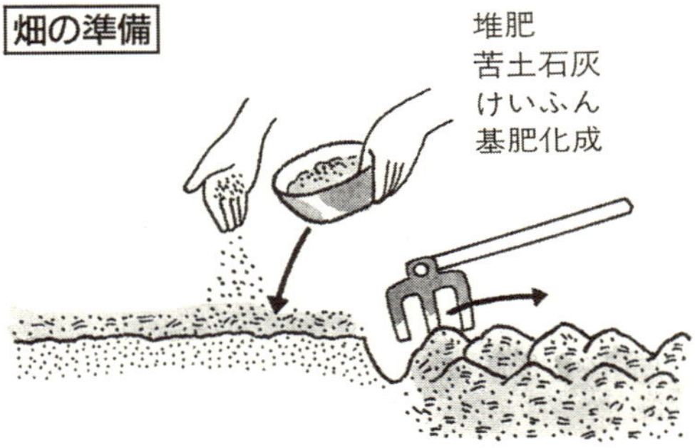

定植の10日くらい前に基肥をやり、深く耕す

種まき

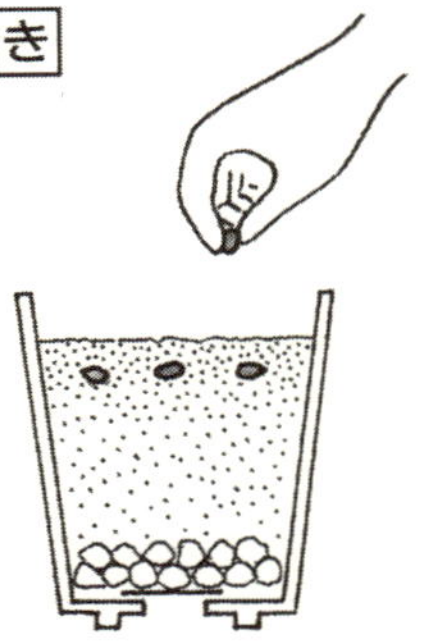

3号ポットに2～3粒じかまきする

営農指導員からのアドバイス

①種まき後の土は薄くかける。
②摘心を行い、わき芽を伸ばす。
③開花前のやわらかい葉を収穫。

特性　種は2㎜くらいで黒い色をしている。草丈は50～60㎝くらいで、枝が多い。日当たりのよい、有機物に富んだ土壌を好む。発芽適温、生育適温ともに25℃前後で、4月ころに種をまくと、7月下旬からしそに似た、白または淡い紅色の花を長い穂状につける。

寒さには弱く、霜が降りるころまでが収穫適期である。

品種　一般に葉が大きく香りのよいスイートバジルが栽培されているが、わい性のブッシュバジル、葉が紫色のダークオパールなどもある。

畑の準備　定植の10日前くらいに堆肥、苦土石灰、けいふん、基肥化成を施し深く耕す。

畦幅120㎝の2条植えで、株間は30㎝とする。

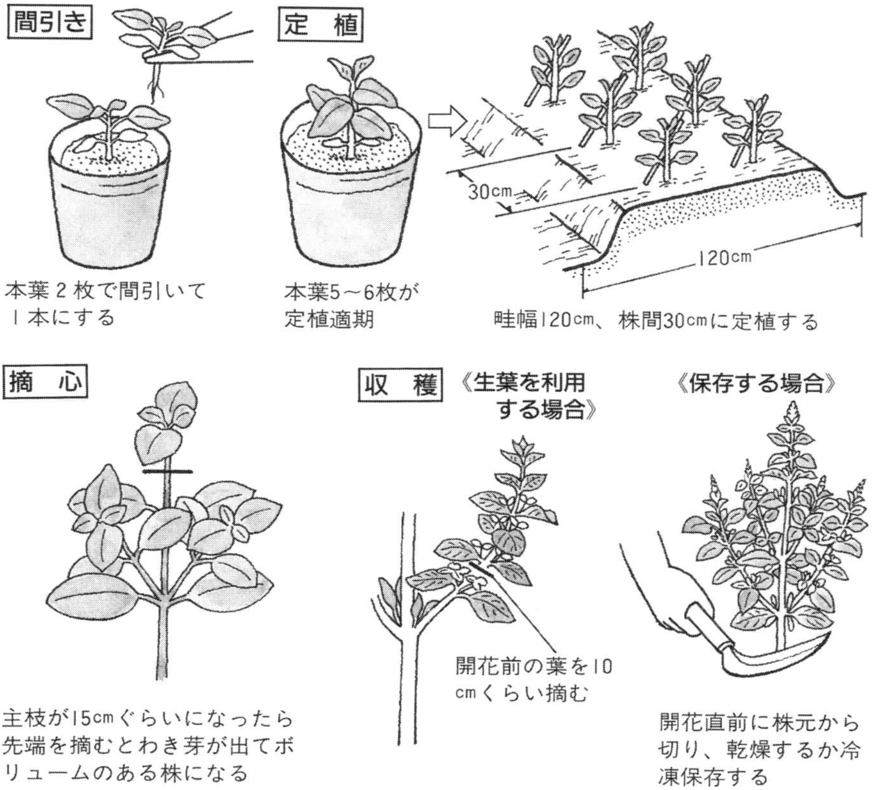

本葉２枚で間引いて
１本にする

本葉5～6枚が
定植適期

畦幅120cm、株間30cmに定植する

主枝が15cmぐらいになったら
先端を摘むとわき芽が出てボ
リュームのある株になる

切り、乾燥するか冷
凍保存する

育苗　遅霜の心配がなくなったころが育苗の適期である。３号ポットに育苗用の土を入れ、２～３粒種をまき軽く土をかける。

発芽後、本葉２枚で間引きを行い、本葉５～６枚まで育苗し、定植する。

定植　株間30cmの間隔で定植し、風で倒れないよう支柱を立てる。

整枝　定植後、草丈15cmくらいで摘心を行って、わき芽の生長を早める。

追肥　定植後１か月ころから、追肥化成を月１回の割合で施す。

病害虫防除　ヨトウムシ、ハダニが発生する場合があるので、早期に発見し、捕まえるか発生部位を摘除する。

収穫　開花前の葉がやわらかいうちに収穫する。生葉を利用する場合は、若枝の先を10cmくらい摘み、保存する場合は、開花直前に株元から刈り取り、乾燥するか冷凍保存する。

ラベンダー

〔シソ科〕原産地は地中海沿岸で常緑小低木（品種によっては多年草）。初夏から秋に開花する。

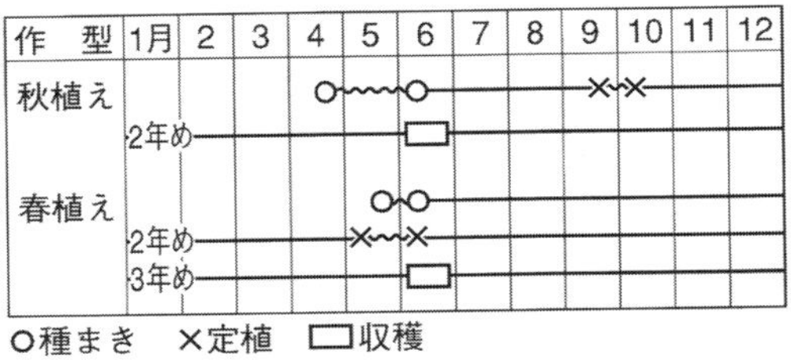

肥　料　（1a＝100m²当たり）

基　肥	施肥量	追肥（2年め）	施肥量
堆　肥	400kg	堆　肥	100kg
ミネラル肥料	8	ミネラル肥料	4
基肥化成	6	基肥化成	3

種まき

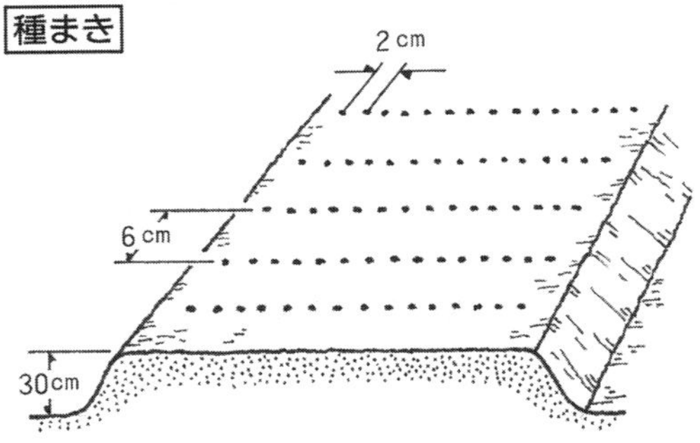

無肥料で高さ30cmくらいの床に、
すじ間6cmで種間隔2cmにまく

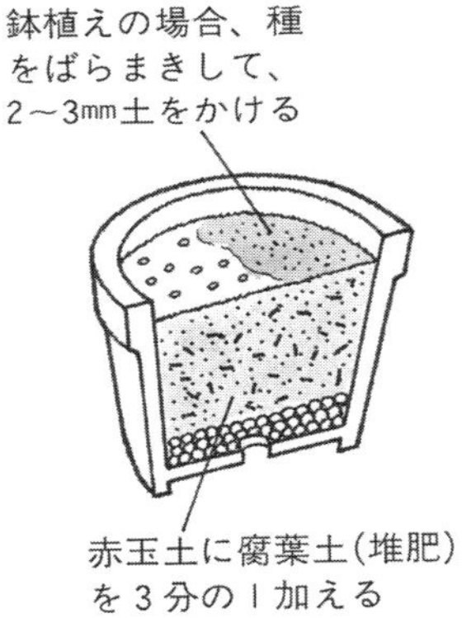

営農指導員からのアドバイス

①日当たり通風のよい場所で。

②種まきは無肥料で排水良好土に。

③高温多湿では生育が衰える。

特性　地中海沿岸の優雅な香りを今に伝えるハーブの人気種。

香り原料、ハーブティー、食の風味づけ、そして公園などの環境美化、ガーデニング等々に幅広く活用されている。

開花期は6～7月が一般的で、青紫色の花を咲かせるものが多い。品種によっては四季咲きのものもある。草全体に芳香がある。

育苗　4～6月に、無肥料の、高さ30cm程度の床に6cmのすじ間をつくり、2cm間隔に種をまく。

出芽後、密生部分を間引いて、本葉3～4枚のころ、苗床に10cm間隔で仮植えする。6～9cmのポリ鉢に植えてもよい。

水やりは控えめにする。

定植　土地・土質は選ばず、全国各地で栽培されているが、日当た

移植

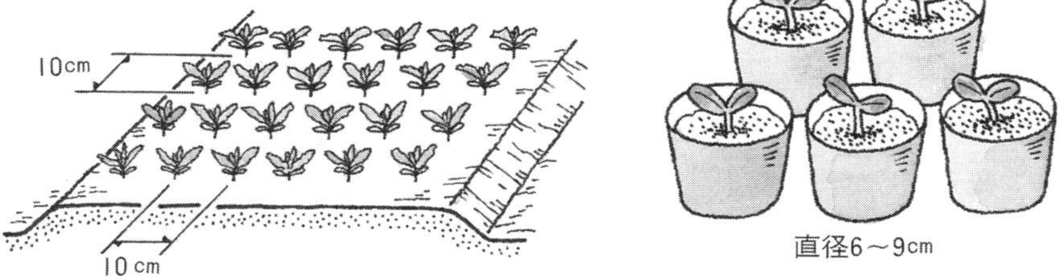

本葉3〜4枚のころ、苗床に10cm間隔で移植する。
ポリ鉢に移植してもよい

畑の準備

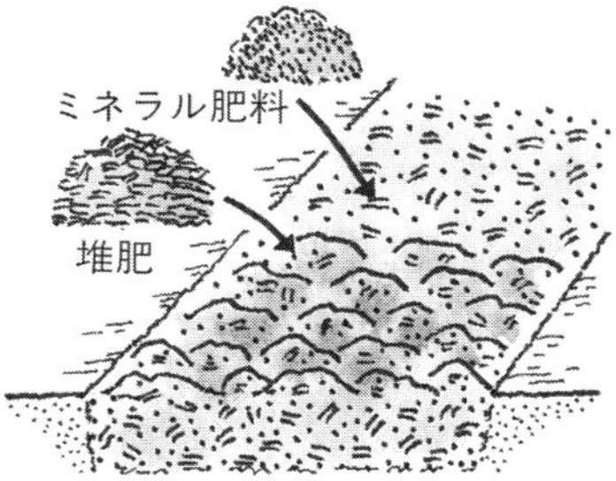

基肥を施し、よく耕す

定植・追肥

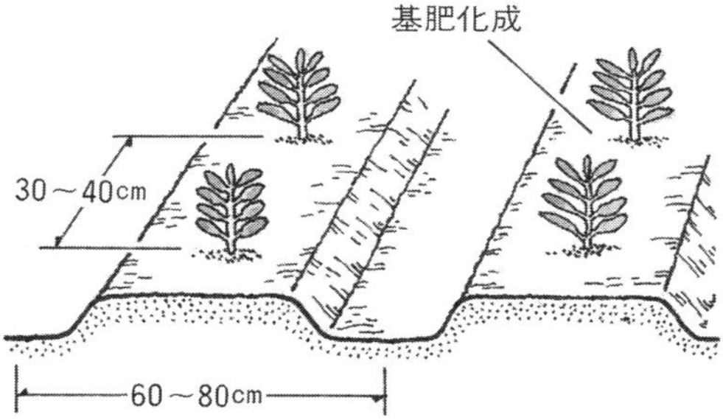

30〜40cm間隔に定植し、活着後追肥を与える

りと排水のよい土地に植えること。畑は深く耕して、根の張りをよくする。

夏越しのためには、プランターなどに植えるのがよい。春の露地植えの場合は、畦幅60〜80cm、株間30〜40cmくらいに植える。

管理　根がついたら、基肥化成を株のまわりに施す。

2年め以降は、早春、株間に基肥化成を施す。生育が悪い場合は、花が終わるころにも施す。

挿し木でふやす場合は、よい株を選んで、砂地に春または秋に新芽を挿す。

収穫　満開まで待つと精油分が揮発してしまう。花穂の4〜5輪が咲き始めたころが収穫の適期である。根元から10〜20cmで切って収穫する。

利用　香水、化粧水の原料のほかに、シチュウの風味づけやジャムなどに利用する。ハーブティー、ガーデニングに人気が高い。

ルッコラ（ロケット）

〔アブラナ科〕地中海沿岸地方の原産。本名はエルーカといい、別名ロケットとも呼ばれる。

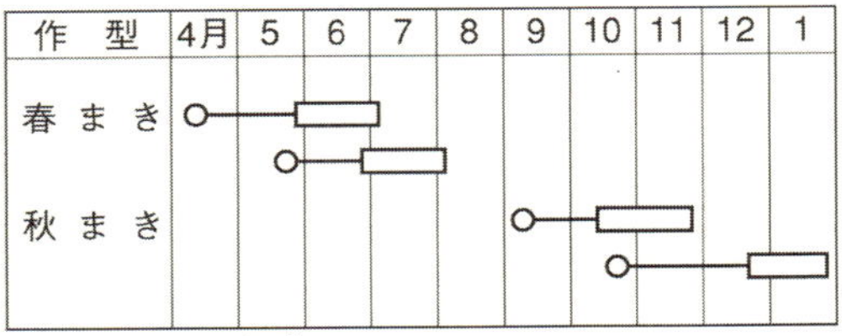

○種まき　□収穫

肥　料　（1a＝100㎡当たり）

基　肥	施肥量	追　肥	施肥量
堆　　肥	200kg	追肥化成	3kg
ミネラル肥料	6	葉摘み収穫は20日ごとに追肥を続ける	
カキガラ	10		
けいふん	65		
基肥化成	8		

畑の準備

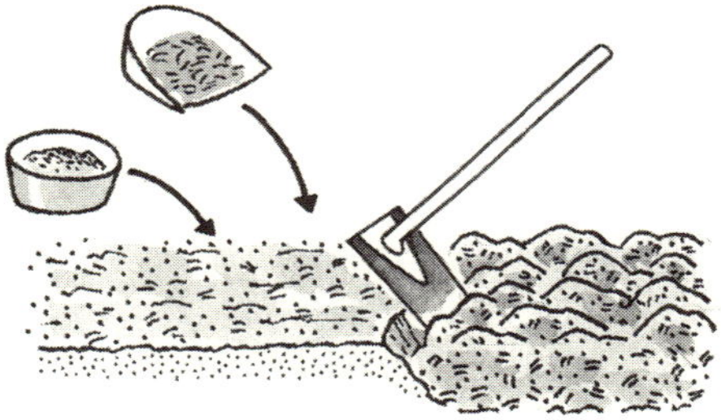

種まき１か月前に完熟堆肥、ミネラル肥料、カキガラ、けいふんを施し、深く耕す

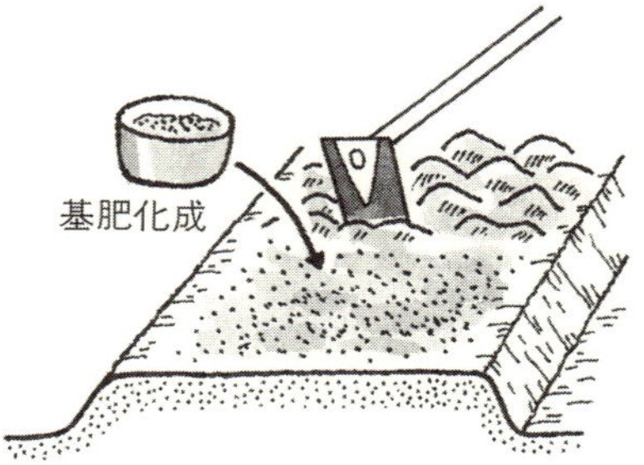

種まき２週間前に基肥化成を施し、120㎝の畦をつくる

営農指導員からのアドバイス

①半日陰がよく、西日を嫌う。

②排水のよい場所を好む。

③花が咲くと風味が落ちる。

特性　発芽適温15～20℃、生育適温20℃前後で、一般的には春か秋に種をまく。冬はビニールハウス、夏は雨よけハウスと遮光資材で周年栽培ができる。

収穫方法は、抜き取り収穫と葉摘み収穫がある。土質は特に選ばず、ほとんどの土地でよくできる。

晩春にだいこんの花によく似た薄黄色の花を咲かせ、さや状の実がつき、その中に小さな種が入っている。

葉はビタミンCとEを含み、新鮮な葉にはごま風味の香りと辛みがあり、人気の高いハーブである。

品種　種はロケットとして売られているほか、ロケットの改良品種として、オデッセイという品種がある。

畑の準備　排水のよい場所を選び、

種まき

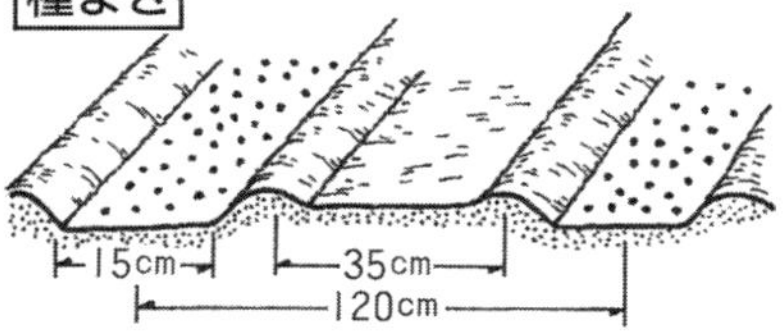

十分水をやって種をばらまきし、軽く土をかける。一度に全部まいてしまわずに10日～15日おきに順次、まいておくといつでも利用できる

間引き

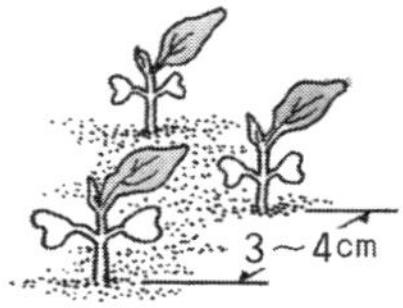

本葉1枚のころ3～4cm間隔に間引く

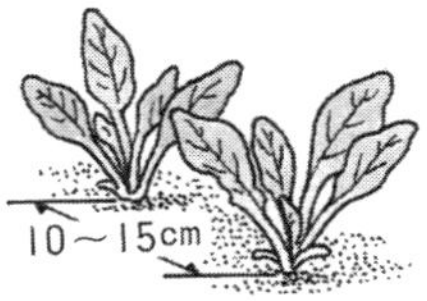

草丈7～8cmのころ10～15cm間隔に間引く

収　穫

《抜き取り収穫》

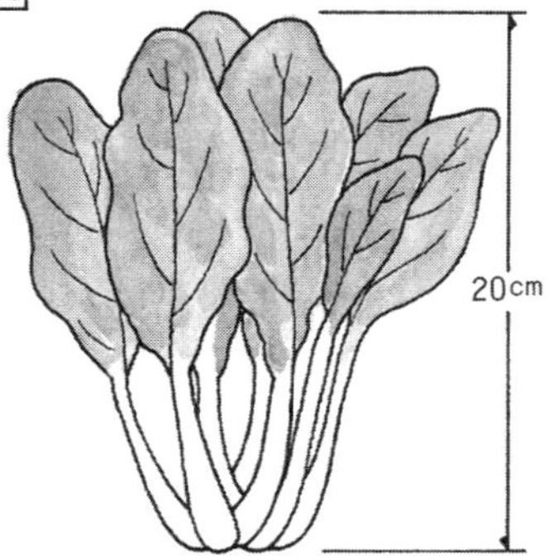

冬場のビタミン補給に最適。サラダ、炒め物やお浸し、スープなどにおすすめ

《葉摘み収穫》

摘み取った葉や茎は、ざるそばやそうめんの薬味として利用する

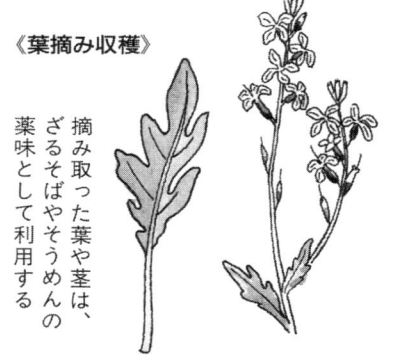

20日ごとに追肥を行い株を長持ちさせる。また、株を長持ちさせるためには摘蕾したほうがいいが、花はとても上品で魅力的である

種まきの１か月前には堆肥、ミネラル肥料、カキガラなどを施し深く耕す。種まきの２週間前に基肥化成を施し、幅120cmの畦をつくる。抜き取り収穫の場合は、基肥主体とする。

種まき　すじ間35cmで２条のまき溝をつくり、十分に水をやった後、まき溝に種をばらまきし、軽く土をかける。

管理　出芽そろいから間引きを始め、２～３回間引く。間引きしたものも適宜活用しながら、最終株間を、抜き取り収穫なら10cm、葉摘み収穫なら15cmくらいにする。均一な生育をさせるために、必要に応じて水をやる。

収穫・利用　抜き取り収穫では草丈20cmくらいで収穫。種をまいて30～60日を要する。葉摘み収穫は、株を維持しながら随時収穫。

利用方法は、サラダ、炒め物、お浸しのほか、ざるそばやそうめんの薬味としても利用できる。

しいたけ

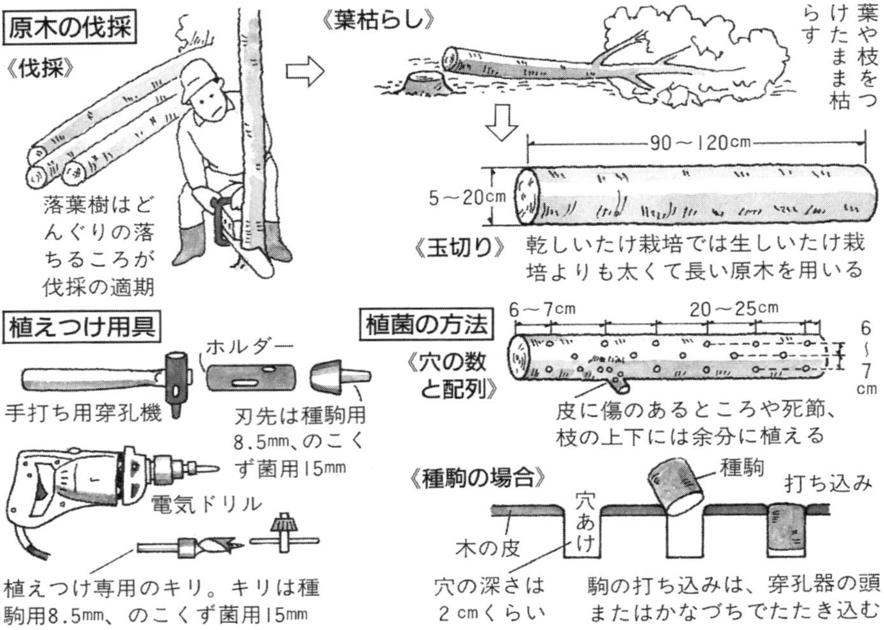

営農指導員からのアドバイス

①原木に直射日光を当てない。

②排水のよい場所に置く。

③雨がよくかかり、風通しのよい場所に置く。

原木　しいたけ菌は死物寄生菌であり、組織の死んだ木の養分を吸収しながら生長する。安定して発生する樹種はコナラ、クヌギ、ミズナラなどである。

原木の伐採適期は果実（どんぐり）が落ちる時期、すなわち紅葉の始まったころである。伐採したら約１か月間、葉や枝をつけたまま乾燥させ、枯らす。

植菌　しいたけにも野菜と同じように品種があり、高温系（15～25℃で発生）、中温系（10～20℃で発生）、低温系（５～15℃で発生）に分けられる。

一般的には、低温系の品種を選べば、浸水操作や加温操作をしなくてよい。

植菌は、さくら（ソメイヨシ

林内伏せ込み

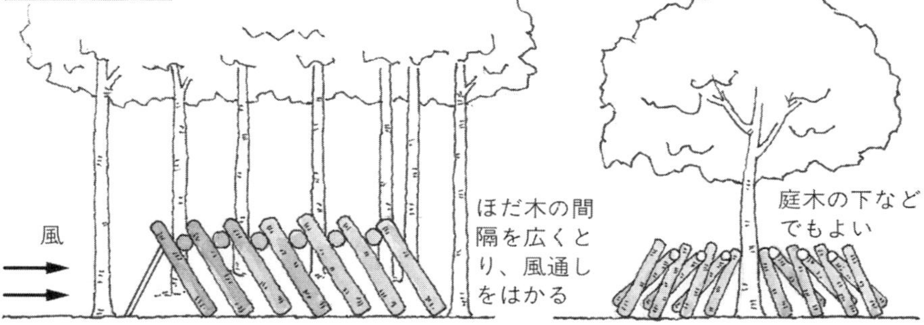

ほだ木の組み方

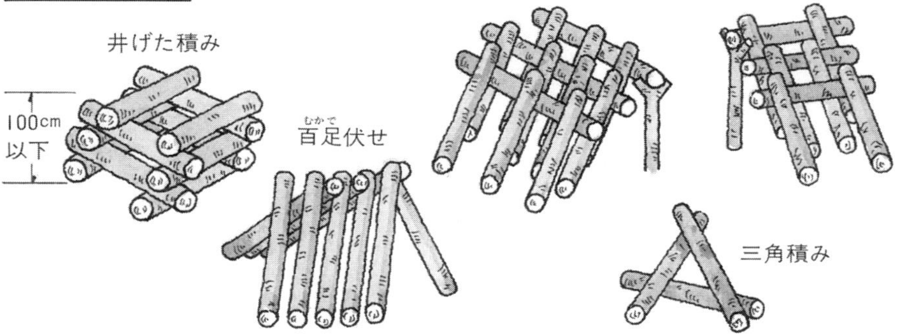

ノ）が開花するまでに終えるようにする。

伏せ込み　植菌をすませた原木は、きのこが発生するまでの約１年半の間、よい環境で菌を蔓延させてやる。

南か南東向きの山の中腹部で、落葉広葉樹林が最適である。やむをえず人工的に覆う場合は、できるだけネットを高く張り、乾燥したら散水をする。

発生　伏せ込む場所とは違い、きのこが発生しやすい環境に移動する。昼と夜の温度変化が大きい場所が適している。

林内では常緑広葉樹、家の近くでは寒冷紗などの人工的な被覆資材を用いて、南向きの暖かい場所に半日陰をつくってやり、風通しは少し弱めにしてやる。

収穫　きのこの傘の部分が５～７分開いたときに収穫する。また、収穫前には、雨に当てないように注意する。

ひらたけ

植　菌　**《小中径木》**

ドリルで穴を
あける

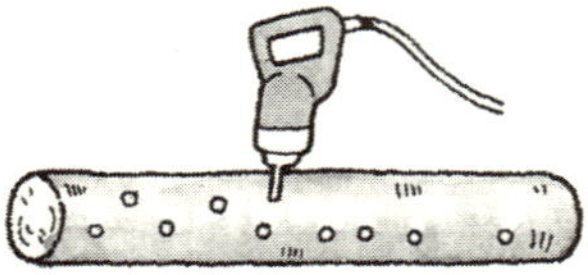

直径10cm、長さ１mの原木では20～25か所の穴をあける

樹皮の展開図

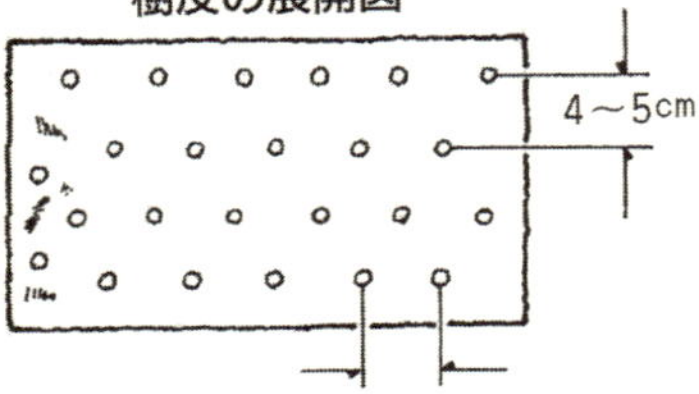

植え穴は千鳥にあける

《大径木》

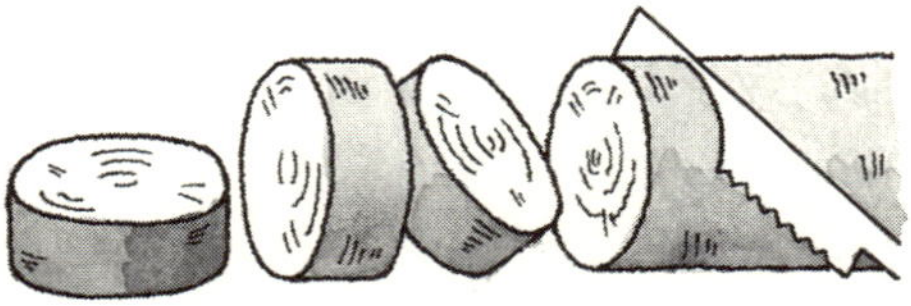

短木栽培の玉切りの厚さは12～15cmを標準とするが、20～30cmでもよい。後で切断面が重ねられるように番号を書いておく

●コマ菌、オガ菌使用　**〈オガ菌の植え方〉**

植え穴は５cm²に１個の割合

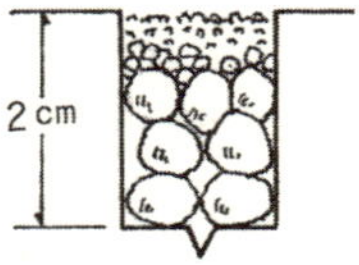

上部には細かいものを。中には粗い塊を

営農指導員からのアドバイス

①混合種菌には新鮮な材料を。

②植菌後は１～２か月間保湿。

③伏せ込み、伏せ床環境整備。

特性　ひらたけ菌は、木材の主成分であるリグニンやセルロースを分解し栄養をとって生活している。自然界では広葉樹に発生するが、雑食性があり、草、わら、古紙などでも栽培できる。

原木　エノキ、ヤナギ、ポプラ、クルミ、クワ、ナシが適する。

伐採時期は、秋の紅葉期から翌春の新芽が出るまでの木の休眠期が適している。

玉切り　植菌直前に玉切りを行う。太い原木は長さ（幅）12～15cmの円盤状に切断し、切った順に番号を書いておく。細いものは100cmくらいに切る。

植菌　秋植えは、厳寒期までに菌を十分活着させる。春植えは、４月末までに終える。遅れるとその年の発茸が望めなくなる。

●平ぬり法

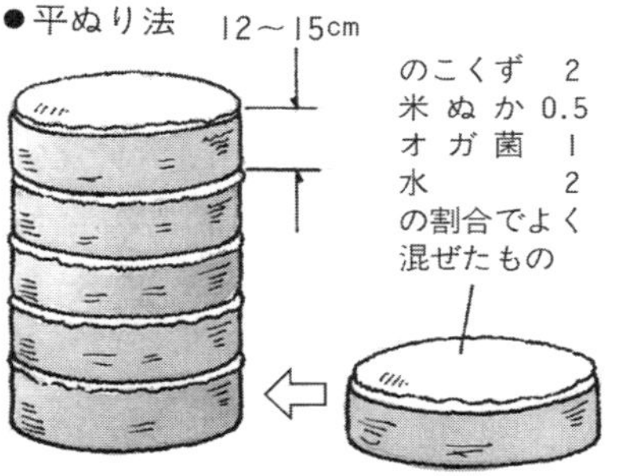

3～5段ほどピッタリと重ねる

6～8㎜くらいの厚さにぬりつける

※平ぬり法は植菌年の秋から発生する

●大径木短木栽培の仮伏せ

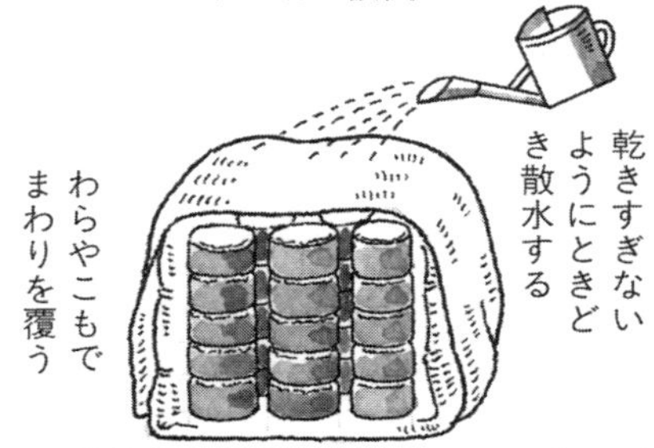

2～3月植菌の場合、５月ころには木口面に菌糸が吹き出る。梅雨入り前までにこも囲いをはずし本伏せとする

伏せ込み　●林内伏せ込み

地伏せ　　よろい伏せ　　立て伏せ

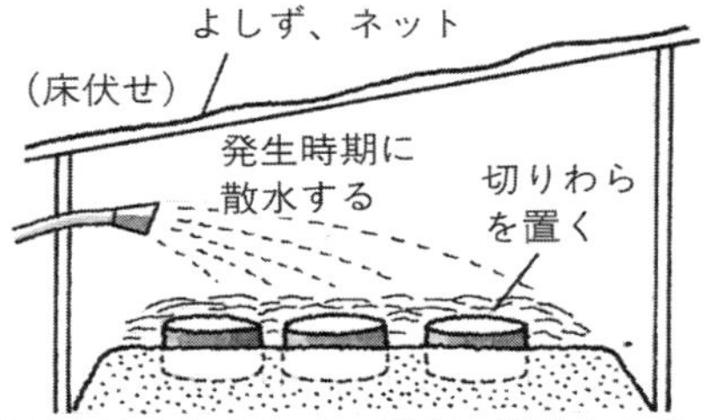

ほだ木は土から2～3cm出す。切りわらを薄く置くと発生が多くなる。

露地に床伏せした短木ほだ木

コマ菌、オガ菌を利用する場合は、大径木は５㎠に１個の穴をあけ、植菌して５段ほど重ねる。

小中径木は幅４～５㎝、長さ15～20㎝にコマを打つ。

平ぬり法は、のこくず２、米ぬか0.5、オガ菌１、水２を混ぜたものを、大径木の切り口に６～８㎜の厚さに塗りつける。５段くらい重ねる。

わらやこもでまわりを覆う。

伏せ込み　梅雨入り前に日陰地に本伏せする。大径木は種菌の状態で立て伏せする。小中径木は地伏せまたはよろい伏せにする。

発生操作　大径木は植菌年の８月下旬～９月上旬に分解し、日陰地に床伏せする。ほだ木は２～３㎝出して埋める。小中径木は地伏せまたはよろい伏せのままとする。

ほだ木の上には切りわらを置き、発生時期には散水する。

収穫　株のまま収穫する。明るいと灰褐色、暗いと淡い。

野菜栽培の基礎知識

◉化学肥料

チッソ肥料

リン酸肥料

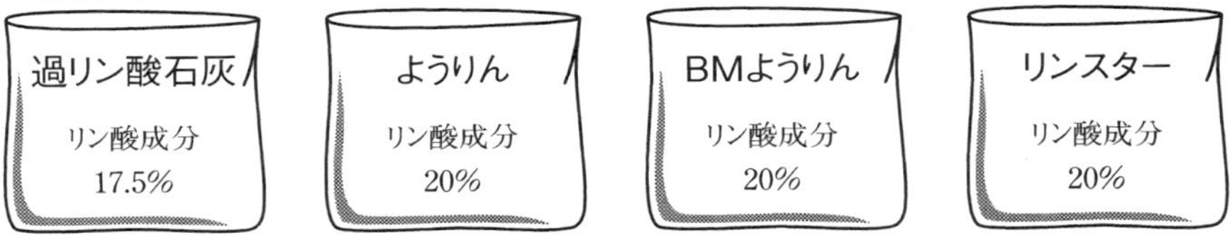

カリ肥料

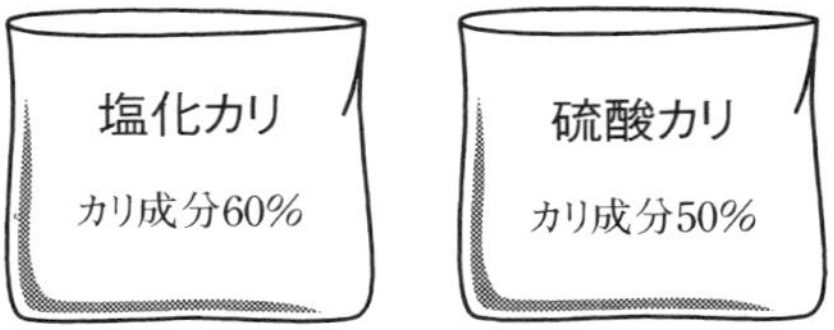

化成肥料

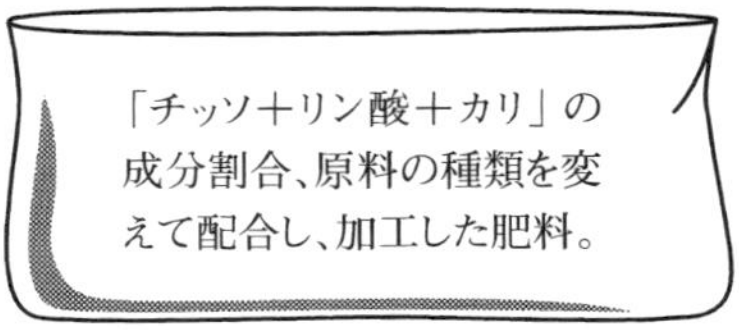

チッソ肥料　硫安、塩安　硝安、尿素、石灰チッソの５種類あり、チッソの形態が異なる。なかでも石灰チッソは農薬的要素があり、特異な存在である。

リン酸肥料　過リン酸石灰、ようりん、BMようりん、リンスターなどが多く市販されている。過リン酸石灰だけが水溶性のリン酸を含んでおり、他は根が出す有機酸でリン酸を溶かして吸収する形態の、く溶性リン酸である。

カリ肥料　塩化カリと硫酸カリが一般的で大きなちがいはない。

化成肥料　一般に肥料と言えば化成肥料のことを言う。チッソ、リン酸、カリの３要素を含んでおり、基肥用は３要素がほぼ同量含まれている。

　追肥用はリン酸が少ない。リン酸は吸収が遅いために、追肥では間に合わないためである。

　３要素のほかに苦土やホウ素、マンガンを含む化成肥料も多い。

◉有機質肥料

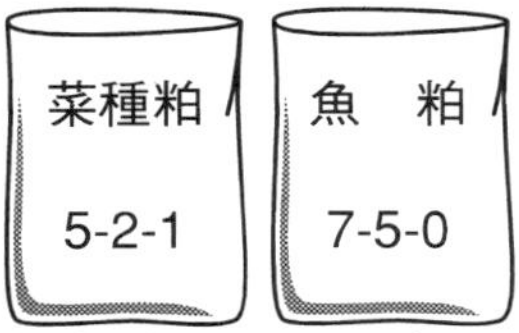

（数字は左からチッソ、リン酸、カリの成分量を示す）

堆肥

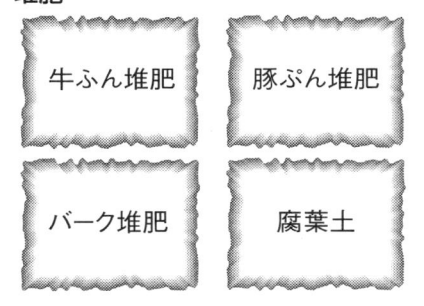

牛ふん堆肥　豚ぷん堆肥

バーク堆肥　腐葉土

有機質肥料と堆肥の中間

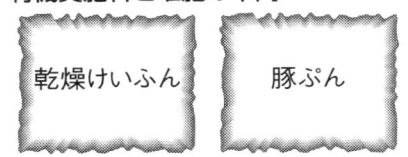

乾燥けいふん　豚ぷん

有機質肥料　菜種粕、魚粕が主なものである。畑に施肥してもすぐには作物は肥料として吸収しない。土の中で水分を吸収して腐敗し、作物の吸収できるチッソに変わってから吸収される。そのため吸収されるのがゆるやかで、長い期間肥料効果がある。

堆肥　肥料成分は有機質肥料より少ないが、繊維質が多く、土に空気を含ませ、水分を保持する土壌改良効果が大きい。

◉植物の必須元素

植物必須16元素	5要素	3要素	チッソ　N
			リン酸　P
			カリ　K
			カルシウム（石灰）　Ca
			マグネシウム（苦土）　Mg
	微量要素		鉄　Fe
			ホウ素　B
			マンガン　Mn
			亜鉛　Zn
			銅　Cu
			ニッケル　Ni
			モリブデン　Mo
			塩素　Cl
			硫黄　S
			ケイ酸　Si
			アルミニウム　Al

植物の必須元素　植物の生育に必要な3要素としてチッソ、リン酸、カリがある。最近は5要素としてカルシウム（石灰）とマグネシウム（苦土）が加えられている。この5要素のほかに作物によってはホウ素、マンガン、亜鉛、ケイ酸、鉄などが施肥されている。

植物の生育に必要な必須元素は以上のほかに銅、ニッケル、モリブデン、塩素、硫黄、アルミニウムの合計16元素である。

◉野菜畑の土

土に空気

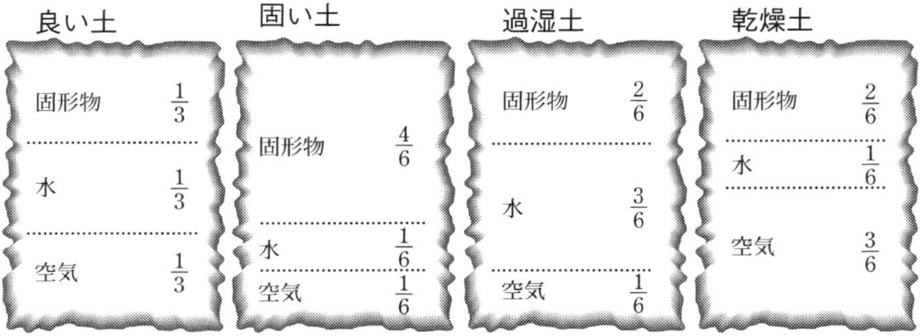

深い耕土

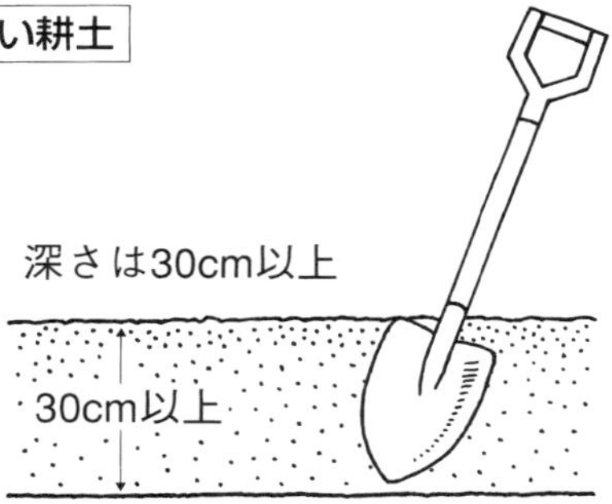

保肥力には差がある

（mg当量）

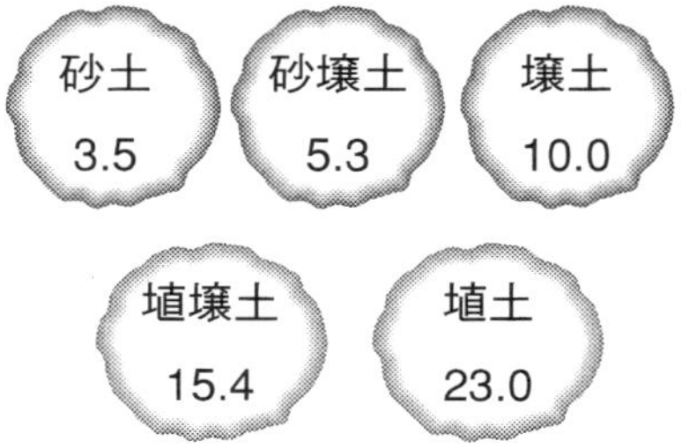

土に空気を　畑の土は目に見えている固形物と水および空気から成り立っている。

野菜畑は容積比で３分の１ずつが理想とされている。耕したときはやわらかく理想的な状態であるが、日数の経過とともに固くなり、空気が少なくなる。中耕して固くなるのを防いでいる。

根本的に良い土をつくるには堆肥の施用である。堆肥を施用していると理想的な土に近づいてくる。

耕土は深く　畑の土の深さは30㎝以上必要である。「ごぼう」や「ながいも」などは深いほどよい。

耕土が浅い場合は、畦立てをして耕土を深くする。

保肥力　畑の土は土質によって肥料を持つ力にずいぶんと差がある。マサ土の埋め立てや客土の保肥力は３～５（mg当量）である。広島市内の一般的な畑の保肥力は10～15であるが、粘っこい土は20～25である。黒ボクは30～35である。

苗床・育苗ポット用土の肥料

地床育苗

ねぎ・たまねぎ（1m^2当たり）

完熟堆肥	2kg
苦土石灰	100g
ミネラル肥料	60g
ＢＭようりん	80g
基肥化成	80g

その他（1m^2当たり）

完熟堆肥	2kg
苦土石灰	80g
ミネラル肥料	60g
基肥化成	60g

ポット育苗

材料配合割合

果菜類

土：完熟堆肥
5：　5

土：完熟堆肥：もみがら
6：　3　：　1

葉菜類

土：完熟堆肥
7：　3

土：完熟堆肥：もみがら
7：　2　：　1

肥料（用土10ℓ当たり）

果菜類

苦土石灰	8g
ミネラル肥料	6g
BMようりん	10g
基肥化成	10g

葉菜類

苦土石灰	8g
ミネラル肥料	6g
基肥化成	10g

⊙地床育苗

ねぎ・たまねぎ　苗床の肥料は他の野菜より少し多く、特にリン酸肥料を多く施す。種まきの20日以上前に施肥し、よく耕しておく。畑１ａ当たりの苗床は、ねぎ13㎡、たまねぎ４～５㎡準備する。

その他　完熟堆肥、ミネラル肥料、苦土石灰、基肥化成を種まきまたは移植の20日以上前に施肥し、よく耕しておく。畑１ａ当たりの移植床は４㎡準備する。

⊙ポット育苗

果菜類　土と堆肥の混合割合が問題である。水をかけるとサァーと引くようにする。もみがらを混ぜすぎると、乾きすぎるので、ころあいが大切である。

バークやオガクズ堆肥は特に完熟を確かめること。未熟堆肥は生育を阻害する。

葉菜類　土と堆肥の混合割合は、果菜類より土が多くてよい。堆肥の不足分はもみがらなどで補う。

野菜栽培用資材

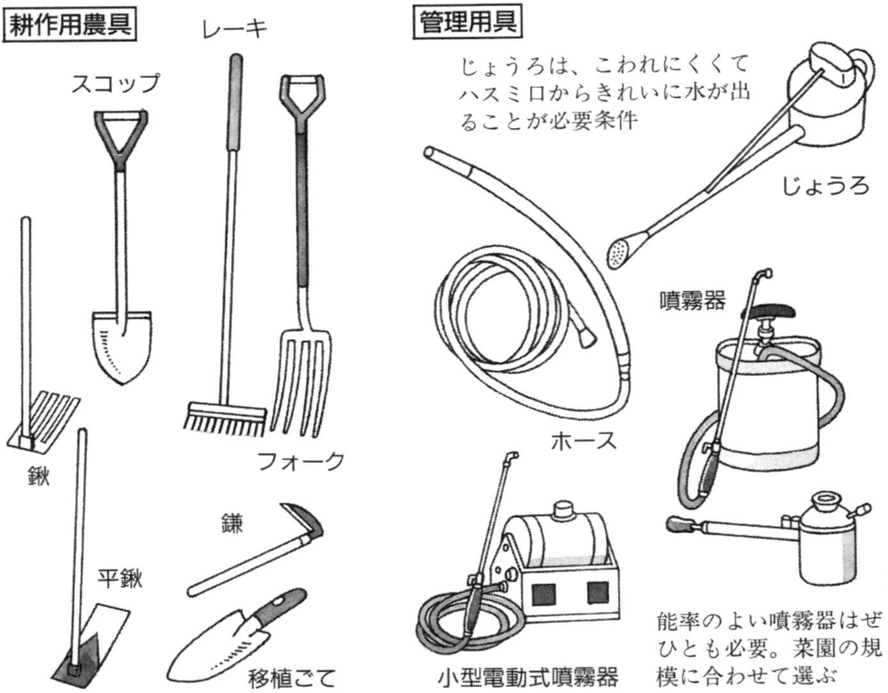

⊙耕作用農具

野菜栽培に必要な用具は土を管理する用具（耕作用具）と栽培管理する用具が必要である。

耕作用具としては平鍬、又鍬(三つ鍬、四つ鍬)、スコップ、レーキ、フォーク、移植ごて等が必要である。面積が広くなる農家ではトラクターや耕耘機が必要になる。鍬一丁という言葉があるように、小面積の場合はクワだけで済ませる場合もある。

管理用具では病害虫防除用の噴霧器が必要である。小型の手押しから肩掛け、背負い、動力式まで各種ある。近年は小型電動式に人気がある。栽培する面積によって選択する。

水やり用のホース、ホースにつけるノズル、じょうろなど現場に合ったものが必要である。

草刈り用、場合によっては管理にも使う鎌、収穫用および管理用のハサミも用意しておく。

育苗用資材

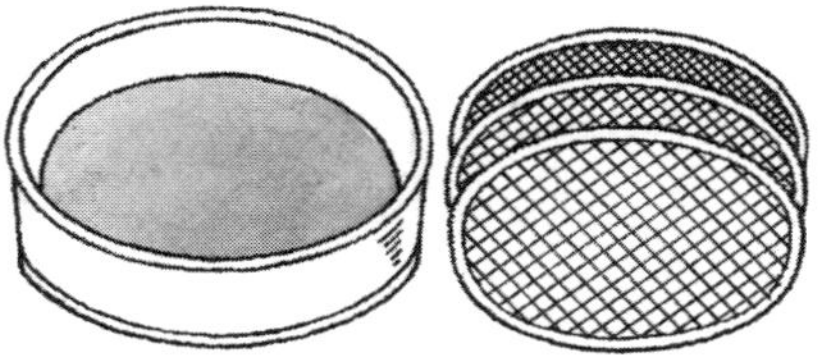

フルイ

目の大きさの異なる何種類かが
セットになって市販されている

軟質ビニール鉢

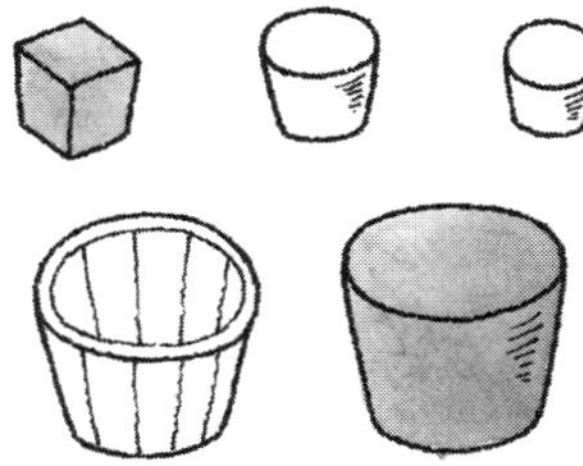

野菜用としては焼鉢よりも軟質
ビニール鉢がよほど使いやすい。
直径６㎝～12㎝を準備する

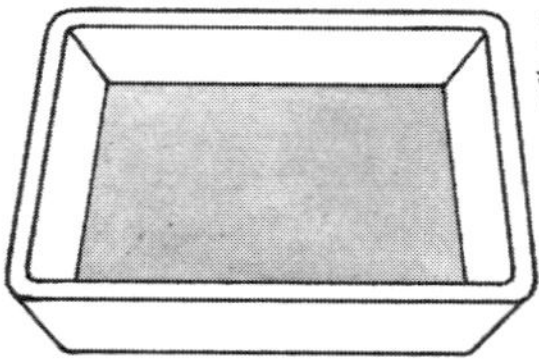

プラスチック
育苗箱

種まきなどに使う箱。深さ
８～10㎝ぐらいが使いよい

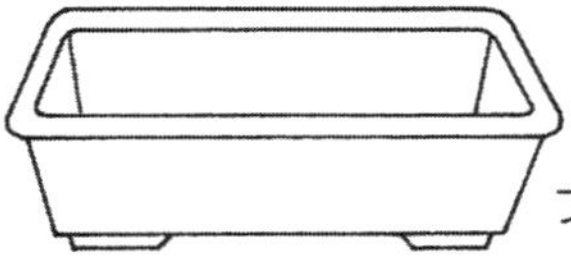

プランター

ペーパーポット10号

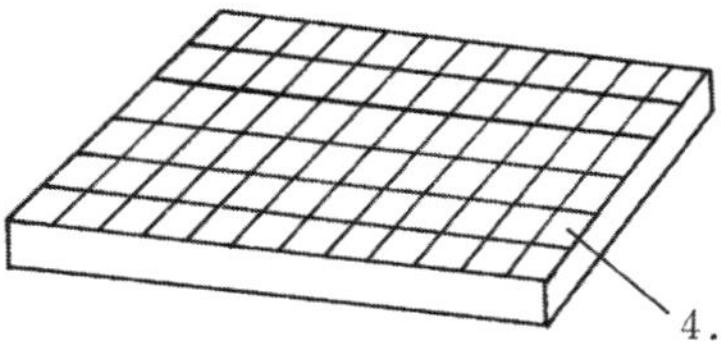

4.7㎝

６×12＝72穴

⊙育苗用資材

フルイ　苗づくりのために土を準備するが、土の調整にはフルイが必要である。目のサイズの異なるのがセットで販売されている。

育苗箱　種まきは育苗箱または植木鉢、プランターなどを利用する場合が多い。一般には深さ10㎝、35×50㎝くらいのものが使いやすい。手作りや廃物利用でもよい。

種まき用だけでなく、小苗育苗の場合は移植用にも利用する。

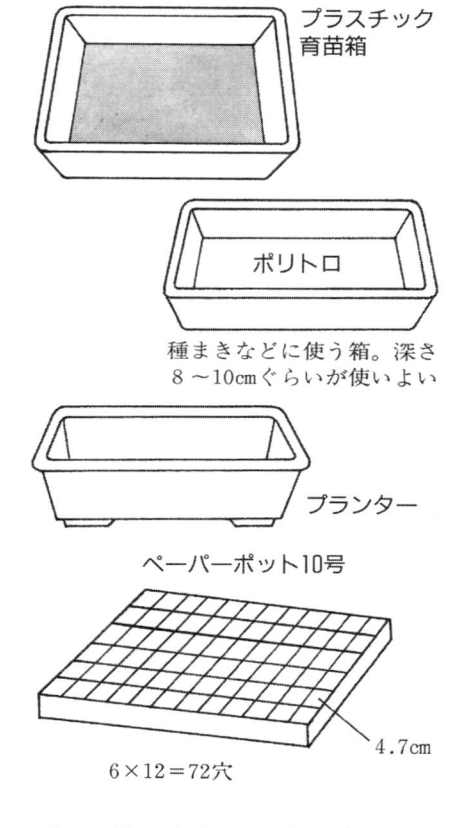

ポット等　育苗鉢はポリポットの利用が多い。直径６～12㎝のものを目的により使い分ける。はくさいはペーパーポットも利用しやすい。水稲の育苗箱にちょうど広げられるサイズになっている。

その他、鉢のまま植えるジフィポットもある。

その他　種まきをして出芽までは、高温期には日よけの寒冷紗、寒い時期にはビニールで覆う。移植後も３～４日寒冷紗で覆う。

支柱やトンネル資材

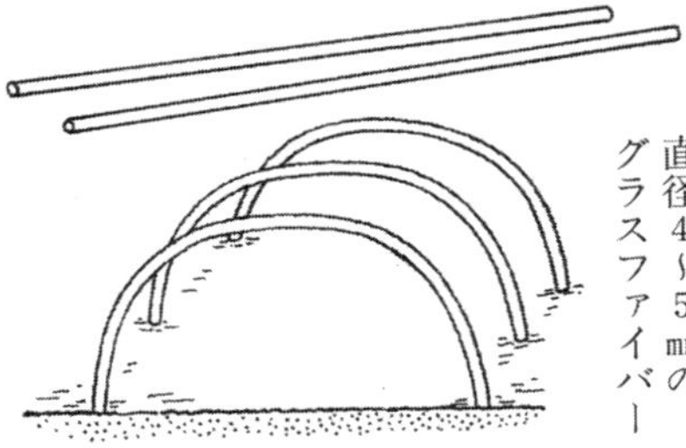

直径4〜5㎜のグラスファイバー

直径10㎜ぐらいの硬質プラスチックパイプ

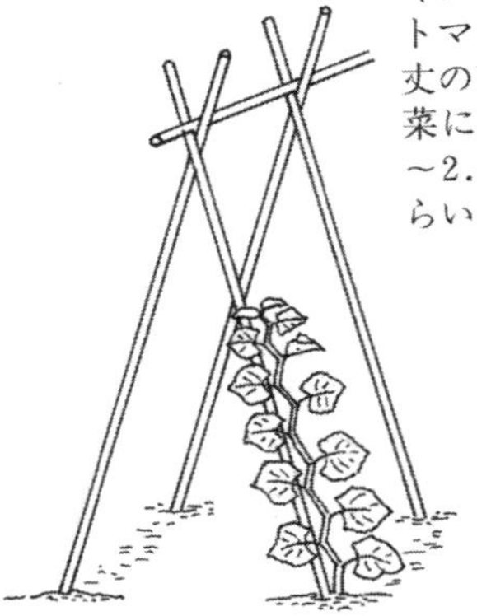

キュウリ、トマトなど丈の高い野菜には1.5〜2.3ｍぐらいのもの

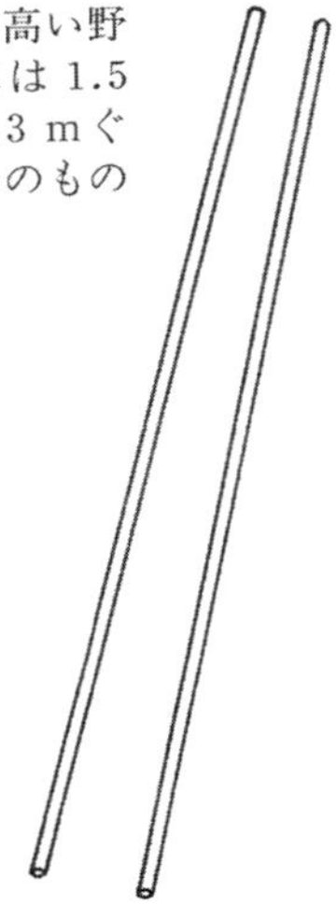

支柱材料
鋼管にプラスチックを表面処理したもの。プラスチックのパイプなどいくつかある

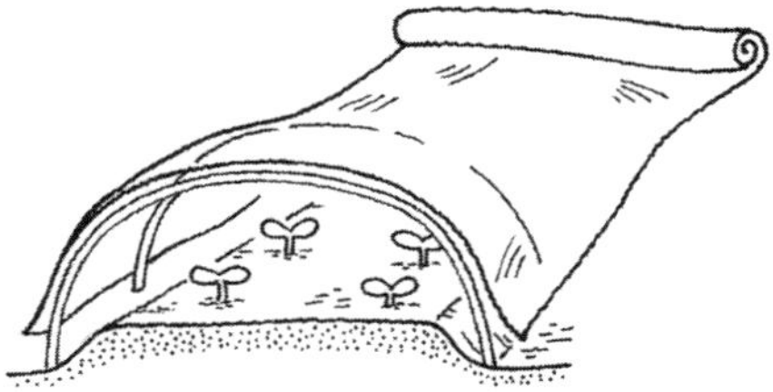

トンネル用の被覆フィルムはビニールが多く用いられる。換気のいらない穴あきビニールもある

丈の低いナス、ピーマンなどは1.0〜1.2ｍのもの

⊙栽培用資材

支柱、ネット　なすやピーマンの支柱は120㎝、トマトやきゅうりは200㎝の支柱と、支柱をつなぐ棒が必要である。これらの資材は各種規格のものが市販されている。竹や棒など意識して用意する。

ネットの利用も多い。ピーマンやなすは水平張り、きゅうりは垂直に張るが、針金を通して固定するので杭は丈夫なものを必要とする。結束テープも準備する。

トンネル　寒い時期にビニールトンネルを覆ってやると、意外なほどよく生育する。

ビニールの規格も各種あるが幅180〜210㎝、厚さ0.05〜0.075㎜が一般的である。また、穴あきビニールが便利である。普通のビニールをかけっぱなしにしておくと焼けることがあるので、穴の大小、穴の多少など各種あるので使い分ける。トンネル支柱もビニールの規格、野菜に合わせて準備する。

防　虫

虫が入らないよう密閉する

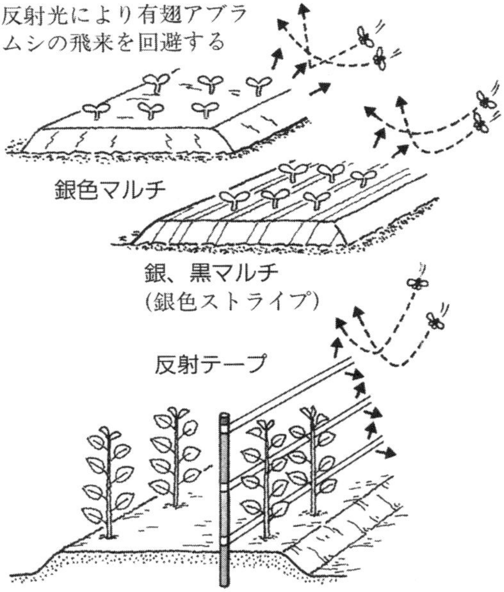

遮　光

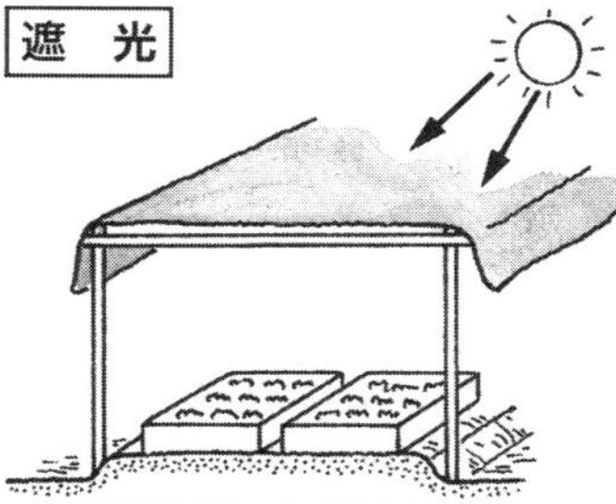

遮光資材にも各種ある

ポリマルチ

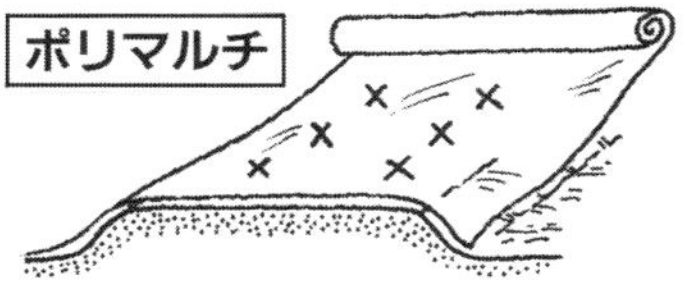

マルチ用ポリフィルムに所定の間隔にかみそりで切り目を入れて植えつける

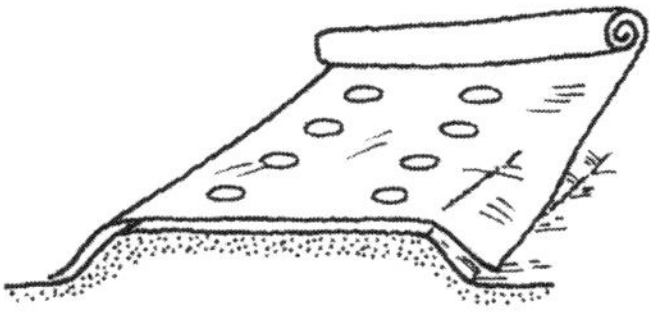

一定間隔ごとに穴をあけたマルチ用ポリフィルム

防虫　無農薬、減農薬および省力栽培のために寒冷紗や防虫ネットをかぶせる。キャベツ、はくさい、だいこん、こまつな等での利用が多い。

防風垣のように畑の周囲に張りめぐらせて、飛来を遮断する方法もとられている。

銀色のストライプが15㎝くらいの間隔に入ったマルチ、シルバーマルチ、反射テープなどアブラムシの飛来を回避する資材もある。

遮光　寒冷紗にも遮光率30〜80％のものがある。色も白、シルバー、黒などがある。遮光用としてテープを編んだようなポリエチレン製のネットがある。

植えかえ時の遮光と高温期の栽培用に利用する。

ポリマルチ　雑草防除、土のはね返りによる病害軽減、低温期の地温上昇による生育促進、土をやわらかく保ち健全な生育をはかるなどの目的で使用する。

野菜作型一覧表

○種まき　△移植　×定植　∩トンネル　∧キャップ　▭収穫

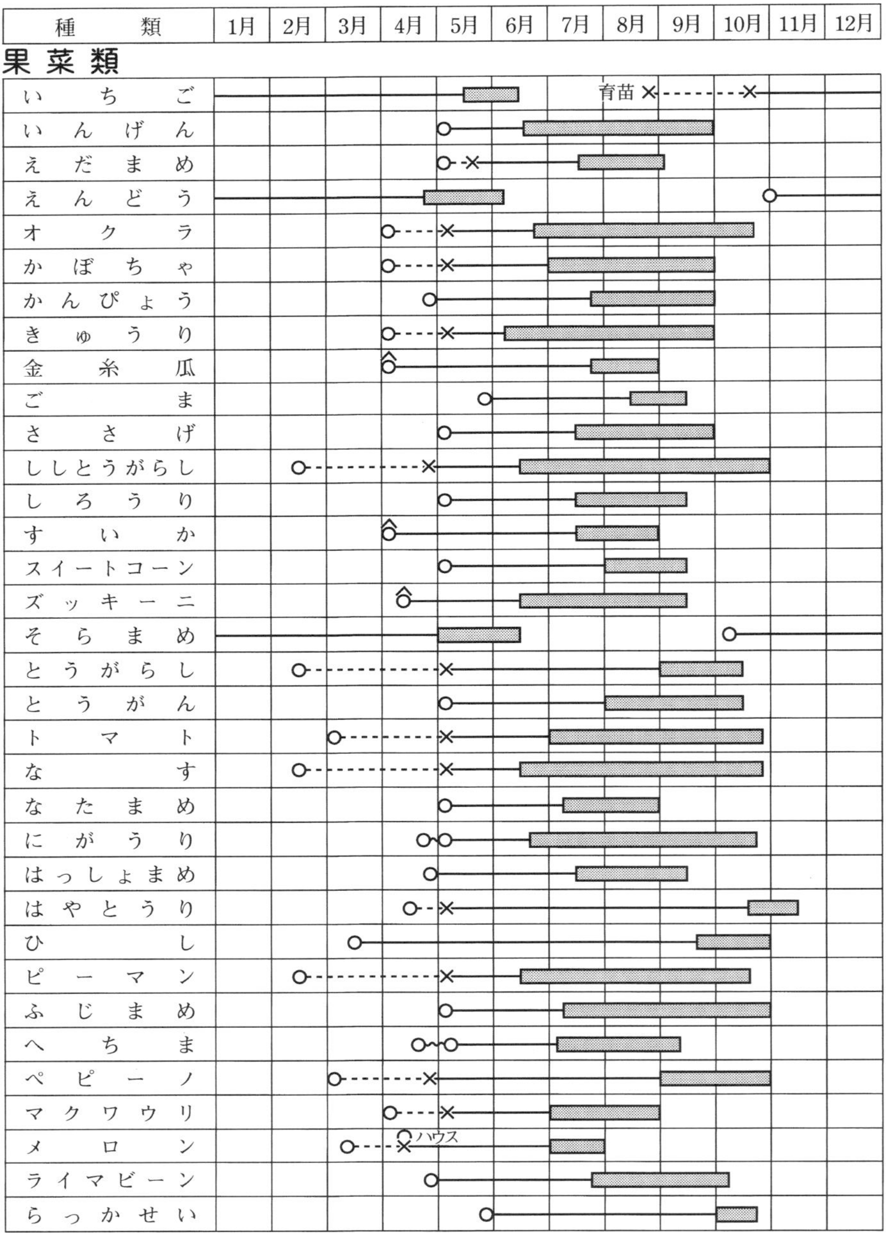

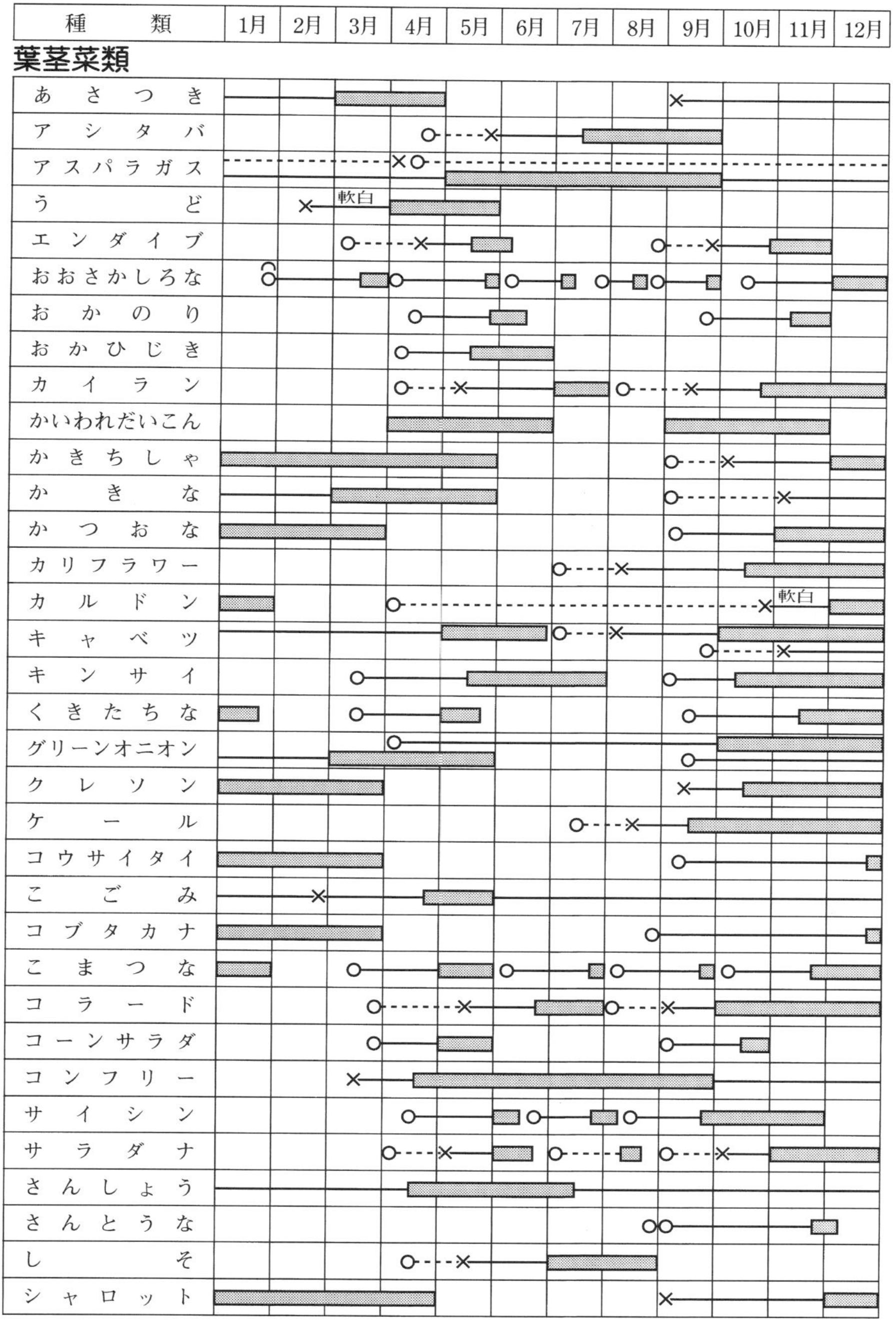
種　類
1月
2月
3月
4月
5月
6月
7月
8月
9月
10月
11月
12月
葉茎菜類
あさつき
アシタバ
アスパラガス
うど
軟白
エンダイブ
おおさかしろな
おかのり
おかひじき
カイラン
かいわれだいこん
かきちしゃ
かきな
かつおな
カリフラワー
カルドン
軟白
キャベツ
キンサイ
くきたちな
グリーンオニオン
クレソン
ケール
コウサイタイ
こごみ
コブタカナ
こまつな
コラード
コーンサラダ
コンフリー
サイシン
サラダナ
さんしょう
さんとうな
しそ
シャロット

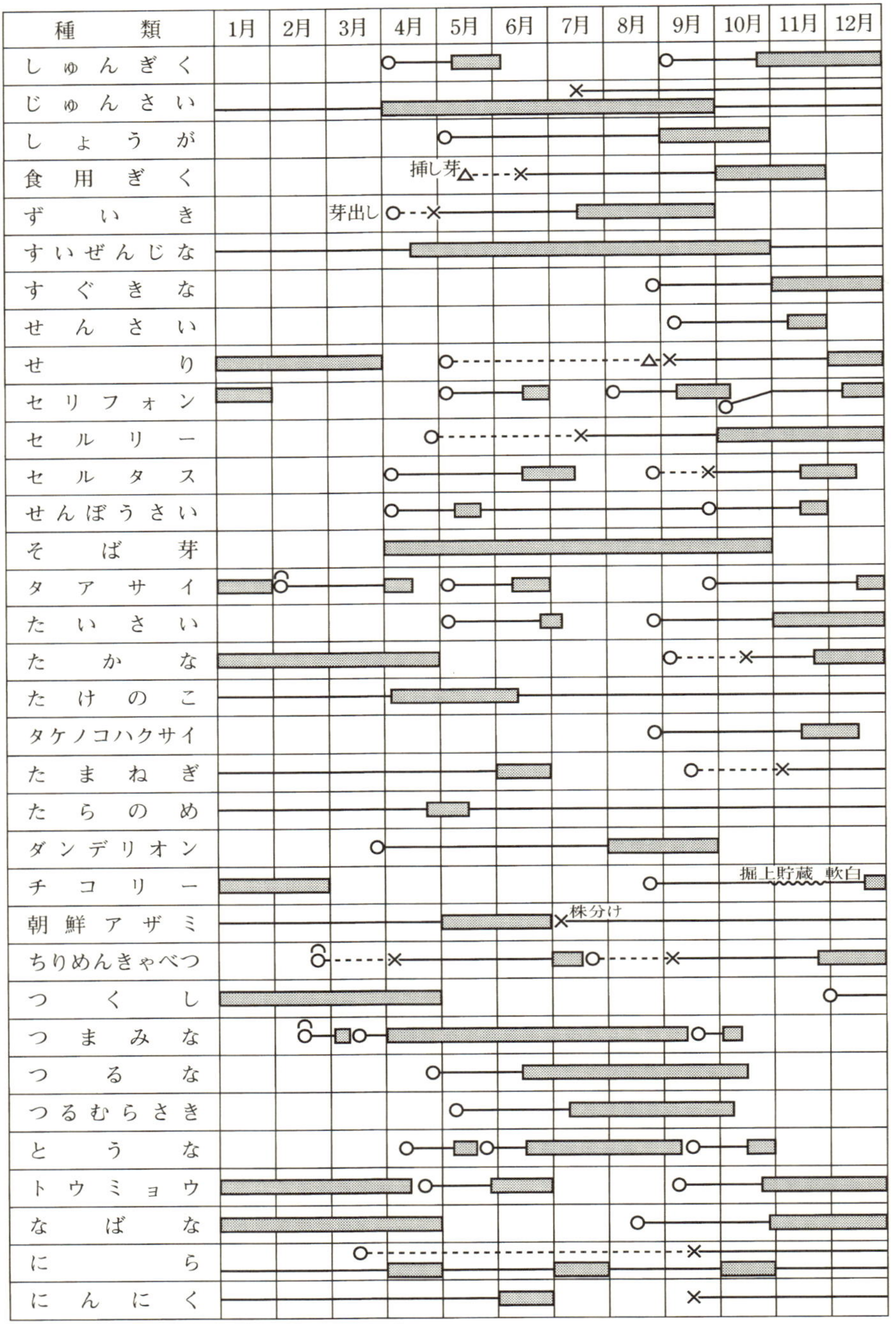
種類
1月
2月
3月
4月
5月
6月
7月
8月
9月
10月
11月
12月
しゅんぎく
じゅんさい
しょうが
食用ぎく
挿し芽
ずいき
芽出し
すいぜんじな
すぐきな
せんさい
せり
セリフォン
セルリー
セルタス
せんぼうさい
そば芽
タアサイ
たいさい
たかな
たけのこ
タケノコハクサイ
たまねぎ
たらのめ
ダンデリオン
チコリー
掘上貯蔵
軟白
朝鮮アザミ
株分け
ちりめんきゃべつ
つくし
つまみな
つるな
つるむらさき
とうな
トウミョウ
なばな
にら
にんにく

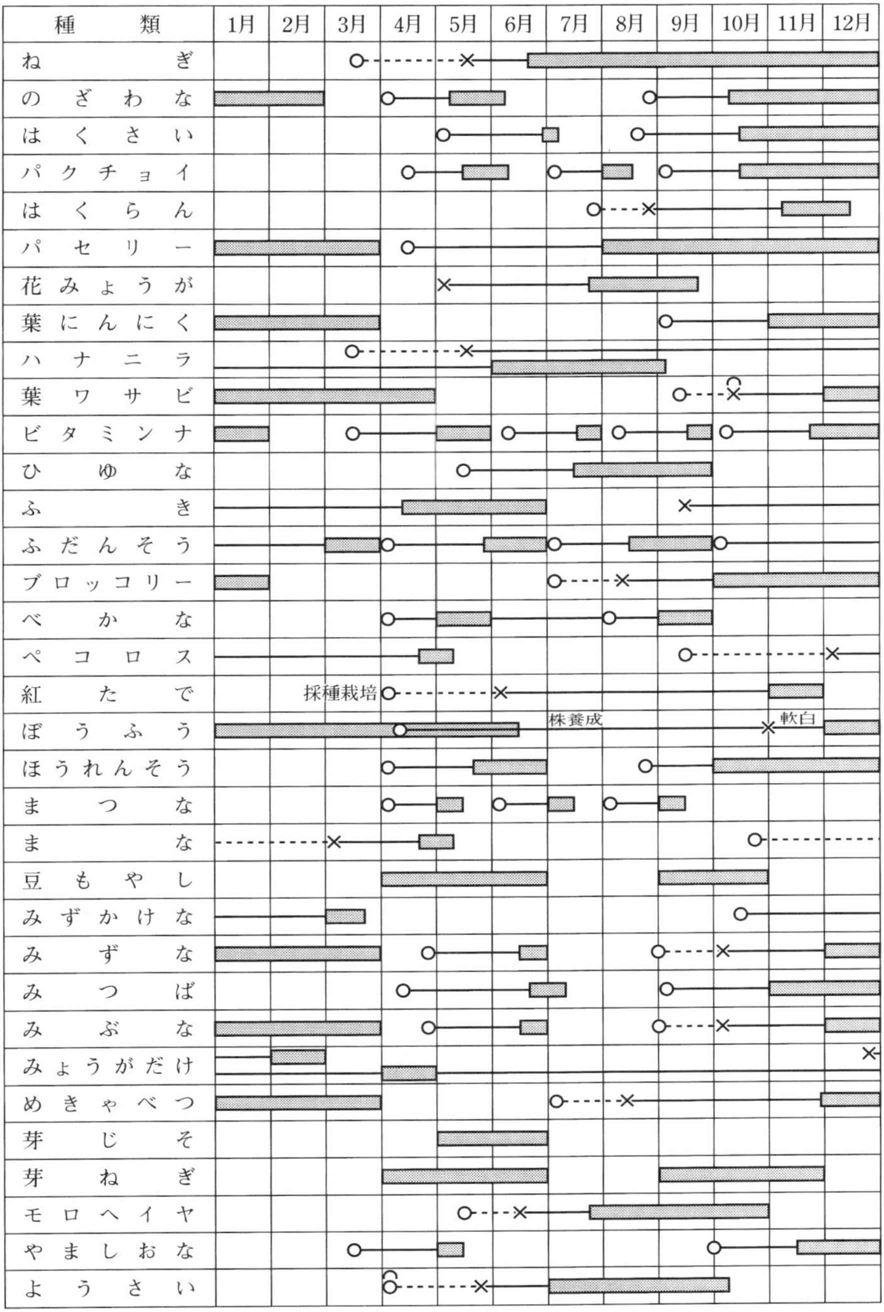

種類
1月
2月
3月
4月
5月
6月
7月
8月
9月
10月
11月
12月
ねぎ
のざわな
はくさい
パクチョイ
はくらん
パセリー
花みょうが
葉にんにく
ハナニラ
葉ワサビ
ビタミンナ
ひゆな
ふき
ふだんそう
ブロッコリー
べかな
ペコロス
紅たで
採種栽培
ぼうふう
株養成
軟白
ほうれんそう
まつな
まな
豆もやし
みずかけな
みずな
みつば
みぶな
みょうがだけ
めきゃべつ
芽じそ
芽ねぎ
モロヘイヤ
やましおな
ようさい

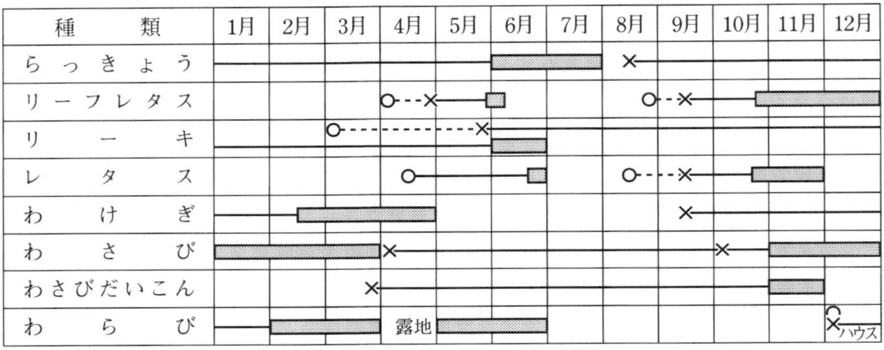
種　類
1月
2月
3月
4月
5月
6月
7月
8月
9月
10月
11月
12月
らっきょう
リーフレタス
リーキ
レタス
わけぎ
わさび
わさびだいこん
わらび
露地
ハウス

根菜類

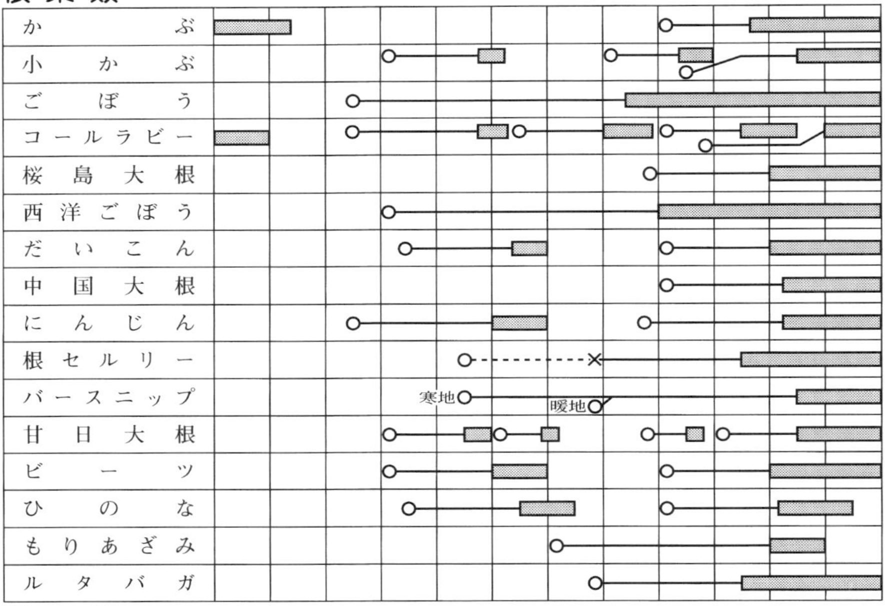
かぶ
小かぶ
ごぼう
コールラビー
桜島大根
西洋ごぼう
だいこん
中国大根
にんじん
根セルリー
パースニップ
寒地
暖地
甘日大根
ビーツ
ひのな
もりあざみ
ルタバガ

芋　類

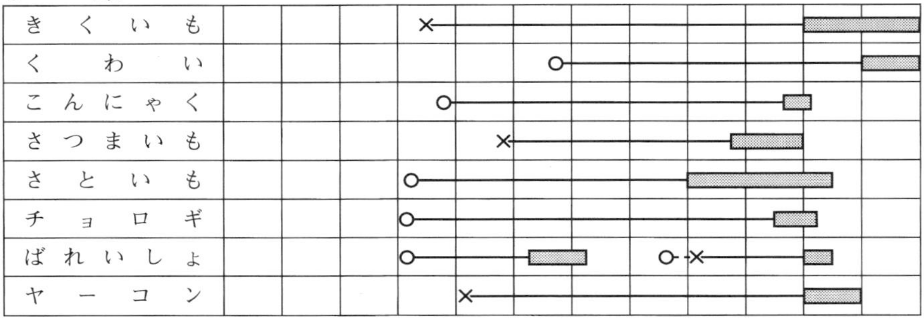
きくいも
くわい
こんにゃく
さつまいも
さといも
チョロギ
ばれいしょ
ヤーコン

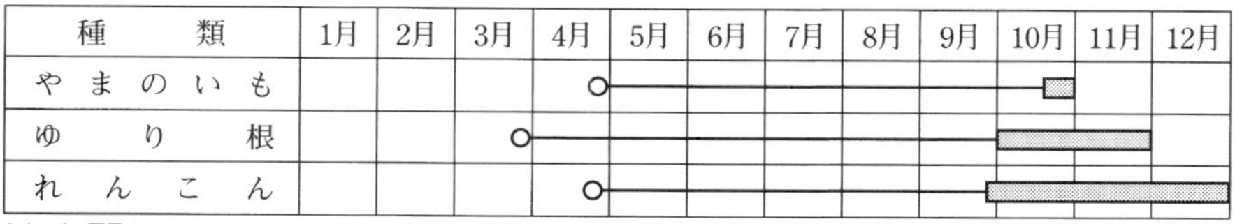
種　類
1月
2月
3月
4月
5月
6月
7月
8月
9月
10月
11月
12月
やまのいも
ゆり根
れんこん

地方野菜

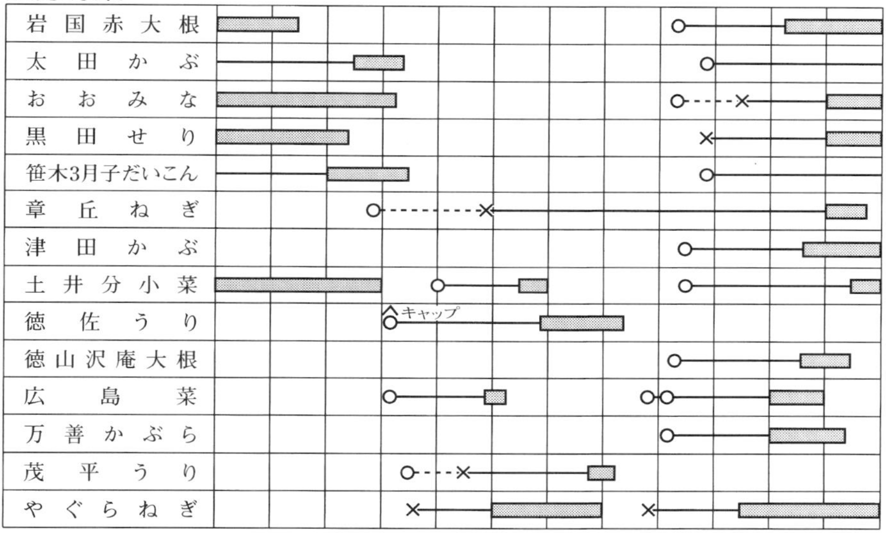
岩国赤大根
太田かぶ
おおみな
黒田せり
笹木3月子だいこん
章丘ねぎ
津田かぶ
土井分小菜
徳佐うり
キャップ
徳山沢庵大根
広島菜
万善かぶら
茂平うり
やぐらねぎ

ハーブ類

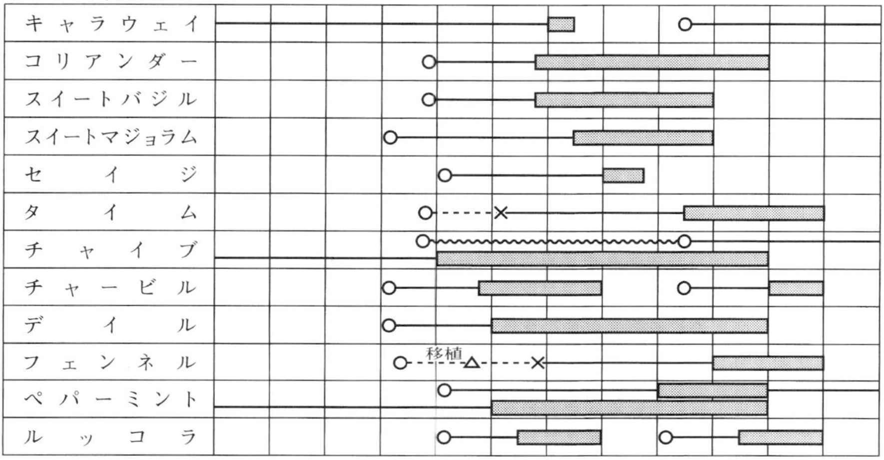
キャラウェイ
コリアンダー
スイートバジル
スイートマジョラム
セイジ
タイム
チャイブ
チャービル
ディル
フェンネル
移植
ペパーミント
ルッコラ

野菜の食べ方

野菜は年々多くの種類が栽培されるようになり、店頭にもにぎやかに並んでいます。それに引き替え家庭での料理のレパートリーは減少傾向にあります。食生活に野菜が重要視される昨今ですが、料理方法を多彩にすることで食文化の豊かさが追求できます。

ミネラル豊富な多くの種類の野菜を栽培し、料理のレパートリーを広くして、食文化の真髄をきわめたいものです。

種　類	料　理　方　法
いんげん	煮物、寿司の具、天ぷら、からし醤油和え、ごま和え、湯がいてサラダ、いんげんとベーコンのサラダ、八幡焼き
オクラ	天ぷら、煮物、炒め物、オクラ納豆、サラダ、グラタン、焼きオクラの味噌和え、糠漬け、粕漬け、味噌漬け、酢のもの
かぼちゃ 	煮物、コロッケ、スープ、天ぷら、焼く、グラタン、バター炒め、味噌汁、煮なま酢、パンプキンパイ、ケーキ、プリン、ようかん
さやえんどう	煮物、汁の実、バター炒め、湯がいてサラダ、玉子とじ、寿司の具、和え物
きゅうり 	なま酢、サラダ、八宝菜、炒め物、中華サラダ、一夜漬け、漬物、奈良漬け、なたわり漬け、レバーの串焼き、ピクルス、五色和え、サラダずし
金糸瓜	油炒め、なま酢、ピーナッツ和え、からし醤油、マヨネーズ、フレンチソース、奈良漬け
グリーンピース	豆ご飯、ひすい煮、スープ、煮物と一緒に、ピラフ、彩りに
ししとう	天ぷら、焼く、バター炒め、炒め物、煮物、佃煮、ししとうとネギの味噌和え

種類	料理方法
しろうり	なま酢、一夜漬け、奈良漬け、かみなり干し
スイートコーン	サラダ、スープ、醤油焼き、蒸す、湯がく、炒め物、ピラフ
ズッキーニ	天ぷら、バター炒め、チーズ焼き
そらまめ	まめご飯、天ぷら、煮豆、バター炒め、クリーム煮、ポタージュ、 うま煮、サラダ、塩ゆで、黒砂糖煮、フライ
とうがん	煮物、中華料理、あんかけ、吸い物、蒸し物、砂糖づけ、 ごま味噌和え、スープ、漬物
トマト 	シチュー、スパゲティー、ステーキ付け合わせ、オムレツ、 トマトにたまねぎをのせてドレッシング、サラダ、煮物スープ、 ケチャップがわり、トマト入りコーンスープ、ジュース
なす 	なま酢、焼きなす、味噌煮、油炒め、なすカレー、煮物、天ぷら、 素あげ、はさみあげ、味噌汁、湯がいて和え物、グラタン、 でんがく、なすのずんだ和え、一夜漬け、塩漬け、粕漬け、 からし漬け、干しなすの和え物
にがうり	豚肉・ベーコンで炒めマーボ豆腐風に味つけ、酢の物
はやとうり	なま酢、奈良漬け、炒め煮、きんぴら風、ピクルス
ピーマン 	なま酢、焼く、肉詰め、天ぷら、煮物、サラダ、酢油づけ、 ハンバーグ、ピーマンとシーチキンの和え物、ピラフ、 スパゲティー、佃煮
アスパラガス	炒め物、揚げ物、焼く、ベーコン巻き、和え物、グラタン、寿司、 煮物、スープ、ピラフ、サラダ

種　　類	料　理　方　法
う　ど	サラダ、酢の物、刺し身のつま、きんぴら、汁の実、味噌漬け
かきちしゃ	サラダ、なま酢（ちしゃもみ）、焼き肉・ハムなど包み、湯通し酢味噌和え、炒め物、たまがし
カリフラワー 	サラダ、ごま酢和え、からし和え、シチュー、ピクルス、明太子とマヨネーズ和え、酢味噌とわさびの和え物、グラタン、クリーム煮、酢の物、すき焼き
キャベツ	ロールキャベツ、炒め物、和え物、お好み焼き、サラダ、スープ煮、トマトスープ煮、味噌汁、ギョウザ、漬物
こまつな	お浸し、からし和え、炒め物、煮びたし、汁の実、和え物、浅漬け
サラダナ	サラダ、焼き肉・ハムなど包み、付け合わせ
しゅんぎく	和え物、ごま和え、鍋物、すき焼き、お浸し、汁の実、天ぷら、サラダ、付け合わせ
しろな	お浸し、和え物、煮びたし、汁の実、浅漬け、ゴマ和え
セルリー	サラダ、炒め物、スープ、天ぷら、きんぴら、ピクルス、マヨネーズや塩などで食べる、焼きづけ、佃煮、粕漬け
たかな	炒め物、煮びたし、お浸し、からし和え、和え物、漬物
竹の子 	煮物、若竹汁、木の芽和え、寿司の具、竹の子ご飯、姫皮の木の芽和え、刺し身、焼き竹の子、天ぷら、塩漬け、ビン詰め、乾燥

種類	料理方法
たまねぎ 	煮物、炒め物、ハンバーグ、カレー、シチュー、サラダ、天ぷら、肉や魚の揚げ物の付け合わせ、ピラフ、汁の実、親子どんぶり、オムレツ、グラタン、オニオンスープ、ポトフ、ピクルス
チンゲンサイ	炒め物（肉類とよく合う）、煮びたし、ミルク煮、漬物、スープ、ニンニク炒め
なばな	和え物、ごま和え、お浸し、浅漬け、煮びたし、炒め物、汁の実
にら	肉類との炒め物、なま酢、和え物、ギョウザ、玉子とじ、鍋物、にらがゆ、お好み焼き、ピラフ
ねぎ 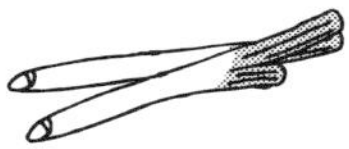	鍋物、すき焼き、焼きとり、お好み焼き、煮びたし、ぬた、汁の実、南蛮焼き、ねぎ入り玉子焼き、ピラフ、薬味、どんぶり物
はくさい	鍋物、煮物、炒め物、ひき肉のはくさい包み蒸し、ギョウザ、サラダ、汁の実、和え物、漬物
葉だいこん	炒め物、お浸し、和え物、煮びたし、ピラフ、浅漬け、ふりかけ
パセリ	サラダ、天ぷら、玉子焼きの具、スープの実、付け合わせ
広島菜	炒め物、和え物、白和え、煮物、ピラフ、漬物
ふき	ふきと竹の子の煮物、ふきと魚の子の煮物、ベーコン巻き、ピーナッツ醤油和え、寿司の具、ふきの葉の白和え、ふき菓子、佃煮、粕漬け

種　類	料　理　方　法
ブロッコリー 	からし和え、ごま和え、マヨネーズやドレッシング、煮物、炒め物、カレー煮、牛乳煮、ホットサラダ、天ぷら、グラタン、寿司の具、シチュー
ほうれんそう	バター炒め、お浸し、ごま和え、いそべ巻き、玉子とじ、スープ、ほうれんそうとシメジのごま酢和え、白和え
みずな	和え物、白和え、からし和え、お浸し、炒め物、浅漬け、煮びたし、はりはり
みつば	巻き寿司の具、吸い物の具、和え物、煮びたし、天ぷら
みぶな	和え物、からし和え、お浸し、煮びたし、炒め物、浅漬け
モロヘイヤ 	炒め物、やまのいもや納豆と合わせて天ぷら、和え物、塩ゆでし細かく刻みねぎを加えかき混ぜる、スープ、粉にして餅や菓子に
レタス	サラダ、和え物、炒め物、梅肉入り手巻き寿司、スープ、湯通し酢味噌和え、焼き肉・ハムなど包み、漬物
わけぎ	ぬた、玉子とじ、煮びたし、鍋物、お好み焼き、ピラフ、薬味
かぶ	酢の物、漬物、桜漬け、煮物、ひき肉味噌煮、クリーム煮、含め煮、かぶら蒸し、菊花かぶ
ごぼう 	きんぴら、煮物、酢ごぼう、ごま味噌和え、黄金巻き、ミンチ詰め、天ぷら（かき揚げ）、たたきごぼう、五目味噌、ばら寿司の具、炊き込みご飯の具、ケンチン汁

種類	料理方法
だいこん 	おろし和え、なま酢、サラダ、煮物、おでん、炒め物、ふろふきだいこん、皮のきんぴら、おろし煮（魚）、味噌汁、だいこんおろし、だいこんごはん、干しだいこん、漬物、即席漬け
にんじん 	なま酢、炒め物、天ぷら、煮物、鍋物、ごま味噌和え、白和え、サラダ、ハンバーグ、寿司の具、カレー、シチュー、ポタージュ、グラッセ、ピラフ、ジャム、クッキー、漬物、ポトフ、スープ煮
ラデッシュ	サラダ、浅漬け、付け合わせ
さつまいも 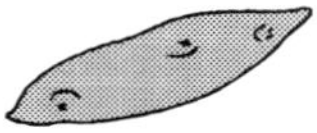	天ぷら、煮物、ふかしいも、焼きいも、きんとん、大学いも、スイートポテト、レモン煮、さつまいもご飯、甘辛煮、豚汁、味噌汁の具、重ね煮、ようかん、あん、干しいも
さといも	煮物、おでん、味噌汁、コロッケ、揚げ煮、絹かつぎ、とろろ、五目ご飯
ばれいしょ 	揚げ物、煮物、炒め物、コロッケ、カレーライス、酢炒り、おでん、ジャガバター、肉ジャガ、サラダ、オムレツ、味噌汁、スープ、ポトフ
やまのいも	とろろ、煮物、天ぷら、酢醤油で刺し身、各種のつなぎ、むかごご飯、和え物

JA広島市の元気な野菜づくり

2000年3月1日　第1版発行
2021年4月30日　第8版発行

編著者――広島市農業協同組合

発行者――関口 聡

発行所――一般社団法人 家の光協会

〒162-8448　東京都新宿区市谷船河原町11

電話　03-3266-9029（販売）
　　　03-3266-9028（編集）

振替　00150-1-4724

印刷――三松堂印刷株式会社

製本――家の光製本梱包株式会社

乱丁・落丁本はおとりかえします。定価はカバーに表示してあります。

ISBN978-4-259-53952-8 C0061